新时代妇联干部教育培训参考教材

U0855778

公共政策的社会性别分析

王向梅　著

中国妇女出版社

图书在版编目（CIP）数据

公共政策的社会性别分析 / 王向梅著． -- 北京：
中国妇女出版社，2021.12
新时代妇联干部教育培训参考教材
ISBN 978-7-5127-2044-2

Ⅰ．①公… Ⅱ．①王… Ⅲ．①公共政策－性别差异－研究－中国－干部培训－教材 Ⅳ．① D601

中国版本图书馆 CIP 数据核字（2021）第 205056 号

公共政策的社会性别分析

作　　者：王向梅　著
项目统筹：廖晶晶　万立正
责任编辑：陈　元
封面设计：吴晓莉　李　甦
责任印制：王卫东
出版发行：中国妇女出版社
地　　址：北京市东城区史家胡同甲 24 号　　邮政编码：100010
电　　话：（010）65133160（发行部）　　65133161（邮购）
网　　址：www.womenbooks.cn
法律顾问：北京市道可特律师事务所
经　　销：各地新华书店
印　　刷：北京通州皇家印刷厂
开　　本：170×240　1/16
印　　张：20.5
字　　数：248 千字
版　　次：2021 年 12 月第 1 版
印　　次：2021 年 12 月第 1 次
书　　号：ISBN 978-7-5127-2044-2
定　　价：68.00 元

编委会

主　　编：黄晓薇

副 主 编：张晓兰　夏　杰　邓　丽　谭　琳　吴海鹰
蔡淑敏　赵　雯　章冬梅　杜　芮

编委会成员：（按姓氏笔画为序）

王卫国　丛中笑　冯曼东　朱锡生　刘亚玫
许立华　牟　虹　孙钱斌　杜　洁　李明舜
李凯声　张建岷　张彦红　张　慧　陈晓霞
单丽洁　高莎薇　高博燕　寇虎平　曾　祝

前　言

PREFACE

妇联干部是党的干部队伍的重要组成部分。党的十八大以来，以习近平同志为核心的党中央高度重视妇联干部队伍建设。2015年，《中共中央关于加强和改进党的群团工作的意见》指出，“各级党委要重视抓群团干部培养，全面加强群团干部队伍建设。将群团干部培训纳入干部教育培训总体规划，分级负责、分系统落实”。2018年11月2日，习近平总书记在同全国妇联新一届领导班子成员集体谈话时强调：“要加强妇联干部队伍建设，努力培养高素质妇联干部队伍。”

在以习近平同志为核心的党中央坚强领导下，全国妇联大力加强妇联系统干部教育培训工作，实现了全国妇联机关干部、省级妇联领导班子成员、地市妇联主席培训全覆盖，并积极开展对县乡村妇联负责人和工作骨干的示范培训。党的十八大以来，全国妇联本级共举办妇联系统干部培训班228期，培训近1.8万人次，为各级妇联干部充能提素提供了有力支持。

进入新时代，妇联系统干部教育培训工作面临着新的形势。我国社会主要矛盾发生深刻变化，广大妇女对美好生活的向往更加强烈，期待妇联组织提供更多更好的服务，也由此对广大妇联干部的理论素养、知识水平和专业化能力提出了新的更高要求。自2015年中央群团改革以来，紧紧围绕保持和增强政治性、先进性、群众性，各级妇联持续推进“会改联”，积极推动“区域化”，不断壮大基层妇联组织工作力量，770余万优秀女性作为执委加入基层妇联工作队伍。面对新的形势，加强对广大妇联干部和新任基层妇联执委的教育培训迫在眉睫，也因此，编写一套紧跟新时代要求的妇联干部教育培训教材，成为当前加强妇联干部队伍建设的一项重要任务。

为落实《2018—2022年全国干部教育培训规划》关于加强课程教材建设的要求，贯彻中国妇女十二大提出的着力培养忠诚干净担当、高素质专业化妇联干部任务部署，组织开展“基层妇联领头雁培训计划”，满足各级妇联组织和广大妇联干部的迫切需求，全国妇联决定推出“新时代妇联干部教育培训参考教材”，并于2018年12月正式启动此项工作。

这套教材坚持以习近平新时代中国特色社会主义思想为指导，认真贯彻落实习近平总书记关于妇女儿童和妇联工作的重要论述，紧紧围绕党和国家工作大局，密切联系妇联工作实际，内容涵盖妇联各个领域的主体工作，既包括作为妇联干部必备的理论知识，也包括开展实际工作必须掌握的操作性技能，以满足不同层级妇联干部的需求。

这套教材可作为各级妇联开展干部教育培训的专用教材，也可为各级妇联干部的业务学习提供参考资料。希望各级妇联本着理论与实践相结合的马克思主义学风，学以致用、用以促学，充分发挥教材的学习和教育功能，激发广大妇联干部的学习热情，不断筑牢理想信念，提升专业能力，拓宽眼界视野，增强群众工作本领，把妇联组织建设得更加充满活力，更加坚强有力，做好引领、服务、联系妇女的各项工作，奋力开创新时代妇女事业发展的新局面。

序

PREFACE

公共政策的社会性别分析，主要是运用社会性别视角审视公共政策的制定、执行和评估，分析和呈现公共政策对男女的不同影响及其原因，以增进公共政策领域的性别敏感，消除性别偏见与歧视，促进男女平等协调发展。

公共政策的社会性别分析，作为近年以来得到较快发展的一个跨学科领域，受到来自管理学、社会学、政治学、女性学、人口学、教育学、传播学等学科学者的共同关注，涌现出一大批学术成果，对公共决策与管理产生了积极影响，也为男女平等基本国策的落实提供了有力学术支撑。从广义层面上讲，公共政策是指执政党、政府及立法机构制定的对公众利益和公众行为的规制和分配，包括各类政策和法律法规。从本质上来看，公共政策是社会各种利益冲突的集中反映，正如马克思所讲，“人们奋斗所争取的一切，都同他们的利益有关”。因此，公共政策是社会科学研究必然关注的重要内容。

公共政策，作为党和国家社会治理的重要内容与手段，其重要性更是不言而喻。首先，公共政策与人民的利益密切相关，其优劣得失直接关系到社会的稳定与发展，比如就业政策、教育政策、人口政策、生育政策、婚姻政策和社会保障政策等，都与人们的生产生活息息相关。其次，公共政策是国家治理创新的重要途径。公共政策体现了政府治理现代化水平，直接关系到党和国家的发展大局。随着全球化、信息化和知识经济时代的到来，公共政策在国家政治、经济、社会发展，以及人们的日常生活中的重要性日益凸显。

公共政策是促进性别平等、妇女发展的重要途径。1954年，我国第一部宪法规定了男女平等的法律地位；1995年，我国宣告将男女平等作为一项基本国策，其后男女平等基本国策写入2005年修订的《中华人民共和国妇女权益保障法》、2012年党的十八大报告和2017年党的十九大报告，这意味着男女平等基本国策完成了从“政府的承诺”到“立法的确认”再到“执政党意志”的全方位确立，成为我国公共政策的重要依据和组成部分。但是，梳理我国现有的公共政策可以发现，除了有体现社会性别平等的政策，还有性别中立的政策、对男女进行差别对待的政策和存在性别偏见的政策。本书运用国际社会公认的社会性别视角，审视公共政策中的性别问题，努力消除政策研究、制定、实施过程中存在的性别盲点和性别偏见，推进公共决策和公共管理中的性别平等主流化，进而促进社会性别公正和两性协调发展。

伴随着经济社会发展进程，新发展理念、新发展阶段不断催生新的社会需求和研究命题。“十四五”时期开启了我国全面建设社会主义现代化国家新征程。妇女约占全国人口的半数，是全面建设社会主义现代化国家、向第二个百年奋斗目标进军的重要力量。2020年10月1日，国家主席习近平在联合国大会纪念北京世界妇女大会25周年高级别会议上强调，“要充分发挥政府作用，广泛调动社会力量，支持和帮助妇女享有出彩的人生”，“保障妇女权益必须上升为国家意志”，“让性别平等落到实处”。《中国妇女发展纲要（2011—2020年）》明确提出，要将社会性别意识纳入法律体系和公共政策。《中国妇女发展纲要（2021—2030年）》再次强调，在出台法律、制定政策、编制规划、部署工作时充分考虑两性的现实差异和妇女的特殊利益，支持妇女充分发挥“半边天”作用，为促进妇女全面发展加速行动。这些都体现了党和国家的性别平等主张与对妇女事业的高度重视，进而对公共政策和公共管理提出了更高的目标任务。因此，公共政策研究应在习近平新时代中国特色社会主义思想和马克思主义妇女观的指导下，贯彻新发展理念，吸收新的理论成果，推动公共管理模式和公共政策理念创新，落实男女平等基本国策，为充分调动妇女的积极性、主动性、创造性，建功立业，实现人生理想和梦想提供智力支持。

公共政策研究虽有显著进步，但仍有许多方面有待深入研究，公共政策的社会性别分析尚有局限。因此，本书基于国情和妇女发展需求，选取教育、就业、参政三大领域的公共政策作为研究对象，以社会性别为研究视角，采用理论与实践相结合的方式，纵向梳理不同历史阶段法律政策的内容与特点，凸显公共政策与社会进步的密切关联，进而在此基础上运用社会性别视角横向分析当前公共政策中的性别问题，以针对性地提出推进性别平等和妇女全面发展的政策完善目标与路径。

本书秉持“让性别平等落到实处”的理念，在公共政策领域进行初步探索，虽不能全面研究我国政策体系及其效果，但希望通过对部分领域公共政策的纵向与横向分析，为相关研究和实务工作提供知识经验，促进性别平等观念的普及，提升社会性别分析的能力，助力男女平等基本国策的落实以及促进男女平等的制度机制的逐步健全完善，推动性别平等成为全社会共同遵循的行为规范和价值标准。

目 录

CONTENTS

基础理论篇

实践策略篇

基础理论篇

公共政策和社会性别研究都是社会科学中的新兴学科，本篇侧重公共政策社会性别分析的基础理论方法与价值导向，主要包括公共政策的内容、特点与意义，社会性别理论与社会性别主流化，以及我国开展公共政策社会性别分析应遵循的基本原则与价值导向，为相关研究与实务提供理论工具和分析框架。

第一章

公共政策概述

公共政策与人们的生产生活和现实利益密切相关，直接影响着人们的行为方式和价值取向。尽管在不同的政治、经济和社会环境之下，人们对公共政策的理解存在差异，但在公共政策的基本内涵、特点、作用与价值等方面已经取得广泛共识和重视。作为社会科学中的一个新兴学科，公共政策的理论、方法逐步完善，研究领域不断深化，学科地位基本确立。不论是作为实际生活组成部分的具体公共政策，还是具有自身学科体系的公共政策学科，都不是一成不变的，而是保持着开放性和创新性，不断吸收新的理论方法，回应时代赋予的新命题，从而实现自身的突破、丰富和发展。

第一节　公共政策的内涵与特点

为了更清晰地开展公共政策的社会性别分析，为科学决策提供政策依据和理论支持，需要首先了解公共政策的内涵、类型、功能与发展进程，进而掌握公共政策的规律与特点。对公共政策的界定，学术界并不完全一致，但对其内涵与特点的认识基本达成共识。本节侧重阐释公共政策的内涵，并分析其主要特点。

一、公共政策的内涵

学术界关于“公共政策”的含义并不统一。外国学者和中国学者的认识不同、各有侧重，而国内学者之间也有不同的理解。在实际运用过程中，公共政策概念的内涵和外延更是各不相同。实际上，公共政策有广义和狭义之分，狭义的公共政策是政府等决策部门对公众利益和公众行为的规制和分配的措施；广义的公共政策是指政府及立法机构等制定的对公众利益和公众行为的规制和分配，包括法律在内。[①]本书侧重于将公共政策做宽泛的理解，采用了一种广义的界定：公共政策是指社会公共权威在特定情境

① 李慧英主编《社会性别与公共政策》，当代中国出版社，2002，第1页。

中，为达到一定目标而制定的行动方案或行动准则。其作用是规范和指导有关机构、团体或个人的行为，其表达形式包括法律法规、行政规定或命令、国家领导人口头或书面的指示、政府大型规划、具体行动计划及相关策略等。①

理解公共政策的具体内涵，需要特别注意四个层面的含义。

第一，公共权威是指公共政策制定和执行的主体，包括国家或政府、执政党派等具有特殊权力、能够制定公共政策的政治实体。所以，公共政策主要体现国家和政府及其他政治实体的意志，也显示出各政治实体的政治立场及进行公共管理的价值导向。公共政策的制定和执行主体，包括政治力量自上而下的所有部门和机构。以权力机关和行政机关为例，我国的权力机关既包括全国人大及人大常委会，又包括地方的各级人大及人大常委会；国家行政机关既包括国务院及其组成部门，又包括省、市、区、县、乡等各级人民政府。尽管国内大多数学者比较认同政府与执政党是公共政策主体，但伴随着经济社会发展和我国政治经济体制改革的深入，参与公共管理的社会政治力量变得更加多元，政府和执政党之外，实际上社会团体或某些民间主体（比如人大代表、政协委员、智囊团等）在公共政策制定和执行中发挥的作用也逐渐增加。此外，社会舆论、媒体平台在公共政策制定过程中起到某种自下而上的推动作用。

第二，特定情境是指公共政策有其特定的时空条件，包括特定的历史背景、特定的国内外环境、特定的适用范围。这说明公共政策要回应的是特定情境下的问题，具有时效性和限定性。任

① 谢明：《公共政策导论》，中国人民大学出版社，2015，第6页。

何政策都是针对特定的时空条件下的特定问题制定的，也会随着时空条件的变化而失去效力。因此，公共政策不可能是一成不变的，需要不断进行跟踪评估和调整完善，彻底失效的政策则会被废止。

以我国计划生育政策为例，可以看到“特定情境”对公共政策的意义。20世纪70年代初，我国在严峻的人口形势下开始推行计划生育政策。1971年，国务院转发《关于做好计划生育工作的报告》，把控制人口增长的指标首次纳入国民经济发展计划。其后，我国“提倡一对夫妇生育子女数量最好一个，最多两个”的生育政策。1982年，党的十二大把实行计划生育确定为基本国策；同年，计划生育政策写入新修订的宪法。国家提倡晚婚、晚育，少生、优生，并对独生子女实行奖励政策，从而有计划地控制人口。随着人口和经济社会发展，面对21世纪初人口老龄化的到来，使得计划生育的具体政策不得不做出相应调整。在坚持计划生育基本国策的基础上，我国于2011年开始调整独生子女政策，实施“双独二孩”政策，2013年实施“单独二孩”政策，2016年实施“全面二孩”政策，2021年实施三孩生育政策。

第三，公共政策具有目标和价值导向。任何公共政策都必然与解决社会问题或调整某种公共利益关系有关，会指引现实社会公共行为的方向，也一定会在引导某种社会价值方面起到重要作用。所以公共政策都有其特定的动机、目的和价值取向。从这个角度看，公共政策与政府的价值、理念有着特别紧密的联系。可以说，公共政策是了解政府的一面镜子。因为公共政策既包括政府选择做的事情，也包括政府选择不做的事情，以及政府选择终止的事情。公共政策所传递出来的信息，正是政府要表达的价值和理念。例如，当代我国公共政策越来越重视公平与效率、民主与法治、以人为本、科学发展、和谐社会等价值理念，这实际上是以政策方式表达了政府的社会治理理念和发展目标。2021年7月底，中共中央办公厅、国务院办公厅印发《关于进一步减轻义务教育阶段学生作业负担和校外培训负担的意见》（简称“双减”政策）。这一新规，充分体现了国家“全面贯彻党的教育方针，落实立德树人根本任务，着眼建设高质量教育体系……促进学生全面发展、健康成长”的政策目标，而切实提升学校育人水平，深化校外培训机构治理，构建教育良好生态，是本次政策出台的具体目标措施。“双减”政策，可以说是对近年来义务教育领域出现的诸多问题进行的强有力回应与引导。

第四，公共政策既包括非常具体的、可操作性的行动方案，也包括具有指导性和原则性的行动准则。换言之，公共政策有层级和效力之分，包括相对具体的，有针对性、操作性的公共政策，以及原则性、指导性、宏观的大政方针和价值理念。比如，男女平等、对外开放、计划生育、保护环境等是我国的基本国策，是国家赖以生存发展的基本准则和保障，更具有根本性、原则性、指导性、全局性和长远性；而人口与计划生育法、环境保护法、妇女权益保障法等是相对具体的、可操作的公共政策。

基于以上分析可知，公共政策一方面体现了公共权力部门或组织的意志，具有强烈的支配性、目标性和公共性；另一方面又必须以社会公共利益为基准，政策的制定与执行不能任意而为。更重要的是，政策要有的放矢，不断解决社会发展问题，既要服务国家社会发展大局，又要回应人民现实利益需求，更要引领社会发展目标、方向和价值。因此，公共政策并非一个简单的概念，而是具有丰富的内涵与外延，需要与时俱进地不断深入阐释、理解和应用。

二、公共政策的主要特点

公共政策，作为公共利益分配的一种直接体现，具有强烈的实践性和公共性；作为一种以执政党和政府为主导的行为，其内容必然具有政治性和权威性。

首先，公共政策具有强烈的实践取向。公共政策的内在属性和现实目标价值，使公共政策“把社会科学知识与公共决策过程密切联系起来，提倡以问题为中心而不是以学科为中心的知识产生方式，围绕政策问题的解决而整合来自各种学科的知识和方法”。[①]所以，公共政策的实践取向，决定了公共政策的逻辑起点来自社会发展进程中的问题与需求。公共政策学科，也是在不断回应社会发展问题与需求的过程中诞生的，是人类知识体系的组成部分。因此，无论是公共政策学，还是具体的公共政策领域，必然都具有强烈的实践性和开放性。

实践性，要求公共政策具有社会适应性和变化性。政策必须回应社会问题，但社会问题是不断变化的，政策如果不能跟进这种变化，就很容易失效。所以公共政策是一个不断探索与发展的过程，其优缺点和效用也要用发展的眼光来看待。公共政策的制定，正如俗语所说，“没有最好，只有更好”，它要求公共政策

① 陈振明：《公共政策分析导论》，中国人民大学出版社，2015，第13页。

的研究者、制定者、实践者，随时保持对现实社会的敏感性，观察各类社会现象与问题，把握社会问题的基本规律，尽可能在政策制定与实施之前作出预见性的、前瞻性的价值判断、行动方案和行为准则，并在政策实施之后进行政策解读、跟踪评估和反馈完善等。

其次，公共性是公共政策更为深层次的一种内在约束。公共政策的公共性主要体现了政策的服务面向和价值导向。这种公共性，包含以下几个方面：其一，公共政策的目标具有公共性，即以实现公共利益为根本目的。这意味着公共政策要从人类和社会发展的角度来整体考虑问题，而不会被私人、个体或局部的利益左右。其二，公共政策的对象具有公共性，即面向政策适用范围内的所有事务和人员。其三，公共政策的内容具有公共性，它要回应公共需求，解决公共问题，面向的是国家的、公众的、社会的利益，而不是个体的、私人的利益。此外，公共政策的实施也具有公共性，既需要公开、公平，也需要以不偏不倚的立场为原则。基于这种公共性，公共政策不限于研究界、政界，社会各界都应该关注、研究探讨、评估评价、审视反思公共政策及其成效，以促使公共政策和公共管理实现良性发展。

再次，公共政策具有政治性和权威性。制定和实施政策具有执政党和政府的政治倾向性，并且对公众和社会具有合法的约束性和引导性，如果个人做出与政策相违背的行为，则常会受到公共权威机构的惩罚。公共政策，在很大程度上体现了国家的政治立场和根本属性。所以，无论是宏观政策还是微观政策，通常被赋予了特定政治性和权威性的属性与特点，大多情况下被理解为一种官方政治表达或政府社会治理方略。

此外，公共政策还具有相对的稳定性。它一旦形成，不容易改变，最常见的做法是对政策进行修正和完善。开启或终止一项政策往往需要大量的理论研究和试点实践探索，经过一定的政策过程才能最终确定。如果说从无到有地开启某项政策是一项比较艰巨的任务，那么公共政策的修正和完善更是一项持续的、艰难的工作，需要利益相关方对现实问题、发展目标和策略方案等方面的充分认识、敏锐把握和执行力度等。比如前文所述的计划生育政策是我国的一项基本国策，其稳定性是不可否认的，但是具体的生育政策，要根据人口与经济社会发展状况不断调整、完善。

综上可见，公共政策“为公共而生”，又常“因实践而变”，需要在国家大政方针之下，不断回应现实问题与需求，服务公共决策和社会治理。

第二节　公共政策的发展与挑战

公共政策，作为一门学科，具有显著的跨学科、交叉学科的特点。通常，公共政策学科与社会学、管理学、经济学等学科有着相似的研究问题，但公共政策学科发展比较晚近，发展过程中也存在与其他学科不同的机遇与挑战。

一、公共政策的发展

尽管公共政策作为一门学科发展的历史并不长久，但是从古至今，公共政策实践已有漫长的历史。历朝历代的制度演进、社会统治与管理过程中所制定的法律、政策和措施，以及对制度和政策进行研究和改革等实践，是一直存在的。

作为一门学科，公共政策学科出现是比较晚近的事情。20世纪60年代末70年代初，公共政策作为一个新研究领域在西方社会科学界迅速发展起来，被誉为当代西方政治学的一次“最重大的突破”。①大概10年之后，我国的公共政策研究也开始发展起来。1986年，时任国务院副总理万里在首届全国软科学研究工作座谈会上发表题为《决策民主化和科学化是政治体制改革的一个重要课题》的讲话，强调了决策民主化和科学化对于中华民族振兴的意义，明确提出了“政策研究”这一重大课题。自此，公共政策研究的意义和必要性日渐受到重视，公共政策作为一门新兴的综合性应用学科，获得了良好的发展机遇，迅速发展并逐渐步入正轨。

尤其是随着全球化、信息化和知识经济时代的到来，公共政策的重要性更加凸显，成为现代社会不可或缺的重要组成部分。一方面，我国经济社会的发展中也产生了大量需要公共政策研究的问题；另一方面，为党和国家科学决策提供智力支持的“智

① 陈振明：《公共政策分析导论》，中国人民大学出版社，2015，第1页。

库”[①]越来越受到重视。习近平总书记强调，智力资源是一个国家、一个民族最宝贵的资源；要从推动科学决策、民主决策，推进国家治理体系和治理能力现代化、增强国家软实力的战略高度，把中国特色新型智库建设作为一项重大而紧迫的任务切实抓好。[②]2015年，中共中央办公厅、国务院办公厅印发《关于加强中国特色新型智库建设的意见》，提出中国特色新型智库是党和政府科学民主依法决策的重要支撑，是国家治理体系和治理能力现代化的重要内容，是国家软实力的重要组成部分。[③]由此可见，公共政策不仅仅是一个学科，还是为党和国家推进决策的科学化、民主化的战略需求直接服务的实践领域。公共政策，作为学科体系中的后起力量，作为国家和社会发展“智库”的重要支撑，需要不断吸收各学科新的理论与方法，不断丰富政策知识，完善其理论体系，为丰富人类知识体系、推进科学发展提供营养和助力。

二、公共政策面临的挑战

经过几十年的发展，公共政策研究得到迅速扩展和提升，取

---

① 智库，又称智囊团，主要是指以公共政策为研究对象，以影响政府决策为研究目标，以公共利益为研究导向，以社会责任为研究准则的专业研究力量，主要包括党政部门、军队、社科院、科研院、党校行政学院、高校的智库及其他民间智库等。当代智库因其对政府决策、企业发展、社会舆论与公共知识传播具有深刻影响而备受重视。

② 习近平在中央全面深化改革领导小组第六次会议的重要讲话。http://politics.people.com.cn/n/2014/1028/c1024-25918747.html。发布日期：2014-10-28，访问日期：2020年6月1日。

③ 中共中央办公厅、国务院办公厅印发《关于加强中国特色新型智库建设的意见》，http://www.gov.cn/zhengce/2015-01/20/content_2807126.htm，访问日期：2020年12月2日。

得了显著的成绩。但随着信息技术和国内外政治经济环境的变化，公共政策实践和理论研究不断面临各种新问题和新挑战，显现出强烈的时代印记。

首先，当前公共政策问题更加公开透明，公众参与和监督显著增强，这对公共政策研究来说既是机遇又是挑战。自20世纪90年代中期开始发展起来的网络技术，使数据、信息、知识、网络等，变成人们方便可得而且广泛使用的资源，人们做到足不出户，可知天下事，可议天下事。公众不仅关注跟自身利益密切相关的问题，比如教育、食品安全、就业、社保、养老、住房等；也关心国家政治、经济发展、国际关系和社会发展等其他问题，比如反腐败、国际安全、中美贸易战等现实议题。另外，网络发达，使得每个网民都有可能成为网络自媒体，不仅接收网络信息，而且通过发布信息和观点，参与社会问题的讨论和力量博弈。任何公共政策及其回应的社会问题都可能迅速通过网络传播，并立刻被网民关注和讨论，这种网络信息的交互作用及其产生的舆论形势，势必对公共政策的制定和实施产生影响。所以，现在的公共政策比以往更加具有透明性、公开性和公众性。公共政策研究需要把握更为准确、全面的数据信息，作出准确的研判，不断调整和完善公共政策，以满足公众对政府的期待和对公共政策的多元需求。

其次，当代公共政策问题日趋复杂多变、纵横交错，增加了公共政策研究的难度。当代社会人们之间的联系日趋密切，不仅仅是因为有了网络技术的普及与革新（例如，5G技术），还因为社会流动的速度、频率和全新方式（例如，高铁），大大方便了人们的出行，缩短了出行时间，扩大了人们的出行范围，很大程度上改变了人们的生活。当人的流动成为常态，与地域、户口等联系在一起的公共政策就遭遇挑战，如何制定适应人员流动的，具有跨时空、跨地域的政策就成为新命题。最近几年备受关注的医疗保险政策改革中全国联网报销问题及其所暴露出来的困难，正体现了公共政策问题的变化性和复杂性。公共政策研究需要跳出思维定式，不能简单、孤立地看问题，而是要把各类社会问题统筹考虑，制定出系统的政策方案。

再次，社会转型时期政府、市场和社会关系问题依然是公共政策的重要难题。我国长期以来一直以国家和政府控制为主导，改革开放以后，市场的地位和作用上升，政府与市场和社会的关系也随之发生了变化，转变政府职能成为改革中的重要一环。只有厘清政府和市场、政府和社会，以及市场和社会的关系，才能各归其位，各负其责，实现经济社会的良性有序发展。但从现在的研究来看，这也是较为困难的一个议题。以养老政策为例，自20世纪80年代以来，我国养老政策开始由“政府包办”向“养老服务市场化、社会化”转变，国家主张大力发展养老服务业，要充分发挥市场在资源配置中的基础性作用，逐步使社会力量成为主体，但在实践中处理好政府、市场和社会的关系并不容易，常常存在各种难题，比如政府权责定位不恰当、市场运行效率较低、市场供给能力比较有限等。伴随着社会老龄化的日趋加重，养老政策和养老体系建设成为公共政策领域的一大重点。近年来我国对生育政策的调整，并未如期实现出生人口迅速增加的目标。许多研究证明，高昂的生育和养育成本、多重生育风险（健康风险、职场风险、死亡风险等）等是导致生育率低的主要原因，而其中生育成本、养育成本和职场风险等，都与人口再生产过程中的国家、市场和社会的关系密切关联。对此，学界已经形成基本共识，只有建立一整套完备的社会服务和保障体系才能为人口再生产提供强有力的支持，缓解生育问题的困境。因此，要加强公共政策相关领域研究，才能为更好地处理国家、市场和社会的关系提供理论依据和实践方案。

最后，公共政策研究也有许多亟待完善的地方，比如：政策研究多以定性研究方式开展，定量研究缺乏；政策研究与政策实践存在学界与政界脱节的现象，既不利于学科发展，也限制了公共政策社会价值的发挥。公共政策应该继续保持开放的姿态，借鉴其他学科（比如经济学、政治学、管理学、社会学、女性学、传播学等）的新理论、新工具，尤其要利用好大数据时代的技术优势，将定性与定量研究相结合，提升研究的质量。另外，还要加强跨界合作。公共政策是一门应用学科，必须改变学界重学术轻实践、政界重实践轻理论的现象，建立学界和政界互通有无，合作发展，才能真正实现学科的应用价值及其自身的长远发展。

第三节　公共政策的功能与类型

公共政策遍布社会生产生活的各个领域，其层次、内容、形式、功能和作用各不相同，纷繁复杂。因此，有必要对公共政策类型进行梳理和划分，以便更清楚地认识和运用公共政策，并理解公共政策内在的层次性、差异性和逻辑关系等。公共政策的分类标准并不唯一，从层次、功能、领域、形式、属性等不同的角度可以把公共政策划分为不同的类型。不同类型的公共政策在地位、时效、功能、意义等方面存在差别。本书强调从社会性别角度来看公共政策，可以探究公共政策的内在理念与方法上的差别，呈现另一种类型划分及其不同的社会作用与意义。

一、公共政策的功能

任何公共政策都带着特定的使命与功能，在社会生产生活领域和人类社会发展的有关层面发挥重要作用。尤其是在当今信息化时代，公共政策已经不再是象牙塔里的知识，而是社会生活中的一部分，对人们生活的影响更为直接、有效。所以，掌握公共政策的基本功能，可以更加充分地认识、理解和应用公共政策，这对于个体、群体，甚至整个社会的发展都是大有裨益的。

公共政策的功能，主要包括政策的价值导向、分配、调控、管制和规范等功能。

第一，公共政策具有价值导向功能。公共政策的制定和实施是要回应或解决某种社会问题，所以它必然要规范和引导人们的行为与观念，消除或减少与政策目标相左的行为与观点，从而最大限度地达成政策价值目标。政府出台或停止某项政策的行为本身就是一种引导性信息，表达了政府对某个问题的观点、态度和关注程度。所以每当一项政策即将出台或终止，社会上就有相关“政策信号”或价值导向的讨论。

第二，公共政策具有分配功能。公共政策的主要使命就是分配社会公共利益，最核心也是最关键的问题是“怎么分配公共利益”。利益分配是否合理、均衡、适当，直接影响着政府的威信和社会稳定。利益分配合理的公共政策会对社会良性发展起到促进作用，反之则会导致社会矛盾和冲突，严重的利益冲突则会导致政治危机或社会动乱。这并不意味着政府要满足所有人的利益需求，而是要按照社会发展方向制定科学、合理的利益分配政策，妥善协调社会各方面的利益关系，在推进社会和谐、可持续发展过程中促进社会公平与正义。

第三，公共政策具有调控功能。公共政策调控功能是指政府运用政策手段对社会生活中出现的利益冲突进行调节与控制。[①]社会生活中人们的需求和利益是复杂多元的，政府通过公共政策回应社会需求，但也不可能满足所有人的需求。为了正确处理人民内部矛盾或经济社会生活中的其他矛盾，政府通常会运用“政策杠杆”，出台各种调控政策和措施。例如，我国调控经济指标、调控房地产、调控汽车指标等就体现了政策的调控功能。这些调控政策对于解决相应领域的社会问题有立竿见影的成效，并且也已经成为人们日常生活的一部分。

第四，公共政策具有管制和规范功能。这种公共政策通常是以政策条文规定或法律法规的方式呈现，并常具有惩罚性条款，以确保达到管制和规范公众行为的目的。以酒驾入刑为例，为了保护公众生命安全和公共财产不受侵害，维护道路交通正常秩序，2011年，《中华人民共和国刑法修正案（八）》增加了危险驾驶罪，将醉酒驾驶机动车规定为犯罪，并规定了相应的刑事处罚，醉酒驾驶作为危险驾驶罪将会追究驾驶人的刑事责任。实施

① 李国正主编《公共政策分析》，首都师范大学出版社，2019，第65页。

酒驾入刑几年来，“酒后拒驾”的观念逐渐普及，酒驾违法行为大幅减少。

二、公共政策的基本类型

公共政策类型多样，按照不同的分类标准，通常可以划分为不同的类型。从政策层次来看，可以分为根本政策、基本政策、具体政策；从政策领域来看，可以划分为政治、经济、社会、科技等领域的政策。此外，政策还可以按照形式、时效、属性、制定机关部门等不同的角度划分为不同的类型。

1. 政策层次类别

公共政策有一种特别显著的区分方式，就是层次不同，效力不同。特定公共政策之间的位阶或者层次差异，决定了位阶高的政策对位阶低的政策具有统领、指导作用；而位阶低的政策必须与位阶高的政策原则和价值导向相一致，并服务或支持位阶高的政策。所以，按照公共政策的位阶和层次，可以将其分为根本政策、基本政策和具体政策。

根本政策，也可以称为总政策或元政策，主要是指一个国家或地区带有全局性、根本性的政策，包括总的路线、方针、目标、任务、纲领等。根本政策是国家的根基，是一切政策制定与实施的最高依据。例如，中国共产党第十九次全国代表大会于2017年10月通过的《中国共产党章程》规定，“领导和团结全国各族人民，以经济建设为中心，坚持四项基本原则，坚持改革开放，自力更生，艰苦创业，为把我国建设成为富强民主文明和谐美丽的社会主义现代化强国而奋斗”，即“一个中心，两个基本点”，它们相互贯通、相互依存、不可分割，是中国共产党在社会主义初级阶段的基本路线，是决定着社会发展的基本方向的总路线、总方针和总政策。在我国的政策体系中，“一个中心，两个基本点”是总揽全局的路线和政策。因此，我国要求必须全面坚持、一以贯之，中国特色社会主义才能得到坚持和发展，中华民族伟大复兴的中国梦也才有实现的可靠保障。

基本政策，源于根本政策，但层级次于根本政策。基本政策是根本政策在经济、政治、文化、社会等方面的展开，在具体的领域、部门或系统具有主导性，起着目标和纲领性作用的政策。例如，作为我国基本国策的计划生育、环境保护、对外开放、节约资源、珍惜合理利用土地和切实保护耕地、男女平等、水土保持，就是典型的基本政策。它们也是由我国基本国情决定的，与国计民生密切相关的，具有全局性、长期性和战略性意义的治国之策。

具体政策，处于政策下位，受到根本政策和基本政策的规定、制约和引导，是较为具体的目标、任务、规定、措施等。具体政策内部具有层级性，通常党和国家的政策是第一位阶政策，省、部级相关政策规定为第二位阶政策，以此类推。当下一位阶的政策规定与上位政策相冲突时，以上位政策的规定要求为准。通常，具体政策数量庞大，覆盖面和时效比基本政策更有限定性，其内容具有多样性和变化性。例如，为落实男女平等基本国策，进一步促进妇女发展，我国先后颁布实施《中国妇女发展纲要（1995—2000年）》《中国妇女发展纲要（2001—2010年）》《中国妇女发展纲要（2011—2020年）》《中国妇女发展纲要

（2021—2030年）》。2005年和2018年先后修订妇女权益保障法，2012年实施《女职工劳动保护特别规定》，2016年实施反家庭暴力法。为了落实以上政策法规，各省市出台了相应的通知、条例、实施细则、工作办法等，这些都属于具体政策，但层级和效力不一样。

对政策层级的分类，有助于正确认识和把握政策的功能与效力，处理好政策之间的关系。从现实问题的解决路径来说，根本政策通常是国家的根基所在，是不容撼动的；而基本政策具有方向性，奠定了一定领域的基本目标和任务，其效力和稳定性也比较强；具体政策的时效、范围和稳定性通常弱于基本政策，但通常更加细致、具体、操作性强，更加易于跟踪评估和调整完善。所以，具体政策，是与人们的日常生活最息息相关的政策，也是最需要与时俱进的政策类型。

2. 政策领域类别

从政策覆盖的社会领域来看，公共政策可以分为以下几种：第一，政治方面的政策，例如，外交政策、选举政策、国家安全政策等；第二，经济方面的政策，例如，税收政策、农业政策、商业政策等；第三，社会方面的政策，例如，人口政策、婚姻政策、家庭政策、社会保障政策、养老政策、生育政策等；此外，还有科学技术方面的政策（如知识产权政策、高新技术政策等）、国土资源方面的政策（如住房政策、土地政策、环保政策等）；等等。

3. 政策的其他类别

从公共政策形式来看，公共政策还可以划分为指示型政策、决定型政策、建议型政策和条例型政策。指示型政策通常具有指导性和强制性等特征；决定型政策具有确定性和稳定性等特征；建议型政策具有选择性、参考性、试行性等特征；条例型政策具有特定性、详尽性、规范性等特征。[①]此外，从公共政策的制定机构来看，可以分为行政、立法、司法三类政策；从政策时效来看，又可以划分为即时型、短期型和中长期型；等等。

尽管公共政策内容非常庞杂，分类标准也比较多样，但是无论哪种分类，都是有章可循的。政策分类有助于掌握政策的属性，合理发挥其功能，更重要的是，政策分类有助于政策的利益相关者从不同角度识别政策需求，制定合理的政策方案，并在实施和评估政策过程中充分考虑各种相关因素的作用和影响。

第四节　公共政策系统与政策过程

为了改善公共决策（public decision making）系统、提高公共政策制定质量，公共政策研究中特别关注政策系统及政策过程。政策系统是研究政策过程的前提，并直接影响公共政策的运行和效果。

① 谢明：《公共政策导论》，中国人民大学出版社，2015，第35页。

一、公共政策系统

公共政策系统，是由政策主体、政策客体及其与政策环境相互作用而构成的社会政治系统。[①]

1. 政策主体

政策主体是指在整个公共政策的运行过程中，在政策制定、实施与评估等阶段对政策问题、政策过程、政策目标群体主动施加影响的个人、团体、组织和机构。

在政策主体中，执政党、行政机关、立法机关、司法机关是主要的组成部分，在政策过程中发挥着主体作用。当然，在我国，民主党派、事业单位、社会组织、政策研究与咨询机构、大众传媒和公民个人等都可以作为政策主体参与政策制定和实施。公共政策主体既包括官方、体制内的，也包括民间、体制外的；既有政策全过程的直接参与者，也包括间接参与者。

总之，从具体的政策来看，其政策主体和政策客体通常是比较明确的，但这并不意味着政策主体是稳定不变的。任何个体、组织都可以主动对政策系统施加影响，从而成为政策主体。

2. 政策客体

政策客体是指公共政策所要解决的社会问题和政策目标群体。政策所要应对的社会问题，不仅包括作为一种客观存在的具体问题，还取决于特定时空条件下人们的主观感受和判断。有

① 陈振明：《公共政策分析导论》，中国人民大学出版社，2015，第24页。

的社会问题长期存在，但没有被人们感知或识别，就很难受到重视，更难以进入公共政策系统。

政策客体中的目标群体，一般是指受到政策影响和制约的社会成员。政策目标群体在政策的引导、调节、控制等功能所施加的直接或间接影响下，会做出相应的个人行为方式或价值理念的选择与安排，也会根据政策要求对个人利益与公共利益的关系进行调节，以实现个人利益与公共利益的良性调节和运转。

从具体政策来看，其政策客体所涵盖的社会问题和目标群体各不相同；政策主体和客体并不是固定的，政策客体也可能会转化成政策主体，主动对政策制定与实施进行引导或介入。

3. 政策环境

政策环境是指影响政策制定、实施全过程的所有因素，包括自然环境和社会环境。自然环境对政策的影响是非常明显的，限于特定的地理位置、气候条件和物质资源。全国各地的公共政策具有很大的差异性。社会环境对公共政策来说影响更加直接、更加重要，也更加复杂，既包括政治、经济、国防、外交、人口、教育、科技等方面的状况，还包括社会观念、风俗文化、道德风尚、历史传统等方面的内容。

在当今全球化、信息化时代，公共政策环境不仅包括本国的社会政治经济状况，还包括国际政治、经济、外交、军事、科技、文化等影响因素。对政策环境的把握程度往往决定着政策能否正确制定并取得预期效果。这就要求公共政策必须因地制宜，从本土的实际情况出发，综合考虑国内外各种因素才能取得预期效果。

总之，政策系统的各要素之间看似互相独立，实则互相作用和互相依赖，是一个不可分割的整体。政策系统的构成要素及其相互关系可以用图1表示。

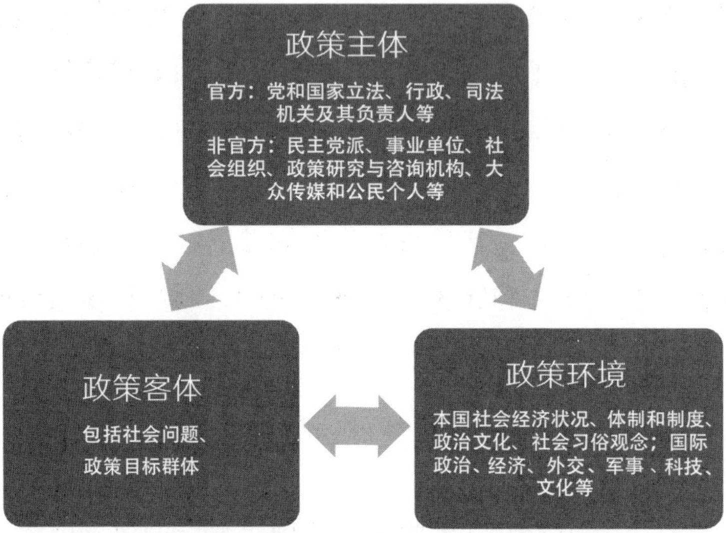

图1　政策系统的构成要素及其相互关系[①]

二、政策过程

政策过程，是政策系统运行的全部过程，通常由多个阶段或环节组成。国外学者关于政策过程的研究以阶段途径为主导，并形成了一定的研究范式。将政策过程分阶段划分并讨论各阶段的特点与影响因素，有助于将复杂、漫长的过程简单化，将特定阶段的政策活动深化研究。通常政策过程包含以下几个阶段。

第一，政策制定阶段，包括问题的提出、实证研究、方案设

① 张永英：《改革开放三十年中公共政策对性别平等的影响》，《浙江学刊》2009年第4期。

计与选择、预测结果、评估方案、规划预算、方案合法化等。社会问题能否进入政策的视野，主要取决于政策主体、政策客体在特定的政策环境中的互动以及各种相关力量的博弈。并非所有的政策议题都能变成政策，一项政策的制定通常需要长期的理论研究、实践检验和反复论证。

第二，政策执行阶段，包括组织分工、分配资源、政策宣传、政策实验、政策实际执行、过程评估、政策监控与调整等。政策执行阶段的进展和成效，也与政策主体、客体及环境等因素密切相关。政策执行有特定的流程和要求，既需要人力和物质的支持，也需要政策主体、客体之间的有效沟通和密切合作。政策环境在这一过程中的影响更加突出。因此，在政策执行、监测和评估时需要把整个政策体系涵盖进来。

第三，政策终结阶段，包括政策结果验收、执行效果评估、政策终结等，对完成使命的政策或已经不起作用的政策，结束其政策过程，停止政策活动。一般具体政策都有比较明确的目标和时效性，在政策所起作用的社会问题已经不存在或目标群体的需求已经得到满足时，政策的终止就提上日程。

第四，政策评价阶段，除了前期评估、过程评估、效果评估，还要对政策进行总体的评估与反馈，确定政策的效果与优劣，总结经验和教训。政策评估作为特别重要的环节，是衡量已有政策优劣得失并开启新的政策议题的必要过程。

以上只是将公共政策过程粗略地表述出来，需要说明的是，这几个阶段不是单纯的时间上先后承接的线性关系。因为各个阶段经常是相互交叠、相互作用的，而且有许多政策活动是反复或持续进行的，比如政策评估、政策监控与调整，贯穿整个政策过程，并对各个阶段的其他活动产生影响。从实际来看，政策周期有长有短，不能一概而论，有些政策过程也不是按照以上阶段实现所有的政策活动，也有一些政策过程是漫长且各种政策活动循环反复的。所以，对政策过程分阶段研究虽有便利，易于上手，但也有着固化、单一化政策过程的局限性，这一点在实际的公共政策过程中是需要警惕的。

第五节　公共政策分析及其意义

随着社会发展，公共政策面临的挑战使得政策分析的重要性和紧迫性日渐凸显。为了更好地发挥公共政策的功能，政策分析需要立足本国经济社会发展状况，全面分析政策系统各要素和政策制定与实施的全过程，从而为科学决策和社会治理提供理论支持与策略方案。

一、公共政策分析的内涵

公共政策分析是公共管理和公共政策领域中的一项核心内容。公共政策（public policy）、政策科学（policy science）、政策分析（policy analysis）三个术语经常混用，因为它们的内容有较多的共性，但严格意义上三者之间的区别也是非常明显的。公共政策和政策科学更侧重于表达一个学术门类的系统知识，政策分析则侧重于对政策实践、政策系统、政策过程的审视和剖析。

政策分析，重在问题导向和目标导向。公共政策分析，是一种以问题为中心的知识生产方式，注重将科学知识尤其是社会科学知识与政策过程密切联系起来。[①]这种问题导向，使得公共政策要保持开放的姿态，不断运用各种理论和方法，发现社会问题、分析社会问题和解决社会问题。从目标导向来看，公共政策分析的成果，旨在改进公共政策制定和执行的质量，优化政策系统及政策过程，以提高公共决策和公共管理的水平。

公共政策分析有几个核心关键点，即政策的利益相关者（谁）、政策带来的利益（什么）、政策的缘由（为什么）和影响（怎么样）。

首先，公共政策分析特别关注政策的利益相关者。分析任何一项政策，都要考虑政策的存在与否对谁最重要、谁受益，因为任何一项具体的公共政策都有特定的服务面向和时空范围。反过来，该政策没有惠及谁，以及谁会因为这项政策而得不到或失去什么则是“硬币”的另一面，也值得分析和讨论。这实际上是关注公共利益的分配导向和国家社会治理的基本原则。

其次，公共政策分析关注政策带来的利益是什么，即政策的受益人群能通过这项政策得到什么。任何政策在其提议阶段就要考虑到会给利益相关者带来什么，如果不能准确地回应社会问题，解决政策目标群体的需求，那就会影响政策效力的发挥。

再次，公共政策分析关注政策的缘由，要清楚说明为什么要

① 陈振明：《公共政策分析导论》，中国人民大学出版社，2015，前言第1页。

实施这样的公共政策，是哪些原因导致了政策的制定和出台。

最后，公共政策分析还关注政策的影响，包括政策带来的短期、中期和长期影响，直接影响、间接影响，宏观、中观和微观影响，等等。

由此可见，公共政策分析是一项系统工程，既要清楚考虑政策制定和出台，把握政策的服务面向和内容，以及其所发挥的作用，还要考察其前世今生和前因后果。因为任何公共政策都有特定的背景，需要对政策本身及政策对象做全面、深入的分析，包括历史、现状和未来，否则就很难进行有效的政策分析。

二、公共政策分析的意义

公共政策分析，是一门具有开放性的学科，对于其他学科的理论与方法具有兼容并包的优点。所以公共政策分析从一开始就跟各个学科密切相关，通过广泛引入和整合各种社会科学理论与方法，能够进一步丰富和提升公共政策理论研究，拓展学科的边界，使这一学科得到更为长足的发展。同时，公共政策分析有助于从不断变化的国内外政策实践中汲取营养，推进公共政策相关知识在政府决策过程中发挥更大的作用，凸显其应用性、创新性和时代性。

在现代生活中，公共政策分析的现实意义更为突出。公共政策是现代社会不可或缺的重要组成部分，所以政策分析也成为一种政策领域的必备要素。伴随着当代经济和社会的发展变化，新的社会问题不断冲击着已有的公共政策体系，对公共政策进行科学分析的重要性和紧迫性都显著上升。

首先，我国经济社会发展中面临的新机遇和新问题，社会转型时期政府、市场和社会的关系不断变化，以及复杂多变的国内外局势，等等，都使得公共政策分析必须随时了解各种信息、动态，掌握各类数据，进行及时准确的政策分析，为政府或大众不断提供合理的政策信息、行为规范和价值引领。党的十八大以来，我国公共政策的顶层设计不断丰富和发展，习近平总书记提出“四个全面”战略布局，推出了“一带一路”倡议，发起了共建人类命运共同体的发展思路。党的十九大报告中明确提出，中国特色社会主义进入新时代，我国社会主要矛盾已经转化为人民日益增长的美好生活需要和不平衡不充分的发展之间的矛盾。人民美好生活需要日益广泛，不仅对物质文化生活提出了更高要求，而且在民主、法治、公平、正义、安全、环境等方面的要求日益增长。发展不平衡不充分，这已经成为主要制约因素。在这种背景下，公共政策分析可以为执政党或国家应对新问题、制定和实施相关政策提供知识和方案，从而提升党和政府的公信力，增进社会发展活力，促进社会协调发展，推动社会进步。

其次，当代公共政策问题日趋公开透明，公众参与和监督更为迅速，这要求公共政策分析更加及时有效和有预见性。任何公共政策及其回应的社会问题都可能迅速通过网络传播，网络上立刻会做出不同的响应，对于公共政策的制定和实施产生影响。所以现在的公共政策主体变得更为多元，政策实践过程更具有透明性、公开性和公众性。在这种背景下，公共政策分析更具有必要性。

最后，当代公共政策问题日趋复杂多变，纵横交错。加强公共政策分析有助于应对政策领域的新挑战，分析和解决公共政策的复杂问题、新问题。这就使得公共政策分析的必要性日益凸显。公共政策研究应不断吸收各学科的知识，包括一般社会科学理论和方法，也包括各种新兴的思想和理论，及时转化为政策分析的视角与方法，切实提升政策分析的价值。

总之，当代社会发展离不开公共政策分析，社会问题的时代变化性促使公共政策具有不断变革的动力和强大生命力；而公共政策分析也离不开社会科学的整体发展，这样它才具有持续发展的理论源泉。开展公共政策分析，要保持对社会政策问题的关切感和使命感，从动态的角度分析问题，做到博学、审问、慎思、明辨、笃行，切实推进我国公共决策更加科学化、民主化。

第二章

社会性别理论基础

社会性别理论对于当代学术界来说已经不再陌生，近30年来性别研究成果也基本遍布于各个学科领域。社会性别理论作为国际社会通行的推进妇女发展的主要理论工具，在我国妇女工作领域已有广泛应用。为了进一步推动公共政策的社会性别分析，有必要将社会性别理论的主要内容进行简单梳理，并在此基础上探讨对公共政策分析的意义。

第一节 社会性别

社会性别概念，发源于20世纪70年代国际妇女运动第二次浪潮。20世纪80年代以来，它开始成为联合国主流的工作理念，并广泛运用于各类国际公约和文件中。进入21世纪，社会性别已经成为国际社会公认且普遍使用的理论框架。

一、生理性别与社会性别

要理解社会性别及其内涵与意义，首先要了解什么是性别，性别有什么社会含义。表面看这是一个非常简单的问题，因为几乎每个人都很清楚自己的生理性别，但是对性别的定义却远远超出生物性的各种属性和特征。在多年的教学实践中，笔者与大学生在讨论性别特征和性别差异的时候，发现出现频率最高的词语竟然是非常相似的。譬如，当提及理想男性的标准时，“有责任心、有上进心、有担当、坚强、独立”是排名最靠前的五个标识；而理想女性的标准，则通常是“善良、温柔、漂亮、体贴、孝顺”排名靠前。理想男性和理想女性的标准，为什么会存在如此显著的差别？尽管这不是统计学意义上的结果，却可以经验性地再现社会中存在的事实：首先，社会中存在一套关于性别的标准，并且这套标准有一定的稳定性和持续性；其次，日常生活中人们谈及的性别差异不是指生物性的生理差异，而主要是在社会历史文化中形成的“男女有别”的性别角色、性别规范与价值体系，这是具有社会性的性别差异，所以被称为“社会性别”。

社会性别是相对于生理性别而言的。生理性别（sex），是生物性的性别差异，主要指生物学、生理学层面上，基于生殖器官、染色体、性激素等将生物体分为雌或雄的性质或特点。20世纪70年代以前，生理性别主要是通过解剖学意义上的男女生理结构的差别来判定，因为男女的生殖器官和性特征是不同的。如今，通过染色体检验来判定生理性别已经成为通行的主要手段。因为男女两性的染色体存在差异，人体23对染色体中存在一对决定性别的要素——性染色体，女性的性染色体是XX型，而男性的性染色体是XY型。除了染色体，激素也是生理性别的重要影响因素，人体内同时存在雌性激素和雄性激素，但男女的激素分泌不同，女性以雌性激素为主，男性以雄性激素为主，激素对第二性征的出现起着决定作用。通常情况下，人体的雌性激素和雄性激素处于平衡状态，一旦激素水平出现波动，人体就会有相应的变化指征。

社会性别（gender），是指在特定的社会文化构建下形成的，对性别气质、性别角色和其行为方式的规范与界定。社会性别，以生物性的性别差异为基础，但包含更广泛的社会含义。

首先，社会性别是社会、历史、文化对男女的理解与建构。它不是与生俱来的特征，也不是一成不变的属性，不同的国家、地域、民族、宗教、文化和历史阶段，社会性别的建构是千差万别的。

其次，社会性别包含对两性的气质特点、性别角色、行为方式等的期待与规范。它包括在政治、经济、文化、教育、社会生活、婚姻家庭等领域所扮演的角色和行为方式，而且这些期待与规范通常是以一种“男女有别”的二元模式存在（例如，“男主女从”“男强女弱”“男外女内”“郎才女貌”“男阳刚女阴柔”等）。

再次，社会性别具有社会同一性。在特定的社会文化环境中会形成比较固化的价值体系，引导着男女应该扮演的社会角色和应遵循的行为准则，并对“不守规矩”、越界、偏离的行为进行规训和惩罚。

最后，社会性别是社会化的产物，同时也是社会化的性别机制。社会性别受到社会历史、文化观念、社会制度、社会结构等方面的影响，同时又与各种社会机制交互作用，形成建构和维持性别关系的社会政治经济制度和文化环境。

表1　生理性别与社会性别差异表

	生理性别（sex）	社会性别（gender）
属性	生物学意义上的区分	社会文化层面上的区分
来源	自然的、与生俱来的	后天的、社会建构的
决定因素	基因/性染色体、性激素	社会文化、社会制度、社会结构
具体表现	生理结构和生理机能的差异（第一性征、第二性征、生殖功能、内分泌系统等）	男女家庭和社会角色、劳动分工、行为模式、性别关系、气质特点、资源分配等
可变性	不可改变（一般来说）	可以改变

通过对社会性别和生理性别的特点进行比较，可以看到我们通常所说的性别其实包含两个层面，一个是生物学和生理学意义上的生理性别，另一个是社会文化意义上的社会性别。生理性别

是与生俱来，不容易改变的。这里说的生理性别不容易改变，是因为当代社会已经存在技术上改变生理性别的可能性，并且已有许多改变生理性别或者选择生理性别的实际案例。而社会性别是后天的，属于社会建构，它是伴随着人的社会化过程构建起来的，是社会化的产物，是特定社会环境在人们身上刻下的性别印记，也是社会文化对性别的定义，因此它会伴随时空环境、社会文化的变化而发生改变。

二、社会性别概念的产生及意义

社会性别概念的提出，主要是基于“女人后天塑造”的观念。1896年，英国政治学家、哲学家约翰·穆勒就主张男女在根本上是平等的，男女看似不同的能力源于抚养和教育过程中的巨大差别。他在《妇女的屈从地位》一书中写道：“目前称之为妇女天性的，实际上完全是人为的。”

20世纪中期，法国思想家西蒙娜·德·波伏娃的《第二性》运用大量哲学、心理学、人类学、历史学和文学材料再次论证女人是后天塑造的这一观点。她指出，父权制社会的性别统治、性别压抑以及一整套意识形态，塑造了历史性的女人，女性降为男人的“他者”，变成了人类的“第二性”。[①]尽管波伏娃没有明确提出“社会性别”概念，但她对“女人后天塑造”的深入分析，使越来越多的人认识到，女性不平等社会地位的根源是父权制的社会政治制度与文化，并非两性的生物性差异，因而是可以改变的。

---

① 西蒙娜·德·波伏娃：《第二性》，陶铁柱译，中国书籍出版社，1998。

伴随着20世纪60年代末第二次女性主义思潮的兴起，“社会性别”作为分析两性气质差异和性别不平等根源的范畴出现，学者们不仅对生理性别和社会性别进行了区分，并且运用这一概念分析社会历史与现实中的结构性问题，探求解决性别不平等的根本原因。如今，社会性别已经成为国际上广为使用的理论框架。“女人后天塑造”的观念广泛传播，性别不平等的根源和社会机制成为各学科讨论的重要议题，研究日益丰富和深化。

“社会性别”概念的提出，显示出人们对性别不平等的认识更加深刻。这一概念，明确区分了社会性别和生理性别，批判了生理差异导致女性处于劣势的“生物决定论”。在认识到社会性别的内涵之后，当我们谈及性别就应保持一种警惕，不把性别想当然地理解为一种生物意义上的存在，还要考虑到其社会建构性，社会文化所赋予的性别角色和行为规范是随着时间和环境的不同而变化的，这是社会性别理论的独特贡献。社会性别的价值不止如此，它不仅是一个新兴的研究领域，还是分析历史、社会和文化等领域的重要范畴。

第二节　社会性别建构的机制与途径

社会性别理论认为，社会性别是人的社会化的组成部分，是一种社会建构，而且社会性别不仅建构人们的性别身份，还建构一种反映社会结构和文化规范的符号和社会机制。那么，社会性别是如何建构起来的？社会性别机制是怎样运作的？阐释清楚这些关键问题才能更准确地把握社会性别的理论内涵，才能更好地用这一理论指导实践。

一、社会性别建构

社会性别建构，不仅建构了两性的气质特点，还建构了男女两性的社会角色、责任与分工。社会性别理论认为，性别角色社会化是基于生理性别的、在后天环境中逐渐形成的，它不是一日之功，而是贯穿于人的社会化的全过程。

性别角色社会化，是个体的社会化的一部分，是指个体逐渐接受社会对不同性别的期待、规范并逐渐转化为相应的行为方式的过程。在性别角色养成的过程中，个体、家庭、社会等都参与其中，影响和塑造着个体的性别角色规范与教化，因此我们所习以为常的性别角色和气质特点，大多是在一种内外因素合力作用下建构起来的，而不是自然而然的。正如波伏娃在《第二性》中所提出的，女人不是天生的，而是后天形成的。

社会性别在建构两性社会角色与气质特点的同时，也成为社会结构的一部分，或者说与其他社会结构融为一体，使得公共领域的劳动分工、权力和资源分配方面也呈现出男女不同的行为规范与评价标准。因此，美国社会历史学家琼·W.斯科特曾断言，社会性别是基于可见的生理性别差异之上的社会权力关系的构成性元素。①

① 琼·W.斯科特：《性别：历史分析中的一个有效范畴》，载李银河主编《妇女：最漫长的革命》，生活·读书·新知三联书店，1997，第151—175页。

二、社会性别建构的内在机制

作为人的社会化的组成部分，社会性别建构是伴随个体一生的复杂建构过程，但我们梳理之后也可以发现，其内在机制主要包含以下几个重要的环节：性别角色期待、性别角色规范、性别角色认同与实践，这种划分基本可以勾勒出性别角色社会化的内部机制。

1. 性别角色期待

社会中存在对男女不同的性别角色期待，这反映出一种与特定的社会文化有关的性别角色价值观。这种性别角色期待是个体所处的时代所构建的理想标准。曾有一位学者把男性角色的社会期待称为“男人的束缚体”（Man Box），那么对应的女性的角色期待也可以称为“女人的束缚体”（Woman Box）。这样的表述颇为形象地描述出性别角色期待是一套符号、标识和价值体系。无论男女，在社会中都会受到这种角色期待的影响。这种性别角色期待被社会文化所构建，反过来又成为社会文化、习俗观念的一部分，继续维持性别角色期待，形成性别角色定型和价值判断。

如前文所述，传统社会形成的以“男女有别”“男强女弱”“男外女内”等为主要特点的性别角色期待在我们今天的社会中依然存在。这种期待通常要求男性性格坚强、果断、勇敢，有责任心和事业心，能养家糊口，承担家庭主要经济责任；要求女性性格温柔、顺从、善良、孝顺，做贤妻良母，勤俭持家，承担家庭照顾的主要责任。这种角色期待也对两性的社会角色评价区别对待，对女性的评价更侧重于道德品质和私领域，而对男性的评价更侧重于社会贡献和公领域。甚至连公共领域的专业划分、职业类型、劳动分工、劳动报酬等，都对男女有不同的期待和要求。这种男女有别的性别角色期待一旦形成刻板定型就比较难改变，并对人们的性别角色养成进行潜移默化的引导和规范。

2. 性别角色规范

性别角色规范是社会性别建构过程中对于个体的约束和引导机制。在社会性别角色期待之下，个体可能会接受、遵循或顺从其全部或一部分，也有可能违背、叛逆或反抗全部或一部分。于是社会中的每个人性别角色扮演呈现差异性，符合社会性别角色期待的人会被这套标准所认可，而不符合的人则会受到社会标准的惩罚或因此而产生压力，这种惩罚和压力经常和主体性别扮演与性别角色期待的匹配程度密切相关。

性别角色规范通常是社会制度、文化观念、习俗惯例中的重要内容，其表达方式既包括制度规范、道德教化、行为引导，还包括法律法规的惩罚等。比如，明清时期要求女性守贞守节，并将贞节作为女德之首，一旦出现违背则会受到社会舆论谴责，甚至是族法家规的惩罚。当今的“剩女”现象，也在一定意义上说明社会性别角色规范的存在。因为“剩女”这一称呼所指的是过了一般意义上的适婚年龄还没有结婚的女性，除了年龄因素，这些女性还有一些共同特点，通常是拥有高学历、高收入、高职位的职业女性，而这些特点是与传统性别角色期待不太一致的，因此这样的女性容易在择偶市场中被冷落，或者因对婚姻的期待与传统婚姻模式不同而不愿意结婚，结果表现为大量大龄未婚女性日渐增多，但“剩女”这一称呼忽略了女性的主体性及其他社会价值，实质上是对大龄未婚女性的一种社会排斥、贬低和污名化。

3. 性别角色认同与实践

社会性别建构过程中个体的性别认同与实践是重要的一环。在社会性别角色养成过程中，作为主体的人并不是一味消极被动地被建构，而是作为性别角色养成的主体，也在不断地主动学习、吸收、内化与自我规范。

主体性别角色认同因人而异，即使在同样的环境中，不同的主体也可能做出不同的选择。一般来说，人有趋利避害的本能，所以在性别角色认同和实践过程中也有这个特点。在社会化的过程中，个体会根据自己的经验和认知，不断做出性别角色认同的选择和性别角色实践，同时在实践中不断调整自己的角色定位和价值理念。当主体的某种行为一再被社会鼓励和支持时，则更倾向于保持和加强这种行为。反之，当主体的行为不断被质疑、打压或否定的时候，就会引发自我否定或自我调适。并且，社会中个体之间的互动，也是个体性别观念和行为方式的一种交流，实际上也可以理解为一种互相影响和塑造的社会性别建构过程。

由此可见，在社会性别建构的过程中，每个个体都参与其中，或作为性别角色养成的主体，或作为社会性别角色期待和规范的主体，进行自我规范，或者参与社会规范。

4. 社会性别建构的外部力量

社会性别建构的整个过程中，社会组织等外部力量的作用也不可忽视。当个体作为性别规范的客体被规训和教化的时候，各类社会力量实际上就变成了规范的主导者、执行者或参与者。国家、政党、社会团体、民间组织和社群、家族等在一定意义上都在影响或参与社会性别建构。中国古代政治制度、法律制度、经济制度等都有社会性别规范嵌入其中。例如，中国古代法律中有关于婚姻关系、家庭财产继承等诸多方面的规定，有一夫一妻多妾制、嫡庶制度、继承制度等。当代社会，政府和执政党派在构建性别文化和性别规范方面的作用也非常明显。以《中国妇女发展纲要》的颁布和实施为例，我们可以看到国家在关注妇女发展问题，并以公共政策的方式为妇女发展设定目标、发展指标和保障措施，以引领和确保妇女发展的方向和进度。这也是本书从公共政策角度入手来分析性别问题的一个重要缘由。

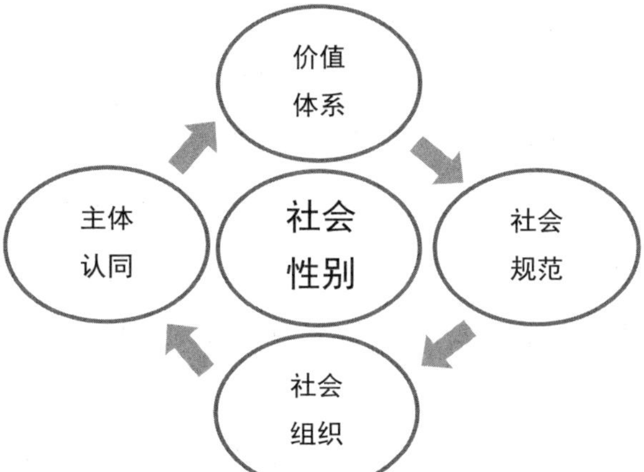

图2 社会性别建构机制

三、社会性别建构的途径

不同的社会和文化中具有不同的性别角色期待、角色分工和角色规范，并将性别角色规范渗透到主流舆论、社会观念和家庭教育理念之中。社会性别因家庭教育、学校教育、传播媒介、社会交往等一系列因素的影响，在社会中不断传播、复制和再现。

1. 家庭教育

家庭教育是社会性别建构的重要平台和途径。家庭是个体性别角色建构的第一个平台。父母是孩子性别角色养成的第一任导师。家庭环境和家庭教育会对孩子的性别角色产生深刻影响，尤其是父母等家庭中成年人的性别观念、行为方式、关系模式对孩子产生潜移默化的影响，而他们的育儿理念与养育方式则对孩子的性别角色进行直接的干预和引导。

日常生活中，父母经常用不同的方式对待男孩和女孩，比如行为举止、性格特点、外貌形象、取名和称呼，以及孩子玩具和游戏的选择等，都有不同的内容。通常家长会把社会中既定的性别角色观念折射到孩子身上。例如，家长会根据自己对性别角色的理解给孩子命名，并赋予不同的性别角色含义。如“刚”“强”“伟”“杰”等带有传统男性气质的字经常出现在男孩的名字里；而“美”“丽”“娇”“洁”等表达传统女性气质的字经常用于女孩的名字。

家长一般会鼓励男孩参加对抗性的、主动性比较强的活动，比如体育训练、户外活动、科技活动等，并且要求男孩勇敢坚强，要做男子汉、小英雄，男儿有泪不轻弹等；而对女孩，则一般会鼓励她们从事比较柔和的、相对被动的活动，比如跳舞、弹琴、画画等，要求女孩做乖顺懂事、甜美可爱的小公主。女孩比较活泼好动，常被称为“假小子”。在分配玩具的时候，女孩经常得到的是芭比娃娃、毛绒玩具等，而男孩则得到变形金刚、遥控汽车等，这背后所遵循的性别规则显而易见，对孩子的期待和培养是存在社会性别角色定型的。

家长通过对孩子的行为给予支持/反对、肯定/否定、赞扬/批评、鼓励/惩罚等对孩子的性别角色进行了引导和强化。因此，家庭教育在社会性别建构中扮演着重要角色。不仅是在婴幼儿阶段，应该说在人的各个生命阶段，家庭成员之间的互动一直在影响性别角色的形成。

2. 学校教育

学校教育是构建社会性别角色的重要平台。学校是重要的性别社会化场所，学校教育的内容、方式、教学理念、人际关系等都对学生的性别角色产生影响。

一方面，作为学校教育重要载体的教学内容是传递社会性别信息的重要途径。教材中如果存在性别角色的陈规定型，那么学生在学习的过程中则会从中汲取性别的信息，从而影响自身的性别角色认同和实践。

另一方面，作为教育主体的教师如果存在性别角色定型，也会直接或间接地参与到学生的社会性别建构中。教师如果基于性别而对学生进行教育，并给予不同的期望和要求，则会传递和复制性别刻板印象给学生。所以教师的教育理念、教学方法和性别观念，以及教师与学生之间的互动都会成为社会性别建构的一部分。

3. 传播媒介

传媒在社会性别建构中发挥重要作用。信息化时代，传媒已经成为人们生活中必不可少的内容。作为传播载体的媒介，也越来越多样，除了主流传媒、大众传媒等传统媒介（例如，电影、电视、广播、广告、报纸、杂志等），互联网的发展使得新型媒介（例如，数字传媒、网络媒体、移动端媒体、数字电视、数字报刊等）日渐占据了人们的视线。近年来，自媒体的发展势头非常强劲，网络直播也悄然兴起。传媒领域中的性别信息以一种社会性别再现的方式，叙述、传播着某种性别角色和价值理念，引导和强化人们的性别认知和行为规范。

以大众传媒为例，诸多研究表明，在大众传媒中男女性别角色定型相当普遍：媒体中再现的女性常被定型为依附者、陪衬者和性对象，其形象以妙龄少女、家庭主妇、性感女郎等为主；而男性常被定型为有创造性的行动者、两性关系中的主导者、社会中的强者，其形象以科学家、专家、领导者、英雄等为主。伴随着传媒在社会中日趋增强的影响力，传媒中呈现的这类性别角色及价值观对人们的行为方式和价值理念有着直接或间接的建构作用。

因此，当代社会中，五花八门的传播媒介作为影响性别角色社会化的重要途径，受到学界持续的关注。媒介中所呈现的性别形象和传达的性别观念对社会性别建构的影响不可小觑。

4. 社会交往

社会交往也是社会性别建构的重要途径。除了家庭教育、学校教育和传媒，社会交往是社会性别建构中比较容易被忽视的部分。社会交往是人的社会化的重要方式，是指人在生产及其他社会活动中发生的相互联系、交流和交换。社会交往关系中，包括亲属关系、同辈群体、朋友关系、同学关系、师生关系、同事关系、邻里关系等，不断发生信息、情感等方面的直接或间接的交流互动，其中包括社会性别的认知和表现等。

研究表明，同辈群体对个体的社会化影响颇为显著。比如青少年阶段，同辈群体的交往互动，使青少年逐渐习得关于男女两性的角色规范，并逐步获得同辈群体的认同。通常，青少年越是按照传统社会的性别角色行事，就越容易在同辈群体中获得认同；反之，则可能被同辈群体否定或孤立。信息化时代，网络社会交往对人的性别角色认知产生越来越显著的影响。但是，网络社会交往与现实社会交往不同，其虚拟性、多元性、自由性等特点使得性别信息的传播和互动更加复杂多元。

此外，社会性别的建构存在于其他各类场合，比如职场、商场、法庭、会议、集会等，不同时代社会性别建构的方式可能有所差异，但其内在机制相同。所以，当公司的管理者以性别角度来评论员工的工作成效或招录职员时，当业务员基于性别考虑向顾客推荐商品时，当会议上不同人士基于性别而发表观点时，都可以视为一种社会性别建构的微观环节，在不经意中传递、引导或改变着人们的性别角色期待与价值认同。

可以说，社会性别建构无处不在，与我们的生活息息相关。对社会性别建构的分析，有助于我们识别历史与现实中的性别建构过程、机制、途径和基本特点，进而提出合理可行的、有助于性别平等的理论观点和实践策略，形成良性的社会性别文化与机制。

第三节　社会性别制度

社会性别不仅仅是一种社会现象和运行机制，还是一种历史文化现象与社会制度。社会性别的内涵、意义和规范系统与其所处的历史时代密切相关，且在不断调整和变化。

一、社会性别制度

梳理相关的研究发现，“性别差异”“性别角色”“性别文化”“性别关系”“性别秩序”等词语常用来表述性别问题，但实际上这些词语并未涵盖社会性别的丰富内涵，而且远未能解释为什么会存在性别不平等现象，以及为什么两性关系模式有着跨历史时代的变化性和连续性。直到20世纪70年代，美国学者盖尔·鲁宾在前人研究的基础上提出了“性/社会性别制度”概念，为研究性别关系和挑战性别不平等提供了一个新的路径。

盖尔·鲁宾认为，性/社会性别制度是一套安排，社会通过这套安排把生物学意义上的性转变为人类活动的产物；“性/社会性别制度”不隶属于经济制度，而是与经济、政治制度密切相关的、有自身运作机制的一种人类社会制度；它是一个中性词，而非压迫式性别关系的代名词；是否存在性别压迫，取决于组织它的具体社会关系的产物。[①]美国史学家琼·斯科特也指出，社会性别是代表权力关系的主要途径，是由社会、经济、文化等诸因素形成的，是造成人类社会不平等现象的一切体制相互作用的结果。[②]这些研究发现得到学界的广泛认同，也有学者进一步研究不同社会历史文化背景下社会性别制度的差异性，使得社会性别制度变得具体、明晰和多样。

二、社会性别制度的演变

追根溯源，我国的社会性别制度源自哪里？其发展历程及主要特点是怎样的？在不同历史时期它发挥了什么样的作用？其当代遗留与表现是什么？怎样影响我们的生活？这些都是要阐释清楚的重要问题。

研究表明，我国传统的社会性别制度是以华夏民族为主体而构建起来的一套社会性别规范与价值体系，因此可以称为华夏族社会性别制度。华夏族社会性别制度是华夏制度文明的有机组成部分，始于西周的礼制，在其后的时代逐步发展延续，成为影响古代社会关系的重要制度体系。至近代以来，追求男女平等成为社会变革的一部分，传统性别制度与规范日趋式微，但依然在我们的生活中扮演着重要的角色。

① 盖尔·鲁宾：《女人交易——性的“政治经济学”初探》，载王政、杜芳琴主编《社会性别研究选译》，生活·读书·新知三联书店，1998。

② 琼·W.斯科特：《性别：历史分析中的一个有效范畴》，载李银河主编《妇女：最漫长的革命》，生活·读书·新知三联书店，1997，第151—175页。

1. 社会性别制度的形成

众所周知，人类起初曾有一段漫长的母系氏族社会阶段，是指考古学上的旧石器时代的晚期至新石器时代的早期，人类从“新人”到现代人转变这一过程。在我国古代的文献记载中，保存了不少关于母系氏族的传说，考古发现也证明了母系氏族公社的存在。母系氏族社会的性别关系呈现了跟父系社会不同的特点，母系氏族是建立在母系血缘关系上的社会组织，实行原始共产制，氏族成员平均分配劳动产品。氏族成员生前共同生活，死后葬于共同的氏族墓地。孩子“只知其母，不知其父”，姓氏、世系和财产按照母系传承。妇女在社会生产和经济生活中、在社会上受到尊敬，处于主导和支配地位，享有较高的社会威望。远古时代流传下来的女神崇拜，反映了人们对女神能力的尊崇，也表明了一种对妇女的重视和尊重的性别文化。尽管关于女神的神话传说是虚构的，但包含着实在的、历史的因素，是人们对母权制时代的朦胧记忆。马克思认为，“女神的地位乃是关于妇女以前更自由更有势力的地位的回忆”。[①]

母系氏族社会被父系氏族社会逐步取代，这一过程是比较缓慢的，不是一蹴而就的。研究表明，在中国，这种变化发生在仰韶文化到龙山文化时期。由于劳动生产力的发展，产生了私有财产和阶级分化，以血亲家族为基础的社会结构逐渐瓦解，婚姻家庭领域也发生了深刻变化，一夫一妻制度和男性继承制度等逐步确立起来，性别的天平逐渐向男性倾斜，男女有别、男尊女卑的

① 马克思：《摩尔根〈古代社会〉一书摘要》，中国科学院历史研究所翻译组译，人民出版社，1965，第39页。

时代拉开帷幕。正如恩格斯所说："母权制的被推翻，乃是女性的具有世界历史意义的失败。"[①]尽管现在多数学者认为母系社会并未出现典型的母权制，而更像理安·艾斯勒所指出的是一种"伙伴关系"——性别差异不意味着等级差异和歧视。[②]但父系社会建立起来后女性地位下降确实是历史事实，父系社会与母系社会中性别角色和性别关系截然不同，开始从伙伴关系转向等级制下的统治关系。

父系社会的早期阶段，母系社会的遗风尚存，男女地位差异不大，男性掌握权力，但没有世袭继承，而是以禅让制的方式选贤任能，历史上有尧舜禅让的故事。但后来禹和启的父子相继表明男性本位的思想在政治领域取得主导地位，以父系血统传承政治地位实际上就是父权制的端倪。经历夏朝和商朝，以男系为本位的婚姻和家庭制度逐步确立，但婚姻中的关系比较简单，男女分工并不严格，贵族妇女与男性共同参与军政、农耕等事务，男女之间的性别等级化并未形成定式。至西周礼制建立以后，社会制度逐步完备，在宗法制度的基础上形成一套以男性为中心的性别制度且在社会中确立起来，其中最主要的就是一夫一妻制的婚姻制度和以男性为中心的嫡长子继承制度。西周贵族不仅通过男娶女嫁、男女有别的一夫一妻制确定了男性的主导地位，而且通过嫡庶制度确定了父子血缘认同和权力继承，再次保证了男性在家/国层面上的绝对主导权。周代礼制兴起，表明父权社会结构已经稳

① 马克思、恩格斯：《马克思恩格斯选集》第4卷，中央编译局编译，人民出版社，1995，第54页。

② 理安·艾斯勒：《圣杯与剑：我们的历史，我们的未来》，程志民译，社会科学文献出版社，2009。

固，以父权制为核心的华夏社会性别制度正式建立起来。

2. 华夏族社会性别制度的核心

华夏族社会性别制度的价值源头是周礼，其核心本质即父权制。周礼强调“尊尊，亲亲，长长，男女有别”的价值理念，并在此基础上构建起了以男性为中心的继承、祭祀、宗族和婚姻、亲属制度。其中最有代表性的是嫡长子继承制度，将女性排斥在继承序列之外，家族财产与爵位等由男性世袭继承。

婚姻家庭和亲属制度也体现男性中心原则，以男性家族利益为内，以女性家族利益为外，形成了“内娶媳妇，外嫁女儿”的男娶女嫁模式，和从夫居、随父姓、以男方亲属关系为主导的“男内女外”的亲属制度，进而形成了特定的称谓制度，男方被视为“本家”“亲属”，称谓按照辈分来确定，而女方亲属被称为“亲戚”“外戚”，随之“祖父母与外祖父母”“叔叔与舅舅”“姑妈与姨妈”等称谓形成了一个内外不同、亲疏有别的称谓体系。

在这一整套性别制度之下，男女之间存在明确的等级划分：男女有别、男尊女卑、男主女从、男外女内、嫡庶有别、长幼有序、亲疏不同。这些规则不仅规范性别关系、性别角色、两性气质特点，还决定着不同性别身份的活动空间、劳动分工、价值实现。在传统性别制度的规范之下，男性被要求以“修身、齐家、治国、平天下”为己任，而女性则以“三从四德”“相夫教子”为主要职责。男女有别、男尊女卑的两性角色分工和权力关系逐渐构建起来。

3. 社会性别制度的发展与嬗变

父权制伴随着礼制运作逐步在社会中确立起来，并深深地扎根于社会结构之中。至汉代和唐代，性别规范不仅是一种“礼”的要求，而是逐渐渗透到法律当中，具有强制性和惩罚性。宋代社会将礼制、规范和训诫统称为家法，其目的在于将礼与法融合到一起，“法使人尊，礼使人化”，从而达到礼法并用的效果。明清以后的家法则不仅有训诫内容，违犯家法的惩治条款增多，更强调“立法要严，守法要谨”，使得族规家法具有更多法律意义。

社会性别制度与规范是族规家法的重要内容。族规家法通常对家族成员的行为规范、道德要求和角色分工等进行非常细致的规定，这些内容对全体族人适用，并且达到老幼皆知的效果。族规家法对性别角色分工的规范极为细致，涵盖子女教育、夫妻关系和代际关系等各方面内容，尤其对男女不同的责任义务进行了明确划分和具体要求。在这种家法环境中，男女都会承受一定的心理压力，对家法怀有敬畏之心，时刻提防违背家法要求而遇到难堪或惩罚。这种对家法的畏惧感，使得人们能够较快地接受自己的角色和规范自己的行为。至明清时期，族规家法更强化了男女两性的角色定位和贞操观念，“内外有别”“勿听妇言”“饿死事小，失节事大”“从一而终”等要求成为家法的常见内容，并且对违规行为的惩罚也更为严苛。

伴随着族规家法的发展，以父权制为核心的男女有别、男尊女卑、重男轻女的性别观念日渐深入人心，成为社会主流意识形态的一部分。直到明末清初，男女平等思想才开始萌芽，父权制下男尊女卑的性别格局开始被质疑。近代以来，伴随着社会变革与进步，华夏族社会性别制度与规范受到极大冲击。如今，男女平等理念已逐渐成为社会制度体系的重要元素，社会性别主流化成为潮流所向。但传统性别制度下构建起来的性别规范和价值观并未彻底消失。

三、社会性别制度的启示

社会性别制度为探讨社会性别历史与现实问题打开了新的视野。

首先，社会性别的建构不仅是个体的社会化过程，也是性别在社会关系层面上的生产和运作过程。因此，社会性别不仅是性别问题，更是社会问题，社会性别制度对性别关系与角色分工的建构是不同时代社会秩序的重要体现。自宋代以来，理学家强调“男外女内”是家国秩序的主要基础，统治者更是对女性的贞烈行为进行奖励和引导，女性的社会参与受到更多限制。在当代社会，妇女社会参与已经成为20世纪以来最显著的社会变化之一，但社会调查显示“男主外，女主内”的支持度依然颇高，表明传统社会形成的性别规范依然存在。

其次，社会性别制度是对性别关系进行调整和约束的一套规范体系，它决定着不同的性别身份在社会中的位置以及性别关系模式，进而形成特定的社会性别文化观念。纵观历史，可以看到社会性别制度伴随着父权制的确立而发展起来，在很大程度上决定着不同性别身份的角色、空间与职事，并根据不同的标准进行评价。近代以来，伴随着翻天覆地的社会变革，传统社会建构起来的社会性别角色开始受到冲击，“男女有别”的性别规范开始改变。新中国成立后，我国大力提倡“妇女能顶半边天”，极大地鼓舞了妇女的社会参与，突破了传统社会对女性角色和作用的限制。建构先进性别文化、促进男女平等协调发展等主张已经逐渐进入我国社会发展的主流。

再次，社会性别制度不隶属于政治制度、经济制度和其他制度，而是与这些制度互相嵌入和勾连，共同构成社会制度，调整各种社会关系。比如，我国古代婚姻制度、继承制度、科举制度、军事制度中都体现着男女有别、以男性为主导的性别规则。社会性别制度之下构建起来的文化观念也维护着父权制色彩的制度及其运行。但是，与其他制度不同，社会性别规范与人们的生活密切融合在一起，对性别角色、性别分工、性别关系的构建更加隐蔽，不容易识别。加之，在传统父权社会，以男性为中心的性别规范和价值导向符合统治阶级的需要，更难以被反思和改变。直到明清时期启蒙思想兴起，男尊女卑的性别关系才开始遭到质疑和批判，其后伴随着社会变革，男女平等思想发展起来，社会性别规范开始被赋予新的内容和价值。

可见，社会性别制度是左右性别关系和性别价值观念的决定性因素，它使得社会对不同性别身份有着不同的期待、规范和评价，建构起具有不同特征的社会性别现象。社会性别制度包含对性别建构的一系列要素，既包括性别文化、性别观念、性别规范，也包括各种性别关系的构建机制。伴随着社会性别建构的历史演变，性别制度也不断变化。当今制度上明确规定的“男女有别”已经非常少见，但传统社会形成的社会结构和文化观念层面上的性别刻板定型和歧视现象依然存在。

第四节　社会性别分析

对社会性别概念及其机制的深入阐释为开展社会性别分析奠定了理论基础。基于前文论述可见，社会性别是指社会后天建构起来的一套性别角色、气质特点和行为规范的总和。它不是与生俱来的，而是与特定的社会文化密切相关的，这一观点有助于突破生理决定论的藩篱，重新理解和建构性别文化和角色观念。社会性别是人们在社会化的过程中进行的一种社会建构，具有一定的内在机制和外部途径，既有外在力量的规范与塑造，又有主体的吸收内化和实践。此外，社会性别是一种无形的社会机制，它渗透到各类社会制度之中，并左右着制度、文化、观念对社会性别的理解与定位，形成一种结构性的价值体系和社会机制，对两性价值理念和行为方式形成规制和引导。

社会性别分析，与阶级、种族等重要分析范畴一样，是分析社会现象与问题的有效工具。通过社会性别分析，既可以挖掘社会性别角色、气质特点和行为规范的特点，又可以深入探究社会性别运作的机制与规律，以及社会性别与社会结构和社会制度的关系。社会性别分析，有助于拓展人们看问题的视角与层次，突破性别刻板印象和性别偏见，使社会性别问题变得可见，进而有助于推动消除性别歧视、构建社会性别平等的理论研究与实践。

本书引入社会性别理论，对公共政策进行梳理与分析，可以洞察社会性别与公共政策内在关联，促进公共政策在制定、实施和评估的过程中充分考虑社会性别因素的特殊意义，进一步发挥政策在促进社会性别平等、社会公平正义和可持续发展方面的塑造、引导、规制等功能与作用。

一、社会性别平等

社会性别平等，是当今国际社会公认的社会发展目标之一。社会性别平等，包括作为人的尊严和价值上的平等、男女权利与机会上的平等和实质性平等（或结果的平等）。社会性别平等，比一般意义上的男女平等具有更丰富的含义，它既关注男女平等的基本原则，又特别注重达成平等的过程和结果。

社会性别平等观点，在社会性别建构理论的基础上，更加强调男女在社会文化和机制层面上的差异及其影响。社会性别平等不可能一蹴而就，也不是自然而然就能实现，历史与现实中的文化、观念和社会机制结构等都会影响男女的社会参与和自我定位。事实证明，平等的权利不一定能保证平等的机会，而平等的机会也不一定能保证结果的平等。

因此，推动社会性别平等，需要在尊重生理差异的基础上，创造支持性的社会政治、经济和文化环境，让女性切实行使并享受与男性同等的权利，共享社会发展成果，从而实现结果的平等。例如，全球多数国家为了推动妇女参政，通过配额制来为妇女参政提供支持性的环境。尤其是在非洲，卢旺达、塞内加尔和南非大多数国家，将妇女参政比例写入宪法、选举法，并辅以其他性别平等的法律政策支持，在过去20年中取得了显著的妇女参政成绩。

同时，促进社会性别平等，需要借助社会性别理论和分析框架，消除社会文化、环境、制度和结构中存在的性别歧视，主要是对妇女的歧视。根据1979年联合国大会通过的《消除对妇女一切形式歧视公约》，“对妇女的歧视”一词指基于性别而作的任何区别、排斥或限制，其影响或其目的均足以妨碍或否认妇女不论已婚未婚在男女平等的基础上认识、享有或行使在政治、经济、社会、文化、公民或任何其他方面的人权和基本自由。这一定义比较全面地涵盖了社会各领域存在的各类性别歧视行为和现象，包括性别歧视的动机、行为、人群、领域和结果等各个方面。

在现实层面，性别歧视是复杂多样的，通常多种类型的性别歧视会交叠在一起，加重了歧视的程度和影响。性别歧视，既包括有明显歧视或忽略女性的行为或机制，还包括没有企图歧视女性但是有歧视“效果”的做法，其中包括那些看起来中性或有利于女性，但实际是对女性产生歧视影响的行为或机制。此外，性别歧视还包括过往歧视，是指那些表面上已经消除了的歧视性行为或制度，在现实生活中仍能使性别中立的政策带有歧视性的效果。相较于直接歧视，间接歧视和过往歧视更具有隐蔽性，需要具有社会性别敏感，并采用社会性别分析方法进行探究与干预。

二、社会性别分析

伴随着社会性别研究的发展以及社会性别主流化进程的不断

推进，社会性别分析作为一种分析范畴，逐渐从学术研究走向实务领域，从理论知识变成决策和实践的辅助力量。

1. 社会性别分析的含义

社会性别分析，是运用社会性别理论分析两性不同的社会地位、角色、需求及其影响，并探究这些现象与特点背后的社会性别因素。

社会性别分析，是一种分析和解决社会性别问题的有效的理论工具。它不是对男女的状况进行简单的横向比较，或是对男女发展进程与状况的纵向比较，而是强调从权力、责任和资源分配等方面分析男女之间的不平等，进而从社会性别视角分析构建和维护这些不平等存在的社会文化、观念与制度环境等因素。而且，社会性别分析重视男女的社会性别差异，也特别注重妇女之间的差异，强调从不同的政治、经济、文化背景去分析妇女群体的需求。

社会性别分析，也可以作为一种推进社会性别平等的实务路径，强调从社会和文化层面探究消除性别歧视与偏见的策略，因此特别强调加强社会性别统计，充分挖掘并呈现社会性别差异及其前因后果，以便为社会性别进入公共决策主流提供理论与事实依据。在社会性别统计数据的基础上，社会性别分析可以准确探查性别差距并提供有效的政策干预方案和路径，让性别平等的议题进入政府的政策议程和社会治理过程。

2. 社会性别分析框架

社会性别分析，在具体妇女发展实务领域，需要特定的工具或分析框架。在过去几十年，国际妇女发展领域逐渐形成了多种维度的分析框架，对分析特定领域的社会性别问题提供了参考，其中包括哈佛分析框架、摩塞框架、社会性别分析模型等。

哈佛分析框架，侧重从角色分工、资源分配、收益分配、影响因素与结果等几个维度去呈现两性的角色与分工差异给男女带来的不同影响，提出通过资源分配给妇女以提升效率的项目计划。这一分析框架，有助于调整原有的性别角色分工和资源分配，提升妇女在经济社会中的参与，增强妇女的独立性和在经济生活中的影响力。

摩塞框架，侧重运用社会性别视角分析男女角色分工及权力关系，强调妇女的需求受到其社会性别角色的影响，因此一部分需求是实用性社会性别需求，是为了完成其现存两性权力关系及社会性别角色的需要；另一部分是为挑战现有的权力关系促进性别平等而产生的需求，即战略性社会性别需求。这一框架有助于从更长远的立场来制定妇女发展政策的目标，处理好妇女短期、中期、长期的发展需求，从而逐步实现社会性别平等。

社会性别分析模型，侧重从社区和家庭角度进行分析，鼓励社区成员自下而上地自主识别社会性别观念对自身的影响，进而提出变革方案。此外，妇女赋权框架、能力与脆弱性框架、社会关系分析法等也在实务领域广泛使用。

已有的社会性别分析框架和模型，不仅适用于具备实操性的项目方案的设计与执行，对于较为宏观的公共政策评估与完善也有着重要参考意义。

三、社会性别视角下的公共政策

在社会性别视角下对公共政策进行分析，意味着用社会性别理论审视公共政策的理念与实践，进而分析公共政策及其运作过程对不同性别产生的影响。基于已有研究发现，在社会性别视角下分析公共政策，可以将其基本归类为五种政策模式，即消极的差别对待政策、性别平等对待政策、积极的差别对待政策、性别中立政策和社会性别敏感政策。[①]

1. 消极的差别对待政策

消极的差别对待政策，其主要特点是差别对待，通常是在默认男女角色差异的合理性的基础上，以政策的方式延续男女在家庭和社会中的不同角色、地位和作用。这类政策通常遵循传统的性别分工和权力关系，比如“男主外，女主内”“男强女弱”“男娶女嫁”“男主女从”等。在社会性别日趋主流化的国内外大背景下，这类政策显得滞后、消极，对男女都有不公正的影响，因此这类政策也可以称之为性别歧视（偏见）政策。

消极的差别对待政策，既包括显性的性别歧视，也包括隐性的或间接的性别歧视。传统社会显性的性别歧视政策比较常见，比如，我国古代政治、经济、军事、文化教育和科举等领域的规章制度都是以男性为中心，排斥和贬抑妇女的参与，这种状况直到近代才逐渐改观。以教育为例，1907年清政府才将女子小学和师范学堂纳入学制，这堪称女子教育政策上的一个里程碑。20世

① 李慧英：《社会性别与公共政策》，当代中国出版社，2002，第274—283页。

纪以来，伴随着全球妇女发展进程，支持妇女参政、就业等方面的政策逐渐在许多国家确立起来。进入21世纪，国际社会社会性别主流化已经取得显著成就，对男女不平等的反思也在政策领域越来越多地体现出来。大多数国家已经废止或修正了国家层面上显性的性别歧视法律和政策，赋予男女平等的公民权利。

但是，隐性的、间接的性别歧视或偏见并未彻底消除，在法律和政策中仍有体现。例如，近几年受到广泛关注的农村妇女土地权益受损问题，其中一个重要的原因是相关土地政策在落实过程中受到传统性别角色分工和婚嫁习俗的影响。因此，各界对于加大妇女土地权益保护的法律和政策呼声都比较高。

2. 性别平等对待政策

性别平等对待政策，其主要特点是突出强调平等原则，在政策中明确要求男女平等对待。性别平等对待政策，对于扭转父权社会男尊女卑的不平等权力关系，促进男女平等协调发展有着极为重要的意义。近代以来，伴随着男女平等思潮逐渐兴起，我国体现男女平等对待的政策逐渐形成，尤其是在新民主主义革命进程中，苏维埃政权建立后颁行《中华苏维埃共和国宪法大纲》，以及刑事、经济、土地、劳动、婚姻等一百余部法律、法令、条例和训令明确规定，在苏维埃法律面前男女一律平等，男女拥有平等的选举权和被选举权，男女平等享有土地权利和婚姻自由等。新中国成立后，男女平等也成为我国宪法的基本原则。20世纪末，男女平等被确立为我国一项基本国策。性别平等的政策，使妇女的基本权利受到充分尊重，保障男女平等地接受教育、就业、参政等。

但是，男女平等相待的政策更侧重权利上的平等、机会上的平等，却不一定能保证结果的性别平等、事实上的性别平等。例如，我国当代妇女享有与男子同等的教育权、就业权、参政权，但妇女就业和妇女参政的层次整体偏低，男女收入差距也有拉大的趋势，甚至“妇女回家”的论调也曾反复出现。这些现象在一定程度上说明传统性别角色分工和性别偏见等因素会影响性别平等相待的政策落实。此外，绝对的性别平等相待政策，也可能会掩盖社会性别差异对男女平等行使权利产生的不同影响，从而限制了更为准确、细致的具体政策议题。

3. 积极的差别对待政策

积极的差别对待政策，其主要特点是在承认男女生理差异和社会性别差异的基础上，考虑到这些差异带来的影响，对处于劣势的一方给予支持性的政策考量。这类政策通常涵盖两个方面：

一方面，比较集中体现在对女性承担人口再生产活动的支持方面。例如，我国《女职工劳动保护特别规定》，便是因减少和解决女职工在劳动中因生理特点造成的特殊困难，保护女职工健康而制定的，其内容包括妇女孕产期保护和劳动禁忌等内容。我国生育保险制度规定，怀孕和分娩的妇女劳动者暂时中断劳动时享有生育津贴和产假等。

另一方面，积极的差别对待政策还倾向于纠正过去歧视性的文化观念和社会机制导致的现实社会性别差距，给予弱势一方倾斜性政策以保证其参与和选择的更多机会。这种政策在联合国《消歧公约》中被定义为以促进事实上的平等为目标的“临时特别措施”，国际上通行的妇女参政配额制、妇女特定发展项目都属于这类政策的典型经验。我国也采用配额制的理念，对妇女参政设定了总体的目标要求和领导班子配备女干部的具体规定。

积极的差别对待政策，有助于减少过往歧视，以及制度性和结构性的间接歧视等对妇女的排斥或限制，在保护妇女权益、促进妇女全面发展方面有着重要意义，但需要注意其程度、范围和时效等，需要在合理、恰当的范围内给予区别对待，一旦过分强调差别对待，可能会导致对其他群体的不公，或者对弱势群体地位及角色的一种强化。

4. 性别中立政策

性别中立政策，其主要特点是以客观中立的态度对待性别和性别差异。这类政策的出台通常有两种前提假设，其一是决策者对性别差异缺乏敏感认知，默认政策的目标群体是无性别差异的“人”，不从性别角度进行特别考虑；其二是决策者不支持或避免在政策制定和实施过程中考虑性别因素，对现实性别差异及政策或对不同性别群体可能产生的影响不予考虑，维持政策所谓的“客观中立”。

性别中立政策，以貌似客观中立的态度对待性别和性别差异，实际上可能会存在性别盲视或性别短视的问题。忽视性别差异，使得政策对现实生活中女性的弱势地位无动于衷，这反而会维护以男性为中心的性别权力关系和社会制度结构，使妇女处于更加弱势和边缘化的地位。因此，性别中立政策的出发点或许不涉及性别歧视，但在特定的性别失衡的社会结构或社会文化环境中，却容易引发对女性新的制度性歧视或间接歧视。

因此，国际社会对于性别中立政策的批评和反思也持续存在。例如，荷兰奉行性别中立的反家庭暴力法律政策，在描述暴力过程中采用家庭暴力的“受害者”和“施暴者”等避免性别含义的术语，并将家庭暴力归类为刑事犯罪，其刑事诉讼程序也不做性别的区分。[①]但是这一性别中立的做法也引发许多争议，质疑者认为过分强调性别中立，实际上是对家庭暴力大多数是女性受害者这一事实的忽略，缺乏性别敏感的政策及执行者会对女性受害者产生二次伤害，更严重的是性别中立的政策对家庭暴力行为背后的权力关系和性别结构影响甚微，很难从根本上消除家庭暴力这一社会毒瘤。

5. 社会性别敏感政策

社会性别敏感政策，其主要特点是将社会性别视角运用于政策的制定和实施过程中，对性别差异及其影响因素保持敏感态度，强调运用政策来纠正性别权力失衡、减少性别差距和角色固化等，从而确保男女平等享有权利、平等享有机会，以及男女共享社会发展的资源与成果。

社会性别敏感政策，不是简单地采取性别差别对待，也不是一味地迁就现实中的社会性别差异，而是“认识到男女性别的差异，并将这些差异与社会性别结构联系到一起，不是通过帮助妇女适应社会现状，而是试图通过改变根深蒂固的社会性别结构来改变社会秩序”。[②]因此，社会性别敏感政策在其特定的政策目标

① Conny Roggeband, Shifting Policy Responses to Domestic Violence in the Netherlands and Spain (1980–2009), *Violence Against Women*, Volume 18, Issue 7, 2012, pp.784–806.

② 李慧英：《社会性别与公共政策》，当代中国出版社，2002，第282页。

与议题下，具有了更多的影响和意义：“既对已有的性别问题进行反思和积极回应，又努力避免造成新的性别歧视或偏见；既影响政策目标群体的性别角色与性别关系，又试图从深层次消除社会文化观念和政治经济结构中的性别定式。”

伴随着国际社会社会性别主流化的进程，社会性别敏感政策已经在许多国家得到推广，并取得了显著效果。例如，北欧国家在参政、就业、教育、社会福利等领域都纳入了社会性别敏感政策，比如妇女参政配额制、父母育儿假制度、同工同酬、性别平等教育政策等，有助于改变传统性别定式，为男女在家庭和社会中更加自由地选择提供了积极支持。

通过对以上五种政策类型的分析，可以发现公共政策与性别平等密切相关，完全性别中立的政策基本是不存在的，因此，引入社会性别视角，可以让公共政策具有对社会性别问题的敏感性和针对性，减少政策系统的性别盲视或性别偏见，推进社会性别主流化的进程。

第三章

社会性别主流化及实践策略

社会性别主流化（gender mainstreaming）是国际妇女运动的重要成果，它既是实现性别平等的一项全球性策略，也是国际社会推进以人为中心、体现社会公正、可持续发展的重要战略之一。经过近30年的发展，国际上已经形成了诸多社会性别主流化的实践策略，切实推动了性别平等的全球进程。

我国社会性别主流化已经取得显著进展，主要表现在宪法中男女平等原则，男女平等作为基本国策，以及其他关于男女平等和妇女发展的重要法律政策等方面，对促进性别平等提供了法律保障和政策支持。但不可否认，现实层面仍然存在社会性别不平等。为了加快实现社会性别平等和社会性别公正，我国要继续深入研究社会发展进程中的社会性别问题，检视现有公共政策中的性别敏感和性别盲点，广泛运用社会性别主流化的实践策略，切实推进男女平等基本国策的落实，为全球促进社会公平正义和人类社会的可持续发展作出中国贡献。

第一节　社会性别主流化

社会性别主流化，是20世纪后期国际社会关于实现社会性别平等与公正方面达成的基本共识。“社会性别主流化”又称“社会性别意识主流化”，在1985年联合国第三次世界妇女大会通过的《内罗毕战略》中最早提出这一概念，即指把社会性别意识纳入社会发展和决策的主流。1995年，联合国第四次世界妇女大会的《行动纲领》，要求各国将社会性别平等作为一项重要的政策指引，将社会性别观点纳入社会发展各领域的主流。这意味着社会性别主流化获得了国际社会的普遍共识，性别平等被提升到了社会发展的战略高度，其紧迫性和重要性日渐凸显。在此后联合国“北京+5”“北京+10”“北京+15”等会议上，社会性别主流化战略均得到了充分重视和强调。

一、社会性别主流化的定义

社会性别主流化的定义，通常采用1997年联合国经济及社会理事会给出的界定：所谓社会性别主流化，是指在各个领域和各个层面上评估所有有计划的行动（包括立法、政策、方案）对男女双方的不同含义；作为一种策略方法，它使男女双方的关注和经验成为设计、实施、监督和评判政治、经济和社会领域所有政策方案的有机组成部分，从而使男女双方受益均等，不再有不平等发生；纳入主流的最终目标是实现男女平等。[①]不同国家对社会性别主流化有不同的翻译和理解，但在对社会性别主流化的主要目标、理念与方法的认识上基本是一致的。

社会性别主流化的含义，可以从以下几个方面进一步理解：

首先，社会性别主流化是一个过程，它意味着要将社会性别纳入公共政策制定、实施、评估、改善的全过程。社会性别主流化，通常被理解为“对政策过程的重新组织、改善、发展和评估，因此社会性别的视野是通过与政策制定有关的行动者整合在所有层次和所有阶段的所有政策之中”。[②]社会性别主流化，要求在所有发展议程和发展领域的政策过程、具体议题和政策方案中，考虑对男女的影响，以及在促进男女平等方面的作用、效果和意义。

其次，社会性别主流化是一种策略，是实现性别平等的重要手段。它意味着要运用社会性别理论视角来重新审视和评估现有的立法、政策和方案；要将男女的不同经验和需求纳入政策议程，消除法律政策制定中的性别盲点或性别偏见，明确立法者、决策者的性别平等政治立场，调整主流资源分配，确保男女平等参与社会发展并共享发展的成果。

再次，社会性别主流化的目标是性别平等，是实现政治、经

① 社会性别主流化，https://www.un.org/zh/globalissues/women/mainstreaming.shtml，访问日期：2020年8月24日。

② 彭希哲：《社会性别主流化与公共政策》，北京大学北京论坛办公室，北京论坛（2004）文明的和谐与共同繁荣：“社会发展与文明对话”社会学分论坛论文或摘要集，2004，第82页。

济和社会等各个领域中的性别平等，它体现了以人为本的发展精神和社会公平正义的价值取向。社会性别主流化，是一种以性别平等为核心的发展理念，不仅关注妇女发展和性别平等，而且也关注处于弱势和边缘的群体，注重通过积极手段调整社会中二元对立和两极分化的现象，促进群体之间的平等与和谐发展。

最后，社会性别主流化是一种政府责任。社会性别主流化要求政府秉持明确的性别平等政治意愿并进行积极的传播倡导，政府要承担推动性别平等的首要责任，积极采取措施消除性别歧视与偏见，确保体现社会性别平等的政策得以实施并达到预期效果。社会性别主流化的实现需要各方面不断努力，尤其需要决策领域主导者具备性别平等意识，切实推进和完善性别平等的法律政策和国家机制。

综上所述，社会性别主流化是国际社会关于推进性别平等的重要战略，是一项以政府为责任主体，以性别平等与性别公正为主要目标，将社会性别视角纳入整个决策与管理过程为基本策略路径的发展理念与系统工程。

二、社会性别主流化的意义

社会性别主流化的提出，要归功于国际社会对传统发展理念的反思，以及对社会公正和可持续发展的不懈追求。而且，社会性别主流化自提出以来，在国际社会不断的实践过程中逐渐形成了一套实践策略和经验模式，为推动性别平等提供了更具操作性的路径方案。在社会性别主流化提出以来，妇女发展和性别平等的理念与方法不断丰富和发展，并在全球范围内迅速传播和应用，取得了显著的成果。

1.“妇女是发展主体”的理念逐步确立

社会性别主流化的提出，体现了一种新发展观的逐渐普及，即“社会性别与发展”。长期以来，“发展”被定义为以促进经济增长为核心来促进社会的发展，所以社会不平等、发展不均衡等问题主要寄希望于整体经济发展和收入再分配来实现。直到20世纪70年代，妇女的发展才逐渐受到关注，“妇女参与发展”的理念发展起来，强调妇女要参与到经济发展中，并且要为妇女参与经济发展提供社会支持。这种发展模式的确促进了妇女就业和社会地位的提升，但社会中的性别不平等、男女同工不同酬、妇女就业层次低、收入整体偏低、职业性别隔离、女性角色固化等问题依然存在。

经过对妇女和发展的关系进行不断反思，妇女发展领域逐渐形成了“社会性别与发展”模式。这个模式强调妇女不仅是发展的参与者，更应该是发展的主体，要为妇女赋权；妇女不是政策或发展项目的客体，而应该是主体，要倾听妇女的声音，发现不同的性别角色需求。而且要认识到在妇女发展进程中，自身依然受到社会性别规范的影响，所以，不能仅靠提高妇女素质、扩大妇女就业等方式促进妇女发展，而要检视社会结构和文化观念中不利于性别平等的因素，通过整体经济结构与制度的调整来协调和促进男女共同参与社会发展，公平地分享社会发展成果。

2.“妇女发展的首要责任主体是政府”的理念被广泛认同

社会性别主流化的基本路径是通过有效策略方案消除性别歧

视，实现社会性别平等。以往发展理念和政策方案把目光过多聚焦在妇女状况的改变上，通常把妇女自身当成性别不平等的原因和改造对象，或者把妇女问题的解决仅仅作为妇女组织的责任，这些做法已经被实践证明存在局限性。社会性别主流化强调，只有充分发挥政府在推进社会性别主流化过程中的主体角色，才能把社会性别意识纳入公共政策和公共管理的全过程，包括所有立法、政策和发展项目等，最大可能地调动人、财、物等各种社会资源，为性别平等事业的推进提供支持。要系统地调整各类社会关系和社会结构，优化社会环境，从深层次解决发展不平衡问题，使男女共同为社会发展作出贡献，并共同受益。国际公认的《消歧公约》中尤其强调国家在推进性别平等中的主导责任。我国政府推进妇女事业的责任意识也已经确立。《中国妇女发展纲要（2001—2010年）》明确提出："我国政府始终把维护妇女权益、促进妇女发展作为义不容辞的责任。"

3. 性别平等是社会发展目标的重要组成部分

社会性别主流化深化了人们对性别不平等的认识——性别问题不仅是妇女问题，也是社会问题。运用社会性别理论分析妇女在家庭和社会中的处境，首先要把妇女放在整个社会发展进程和社会关系中，才能发现性别不平等的社会机制渗透到社会政治、经济、文化、环境等各个领域。与阶级、种族一样，社会性别也是社会关系的构成要素。因此，把性别平等的目标放在整个社会发展的目标之中，需要全社会的共同努力，包括政府、社会组织和个人，包括女人和男人。

这一点在我国社会发展规划中已有充分体现。《中国妇女发展纲要（2021—2030年）》明确提出“坚持妇女事业与经济社会同步协调发展。将促进妇女全面发展目标任务纳入国家和地方经济社会发展总体规划”。性别平等和妇女发展目标任务已经纳入我国经济社会发展的多个五年计划，包括2021年最新实施的《中华人民共和国国民经济和社会发展第十四个五年规划和2035年远景目标纲要》。

4. 经济发展与性别平等既不能对立，也不可互相替代

经济发展情况对性别不平等有显著的影响，但不是唯一的影响因素，因此要反对两种错误的观点，一种是认为“只要经济发展了，一切社会问题都能迎刃而解”；另一种则是认为“先抓经济建设，以后再推进性别平等，二者轻重缓急不同”。这些观点已经被证明是偏颇的，既不利于性别平等，也不利于社会可持续发展目标的实现。社会性别主流化提出以来，国际社会越来越认识到，推进性别平等不仅依赖于物质条件的改善，还取决于社会关系、社会结构的调整和社会性别观念的变革。只有在经济发展的进程中，消除性别歧视，促进男女两性共同参与，才能真正推动经济社会发展。

5. 社会性别主流化是促进男女平等的有效途径

社会性别主流化的最终目标是社会性别平等。为了促进性别平等，就需要将社会性别观念纳入决策主流。社会性别主流化，增进了社会权威群体对性别问题的重视，并提供了一套实践方案来重新审视和反思性别关系与性别制度，消除政治、经济、文化等领域的性别壁垒，建设先进性别文化和价值体系。实践证明，

社会性别主流化已经成为国际社会公认的促进性别平等的有效路径。20世纪90年代以来，联合国、世界银行等国际组织普遍采用社会性别主流化作为重要的发展理念，并运用于各领域各层级的项目计划之中。我国也已经把社会性别主流化当作推进男女平等的重要途径，并在国家和地区层面进行了有益尝试，我国的社会性别预算、社会性别统计、社会性别计划等方面在过去的20多年中都取得了显著的进步。我国分别于1995年、2001年和2011年实施了三部《中国妇女发展纲要》及相关评估工作，2021年新一轮《中国妇女发展纲要》也已经公布实施，这些都是典型的促进社会性别平等的国家行动方案。

6. 社会性别主流化是国际潮流和价值导向

社会性别主流化已经成为国际潮流，并且代表着国际社会公认的价值导向。从1975年起，许多国家先后成立促进性别平等的专责机构。较早成立性别平等政府机构的是北欧国家，后来其他国家也陆续设立机构，将社会性别关注纳入发展计划、立法，并给予预算支持。例如，加拿大于1976年成立推动性别平等的独立部门——妇女地位委员会；瑞典于1980年设立性别平等部；韩国于1983年设立妇女发展机构，2001年成立性别平等部；新西兰于1986年成立妇女部；意大利于1990年成立由总统召集的全国性别平等委员会；日本于2000年在内阁中设立“性别平等议会”，由首相任主席。此外，英国在首相办公室下设妇女工作小组，芬兰设有两性平等调查工作室，挪威设有儿童与家庭事务部。

我国在推进社会性别主流化方面也取得显著成绩，并在1990年成立国务院妇女儿童工作协调委员会，1993年更名为国务院妇女儿童工作委员会，负责协调和推动政府有关部门执行妇女儿童的各项法律法规和政策措施。我国香港地区于2001年设立专门负责实施社会性别主流化的机构——妇女事务委员会。

总之，社会性别主流化是国际社会数十年共同努力实践的成果，也是联合国和各国政府持续关注和推进的重要发展议题。这充分说明，一方面，性别平等作为社会公平正义的内在要求被国际社会广为认可；另一方面，也表明性别问题是有待解决的社会问题，在人类社会可持续发展过程中仍需要共同努力。在社会性别主流化进程中，公共政策的制定者、执行者尤其需要具备性别平等的进步理念，破除传统的发展思维定式，将社会性别纳入各领域公共决策的主流之中。

第二节　社会性别主流化的实践策略

作为一项全球推进性别平等的战略，联合国和世界各国都在探索社会性别主流化的路径与方法，虽然侧重点和做法不尽相同，但也积累了大量有共性的实践经验和策略，比如国家政治承诺和机制建设、制定和实施促进性别平等的政策、社会性别主流化能力建设、社会性别计划、社会性别预算、社会性别统计、社会性别监测与评估、社会性别审计，以及广泛调动社会各界的参与，包括各级决策者、政府机构、社会组织、大众传媒等。近年来，互联网作为一种新型媒介，在推进社会性别主流化方面发挥着越来越重要的作用。

一、国家政治承诺和机制建设

社会性别主流化战略要求从国家层面推进性别平等。推进性别平等首先是政府的责任，政府的态度是社会性别主流化实现的关键因素。因此，社会性别主流化要求，首先提升政府决策者的社会性别平等意识，并获得明确的支持与承诺。这种政治承诺的方式包括国家宣言、领导讲话、法律政策等。政治承诺的实现依赖于国家推进性别平等的机制建设，主要包括专门机构、保障法律和政策实现的相关机制建设等。

1. 推进性别平等的政治承诺

性别平等的政治承诺，可以保证政府全力采取有效措施消除性别不平等，促进两性和谐发展，也有助于提升国家在国际社会的声望。自新中国成立以来，我国政府秉持男女平等原则，妇女权益保障不断完善。1995年，在北京召开的第四次世界妇女大会上，与会各国都承诺要将社会性别意识纳入决策主流。我国是第四次世界妇女大会之后承诺社会性别主流化的49个国家之一，时任国家主席江泽民代表中国政府在大会欢迎仪式上郑重宣告："男女平等是促进我国社会发展的一项基本国策。"这是我国政府关于性别平等的一项重大政治承诺。

我国于2005年重新修订《中华人民共和国妇女权益保障法》，首次将男女平等作为基本国策写入法律，明确规定，"实行男女平等是国家的基本国策，国家采取必要的措施，逐步完善保障妇女权益的各项制度，消除对妇女一切形式的歧视”。男女平等作为基本国策，2012年写入党的十八大报告，2017年写入党的十九大报告。党和国家领导人也不断重申，将坚持贯彻男女平等的基本国策，不断促进性别平等和两性和谐发展。

这些政治承诺有助于各级政府部门运用经济、法律、行政及舆论等多种措施，使男女平等基本国策真正落到实处。但性别平等的任务艰巨，政治承诺不代表所有决策者在性别平等问题上都可以达成一致，也不代表社会性别主流化的目标可以顺利实现。性别平等由政治承诺变成切实行动，需要从高层决策者到公共政策和公共管理所有参与者提升社会性别意识，需要将政治承诺转变成具体规划和目标，需要财政支持和机制建设等。

2. 推进性别平等的国家机制建设

第四次世界妇女大会通过的《行动纲领》将“提高妇女地位的机制”确定为十二个优先发展领域之一，并获得国际社会广泛支持，足见机制建设在推进性别平等方面的重要性和紧迫性。机制建设是社会性别主流化的基本条件，是国家自上而下的社会性别机制体系。首先，要设立专门的性别平等机构，给予人员和经费方面的支持，以保证社会性别主流化在国家机制中的地位和实效；其次，建立性别平等机构与其他立法、行政部门的有效合作机制，以确保性别平等观点纳入各领域决策主流；再次，在各部委和决策机构内设立性别平等专员和顾问，并大力发展性别平等专家智库，为公共决策提供智力支持。

社会性别主流化提出以来，经过20多年的努力，性别平等的机制建设在多数国家都取得显著成果，联合国的会员国基本都成立了推进性别平等的国家机构。2010年，联合国整合已有的机构成立促进性别平等和增强妇女权能署（简称联合国妇女署），以加快实现性别平等。此外，联合国也一直督促各会员国继续推进社会性别主流化。我国于1990年成立了负责妇女儿童工作的议事协调机构——国务院妇女儿童工作协调委员会，1993年更名为国务院妇女儿童工作委员会（简称国务院妇儿工委），主要负责协调和推动政府有关部门执行妇女儿童的各项法律法规和政策措施，是我国提高妇女地位、促进性别平等的主要国家机构。在妇儿工委的推动下，我国于1995—2021年连续颁布四期《中国妇女发展纲要》，切实推动了妇女事业的发展。其中，2021年颁布的《中国妇女发展纲要（2021—2030年）》明确要求“不断完善促进男女平等和妇女全面发展的制度机制”。

二、性别平等的法律政策

性别平等的法律政策是社会性别主流化的核心任务和主要途径。将性别平等纳入法律体系，可以使相关活动具有法律和政策依据，有利于从源头上促进性别平等，也使得性别平等议题具有稳定性和可持续性。1954年，我国把男女平等写入《中华人民共和国宪法》；1992年，制定《中华人民共和国妇女权益保障法》；1995年，把男女平等作为一项基本国策，并颁布第一个妇女发展的专门规划——《中国妇女发展纲要（1995—2000年）》。近年来，我国在制修订维护妇女权利的法律政策方面取得显著进展，如妇女权益保障法（2018修正）、反家庭暴力法、民法典中关于妇女权益保护条款等。2021年，妇女权益保障法再次修订，维护妇女权益方面的规定将更加细致全面；《中国妇女发展纲要（2021—2030年）》《国家人权行动计划（2021—2025年）》《中国反对拐卖人口行动计划（2021—2030年）》等政策陆续出台，进一步体现了我国落实男女平等基本国策的决心与立场。这些法律政策的实施，有力推动了我国社会性别主流化的进程。

最值得一提的是，2012年深圳市人大常委会通过《深圳经济特区性别平等促进条例》，标志着中国内地首部性别平等地方法规正式出台。该条例对性别歧视进行了界定，并且要求建立促进性别平等的工作机构，明确了机构的责任，要求实施社会性别评估、社会性别统计、社会性别预算和社会性别审计等重要举措。

除了专门的性别平等法律政策，还需要将社会性别意识纳入国家政策法规的整体框架中，并对违反政治承诺和国家法律的公共政策进行修订或废止。《中国妇女发展纲要（2011—2020年）》提出，要将社会性别意识纳入法律体系和公共政策，促进妇女全面发展，促进两性和谐发展，促进妇女与经济社会同步发展。

三、社会性别主流化传播倡导与培训

社会性别主流化的进程还依赖于决策者和执行人员的性别平等意识和实践能力。性别平等意识，主要包括其自身社会性别意识和对国家性别平等政策的理解、认同与责任感等。社会性别主流化的实践能力，主要包括社会性别敏感、社会性别分析、社会性别预算、社会性别统计、社会性别评估等方面的能力。实践证明，政策主体的社会性别主流化意识与能力对于推进社会性别平等尤其重要。

增强决策者和相关人员的社会性别主流化意识与能力，不是一朝一夕的事情，需要多方面的努力。首先，通过传媒、教育等平台扩大性别平等意识的宣传倡导，普及社会性别主流化知识，树立性别平等的先进性别价值观念，营造先进性别文化氛围。其次，加强社会性别研究与培训，充分发挥性别平等专家的智库作用，推动性别平等课程进入党政干部培训体系，增强决策者的性别敏感和推进性别平等的责任感，提升其推进社会性别主流化的能力。再次，加强对社会性别主流化落实情况的监测和考评等。加强社会性别主流化评价指标体系建设，将落实社会性别主流化与干部监督评价关联起来，提升社会性别主流化的主动性和能动性。

此外，社会性别主流化的实现还需要加强跨界合作，尤其是妇女组织、社会组织、学术界、媒体、社会活动家等，要不断增强自身的社会性别素养和能力，以推动和支持决策者出台社会性别主流化的举措。实践证明，社会性别培训是一种跨界合作推进社会性别主流化的有效方式。在过去的30年里，大量社会性别主题的培训在国家、部委和基层部门展开，尤其是在行政司法、文化教育、传媒、卫生与健康、社会保障等各个领域的研讨和培训，增进了相关人员的社会性别意识，增强了社会性别敏感和执行能力。

四、社会性别统计

社会性别统计，是为实现社会性别平等目的，运用统计的特有定量分析方法和手段，建立有性别意识的统计指标、变量，描述、分析和测评女性和男性的社会参与、贡献及社会性别差异，为社会特别是政府决策提供数据及事实的定量研究的科学理论与方法。[①]这一界定明确了性别统计的目的、方法、手段、途径、内容及其学科属性。更重要的是，它强调了性别统计的直接服务面向——“社会特别是政府决策”，突出了社会性别统计的价值是为政府服务，是符合国家整体发展的一项基础性和技术性工具，有利于国家公共政策和公共管理的完善，有利于加快实现以人为本的可持续发展目标。[②]

社会性别统计要求将性别视角纳入所有统计资料生产，统计指标和变量的设计者充分考虑两性的现实差异和性别的不同需求，考虑所有会产生性别偏见的因素，在数据收集和表达中所使用的概念、指标、变量、方法，能充分反映社会上的性别问题，并能对这些性别指标的完成情况进行监测和评估。[③]如今，社会性别统计在反映男女各方面状况、监测性别平等状况、制定和评估公共政策等方面的价值已经得到广泛认同，被誉为社会文明进步的“社会性别温度计”，也成为社会性别主流化不可或缺的重要工具。

1995年的第四次世界妇女大会《行动纲领》对各国政府加强性别统计工作提出了明确要求：把性别统计纳入国家统计体系，改进分性别统计的概念、定义、分类、测量和数据收集，生产和发布按性别分组的数据和信息。此后，社会性别统计逐渐被各国官方统计机构所接受和应用。进入21世纪，大数据时代性别统计

---

① 曾一帆、刘筱红：《论社会性别统计的概念与名称》，《统计研究》2007年第9期。

② 王向梅：《浅论性别统计在公共政策和公共管理中的作用》，载陈方主编《性别与公共政策》，对外经贸大学出版社，2012，第19页。

③ 刘伯红主编《社会性别主流化读本》，中国妇女出版社，2009，第68页。

的作用更加凸显。《中国妇女发展纲要（2011—2020年）》特别强调，建立妇女发展综合统计制度，规范和完善与妇女生存、发展有关的统计指标和分性别统计指标，将其纳入国家和部门常规统计或统计调查。建立和完善国家、省、地三级妇女发展监测数据库。2021年新一轮《中国妇女发展纲要（2021—2030年）》增加了“推进分性别统计监测制度化建设”“支持县级妇女发展统计监测数据库建设”“对妇女发展缺项数据开展专项统计”，以及运用互联网和大数据丰富分性别统计信息等新的要求。2021年，《中华人民共和国国民经济和社会发展第十四个五年规划和2035年远景目标纲要》明确要求，落实法规政策性别平等评估机制，完善分性别统计制度。

五、社会性别计划、预算和审计

推进社会性别主流化，还需要加强计划、预算和审计等层面的社会性别敏感政策与实践过程。社会性别计划是将性别平等问题进行操作化的规划；社会性别预算是在资源分配时考虑性别平等发展计划和目标，进行适当的财政支持；社会性别审计是对财政支出在促进性别平等方面作用的评估。三者虽然各不相同，却是社会性别主流化中很重要的可操作工具，存在内在的密切关联。

社会性别计划，是指性别敏感的发展规划或项目的制定过程，即在计划的制定过程中，考虑到目标群体中男女两性不同的社会性别角色和社会性别需求对计划的影响，公平、合理地配置公共资源，在满足男女两性的实用性需求的基础上，改变不平等的社会性别关系，以提高男女获取和控制资源的权力与能力，其最终目标是实现社会性别平等。[①]20世纪中期，计划方式开始运用于经济社会领域，至20世纪90年代已扩展到环境、卫生、教育等领域，在政府管理中具有十分重要的战略性、前瞻性、导向性地位。但缺乏社会性别视角的发展规划，通常侧重社会发展目标和各类实用性需求的满足，容易忽视目标群体的社会性别角色和需求差异，在计划执行中可能会产生对某一性别群体不利的后果，维持了不平等的两性关系结构，有时甚至会加重社会性别不平等。因此，社会性别主流化要求推动性别计划纳入国家发展计划中。《中国妇女发展纲要（2001—2010年）》明确提出“国家的经济和社会发展规划应体现妇女发展的主要目标，经济分析和经济结构调整应纳入性别平等观念”。2000年，我国正式将《中国妇女发展纲要》的贯彻实施纳入《中华人民共和国国民经济和社会发展第十个五年计划纲要》。其后每个国家五年发展规划都有专门的章节部署妇女发展事业，包括2021年的“十四五”规划。2021年实施的新一轮《中国妇女发展纲要（2021—2030年）》再次强调“将促进妇女全面发展目标任务纳入国家和地方经济社会发展总体规划，纳入专项规划”。

社会性别预算，也称社会性别敏感预算，是将社会性别意识引入各级预算，评估政府的预算对男女的不同影响，并根据男女不同的需求重新安排财政收支来促进男女平等。预算决策是政府公共管理的一项关键内容，因为没有资金，任何政策都难以实施。但社会性别预算并非在原有的预算体系内增加一个领域，不是为妇女进行单独的预算，也不是仅增加针对妇女项目和妇女发

① 刘伯红主编《社会性别主流化读本》，中国妇女出版社，2009，第98—99页。

展计划的预算，而应该被看作一种预算管理工具[①]，是在传统预算中引入社会性别的视角，据此做出有性别敏感的预算决策，进而分析决策对两性的不同影响，最终目的是促进社会性别平等。社会性别预算，促使政府在预算政策上履行对性别平等的承诺责任和义务，改善政府预算决策，为性别平等相关政策落实提供资金保障。

2009年，河南省焦作市作为社会性别预算的试点，率先颁布实施《焦作市本级财政社会性别反应预算管理试行办法》。该文件中明确要求在市本级政府预算中充分考虑男女两性和弱势群体的需求，全面反映预算收支及其相关的公共政策对男女两性的共同影响，致力于减少或消除制定公共政策中对妇女及其他弱势群体的歧视。

社会性别审计也是推动社会性别主流化的重要工具。它不同于传统的财政审计，而是一种社会审计，其主要任务是对组织机构促进性别平等的实践情况开展综合审查和评估，帮助其检视自身在促进社会性别平等方面的优势与劣势、成绩与差距，确认改进目标与策略。如今一些国家和国际机构已经将社会性别审计纳入常规，并通过这种对内部的审计来评估和推动社会性别主流化的方向与进度。

六、社会性别监测与评估

社会性别监测与社会性别评估是社会性别主流化的重要工具。社会性别监测是指对组织机构及其活动信息进行收集、检查

① 马蔡琛、王思：《社会性别预算：制度含义、基本特征与行动策略》，《中国行政管理》2010年第10期。

并及时更新的必要过程。社会性别监测的主要目的是确保组织机构推进社会性别主流化角色和责任落实到位，其监测对象包括政府及其部门，也包括社会组织或个人。社会性别监测的内容包括所有的社会领域，比如社会性别敏感的贫困监测、教育监测、传媒监测等。

社会性别评估主要是对组织机构及相关政策、项目、活动等方面的社会性别分析，识别男女的不同角色和需求，评估政策、项目对男女的不同影响，进而提出社会性别敏感的政策或项目改进建议。社会性别评估一般贯穿在整个政策、项目的各个阶段，包括前期评估、过程评估、结果评估、影响评估等。社会性别评估如今广泛应用于各类国际发展项目之中。

社会性别监测和评估也可以合二为一，动态考察政策、项目的社会性别影响，并及时进行调整或改进，最终达成预期目标，促进社会性别平等。现在，社会性别监测评估广为使用，成为推动社会性别主流化不可或缺的实用性工具。

总之，社会性别主流化不是一个空洞的口号，也不仅仅是一种政治宣言，它需要在实践中丰富和发展，需要将性别平等理念纳入各类公共政策和发展项目中。社会性别主流化已经成为国际社会的共识和人类社会可持续发展的重要组成部分。社会性别主流化意味着要消除社会中的性别不平等、缩小社会性别差距、推动男女共同参与社会发展并共享成果，这是一种长期的战略，需要不断提升和丰富社会性别主流化的理念与实践策略，需要国际社会和各个国家持续努力。

第四章

基本原则与价值导向

公共政策研究的目标和立场非常重要。运用社会性别视角开展公共政策分析，体现了以人为本、男女平等、性别公正等重要的立场和价值观念，符合国际妇女发展趋势和社会性别主流化战略，更重要的是适合本国国情和经济社会发展需要。

男女平等是我国一项基本国策。男女平等的价值理念贯穿于我国的政治思想和理论框架中，从经典马克思主义妇女观到毛泽东妇女解放思想和习近平关于妇女和妇女工作的重要论述，都将妇女解放与发展放在理论思想的重要位置，作为社会解放和进步的标志与尺度。男女平等的价值理念也贯穿于我国革命、建设与改革的实践过程中，从宪法中的男女平等原则，到法律和政策体系中对妇女权益的保障与支持，再到妇女事业所取得的显著进步，都是有力的证明。

性别平等和妇女发展也是国际社会的共同关切，写入了国际公约，纳入人类可持续发展议程，并在世界妇女大会、全球妇女发展峰会等国际舞台上不断得到深化和推广。

公共政策的社会性别分析，首先，要遵循马克思主义理论指导，运用马克思主义妇女观、毛泽东妇女解放思想和习近平关于妇女和妇女工作的重要论述，以确保政策分析过程中的正确立场与角度；其次，要以我国法律原则和政策导向为依据和出发点，结合现实问题探讨法律和政策的完善路径；最后，要把握国际社会共识的性别平等理念与发展方向，吸纳进步观点与策略，提升我国社会性别主流化水平，推进我国性别平等和男女全面发展进程，同时为国际妇女发展目标的实现贡献中国力量。

第一节　公共政策社会性别分析的指导思想与价值导向

公共政策社会性别分析应紧密结合我国国情，在正确的价值理念指导下，运用科学的理论方法和切实可行的实践策略，使相关讨论主题的目标、策略等实现理论意义与现实意义的统一，对经济社会发展切实起到引领和指导作用。

本节主要讨论公共政策的社会性别分析应该遵循的指导思想、基本原则。马克思主义的基本原理及其妇女观，是中国共产党用以指导妇女运动和妇女工作的理论依据。马克思主义妇女观是中国妇女运动和妇女发展的根本遵循。新时代，进一步坚持马克思主义妇女观的指导地位，坚持用马克思主义中国化的最新成果来指导我国公共政策的发展走向，能够促进经济社会的发展同妇女全面发展更加紧密融合，使我国妇女事业取得切实进展，为全球妇女发展提供中国方案。

一、马克思主义妇女观及其中国化成果

坚持马克思主义妇女观的指导地位，既要把握其历史脉络、核心要义和基本内容，又要深刻领会其时代主题与内涵。从马克

思主义诞生之日起，运用辩证唯物主义和历史唯物主义分析妇女解放与发展问题就成为一项重要内容。伴随着马克思主义的传播，马克思主义基本原理和方法也成为分析中国妇女解放的理论依据，经过中国共产党几代领导集体的共同努力，在经典马克思主义妇女观的基础上形成了毛泽东妇女解放思想和中国特色社会主义妇女理论。新时代，习近平关于妇女和妇女工作的重要论述进一步推动马克思主义妇女观中国化的进程，与时俱进地指导我国妇女全面发展事业，并为全球性别平等贡献了一份中国方案。

1. 妇女观的概念与演变

妇女观是一个比较抽象的概念，可以界定为对妇女总体的根本观点、看法和态度，包括对妇女的人生价值、家庭与社会角色、地位与作用、权利与义务，以及对妇女解放与发展的态度、目标、理想等。

在人类发展的不同历史阶段，妇女观具有不同的时代特征。在史前时代，人类处于母系氏族社会，尊母重女、女主天下，社会关系按照母系组织和传承，形成了流传后世的女神传说，此时社会观念中对妇女的态度可谓尊崇至极，以至于后世称之为母权制社会。伴随着私有制的产生和等级社会的形成，男性逐步获得社会主导地位，妇女观随之发生改变，男尊女卑、男强女弱、男主女从、男外女内、重男轻女、三纲五常、三从四德、贤妻良母，成为构建妇女价值与角色的主导观念。至近代，封建社会形成的妇女观逐渐受到批判和反思，男女平等、妇女解放、妇女家国责任等具有革命性意义的思想逐渐形成。

20世纪以来，伴随着马克思主义的传播和中国共产党的成立，妇女解放运动与新民主主义革命融为一体。广大妇女参加革命斗争、根据地建设、支前生产等实践，为民族解放和自身解放作出杰出贡献，也进一步改变了社会对妇女作用和价值的认知。新中国成立以来，广大妇女活跃在社会主义建设与发展的各条战线上，男女平等、妇女能顶半边天、妇女全面发展等观念更加普及。

2. 马克思主义妇女观的基本内涵

马克思主义妇女观，是运用辩证唯物主义和历史唯物主义的世界观、方法论，对妇女社会地位的演变、妇女的社会作用、妇女的社会权利和妇女争取解放的途径等基本问题作出的科学分析和概括。

马克思主义妇女观，源自马克思主义思想，最核心的部分是马克思和恩格斯关于妇女及妇女解放问题的理论观点。1842年，马克思在《论离婚法草案》中开始关注妇女问题。马克思和恩格斯1845年在《德意志意识形态》、1848年在《共产党宣言》中开始比较集中地探讨妇女受压迫的根源，并提出“私有制妇女受压迫的根源”这一经典论断。1884年，恩格斯的《家庭、私有制和国家的起源》一书对妇女受压迫的根源、妇女地位演变、妇女的社会作用等基本问题进行了全面论述。奥古斯特·倍倍尔、克拉拉·蔡特金等人也对马克思主义妇女理论体系的发展与传播作出了贡献。20世纪初，列宁在十月革命过程中总结出了社会主义国家的妇女解放实践模式，进一步丰富和发展了马克思主义妇女解放理论。

马克思、恩格斯等马克思主义经典作家关于妇女及妇女问题的主要观点，构成了马克思主义妇女观的基本内涵。其一，妇女受压迫是人类历史发展到一定阶段的社会现象，其根源是私有制。妇女受压迫的实质是阶级压迫。其二，妇女解放是无产阶级解放及全人类解放的重要组成部分。通过无产阶级革命，消灭私有制，实现社会主义，是妇女解放的根本道路。其三，劳动妇女是妇女解放和人类解放的伟大力量，是无产阶级革命的重要力量。其四，参加社会劳动是妇女解放的先决条件。其五，妇女解放是一个长期的历史过程，最终目标是实现男女平等和妇女全面发展。

经典马克思主义妇女理论，伴随着马克思主义传入中国，在中国共产党几代领导集体的共同努力下，结合中国革命与社会主义建设进程以及妇女发展实践，形成了促进妇女解放与发展的中国方案和中国特色社会主义妇女理论。

为进一步加强马克思主义妇女观的指导，1990年，时任国家主席江泽民在“三八”国际劳动妇女节80周年纪念大会上作了《全党全社会都要树立马克思主义妇女观》的重要讲话，首次将马克思主义妇女解放理论明确地概括为“马克思主义的妇女观”，并从五个方面进行了系统阐述。

第一，妇女被压迫是人类历史发展的一定阶段上的社会现象。

第二，妇女解放的程度是衡量普遍解放的天然尺度。妇女解放必须伴随全体被剥削、被压迫人民的社会解放而得到实现。

第三，参加社会劳动是妇女解放的一个重要先决条件。人们在社会上和家庭中的地位，归根到底是由人们在社会生产中的地位决定的。这个先决条件，只有在社会主义制度下才能真正充分实现。

第四，妇女解放是一个长期的历史过程。推翻人压迫人的社会制度，建立人民当家作主的国家政权，为实现妇女解放、实现男女平等提供了根本保证。但是，由法律上的男女平等达到事实上的男女平等，任务仍然十分艰巨。

第五，妇女在创造人类文明、推动社会发展中具有伟大的作用。妇女与男子同是人类历史前进的推动者，都是社会物质文明和精神文明的创造者，应该具有同等的人格和尊严、同等的权利和地位。在人类自身生产中，妇女具有更特殊的价值，作出了特殊的贡献。

3. 马克思主义妇女观中国化成果

马克思主义妇女观中国化，是马克思主义妇女观在中国传播及运用于实践去认识和解决中国妇女问题的过程及成果。自马克思主义传入中国开始，几代马克思主义者将马克思主义妇女观与中国革命实践相结合，创造性地发展了马克思主义妇女观，形成了独具中国特色的妇女解放与发展思想。

20世纪初，随着马克思主义在中国传播，李大钊、陈独秀、李达、向警予等先进知识分子和早期中国共产党人，接受并运用马克思主义唯物史观分析妇女问题，在妇女受压迫的根源、妇女解放的途径和主体力量等方面逐渐达成共识。

新民主主义革命时期，中国共产党将马克思主义妇女观与中国革命实践相结合，形成了毛泽东妇女解放思想，深化了对中国妇女解放的认识。新中国成立后，党的几代领导集体将经典马克思主义妇女理论与毛泽东妇女解放思想运用于社会主义建设之中，不断探索妇女解放与发展规律，逐步形成了中国特色社会主义妇女理论。

毛泽东妇女解放思想是马克思主义妇女观中国化的伟大成果。毛泽东在《湖南农民运动考察报告》中深刻分析了妇女受到“政权、族权、神权和夫权”的多重压迫，揭示了中国妇女解放特定的历史和社会特征。在毛泽东思想指导下，中国妇女解放运动与反帝反封建的民族民主革命相结合，并充分重视妇女在革命和建设中的作用，主张“妇女能顶半边天”“妇女是一种伟大的人力资源”，强调国家保障男女平等和妇女权益，废除男女不平等的婚姻家庭制度，保障妇女经济独立和政治参与。

改革开放以来，在马克思主义妇女观与毛泽东妇女解放思想指导下，中国妇女解放与发展取得了巨大成就，并在实践中不断进行妇女理论的丰富与创新，形成了中国特色社会主义妇女理论[①]，主要包括以下内容。

第一，社会主义初级阶段妇女运动的目标是推进以男女平等为核心的妇女解放与发展。新中国成立以来，我国宪法将男女平等作为一项基本原则，已经建立了保障妇女权益的法律和政策体系，但男女不平等现象依然存在，男女平等已经成为关系社会发展全局的重要事业，是促进我国社会发展的一项基本国策。

第二，妇女解放与发展是国家发展和社会进步的有机组成部分，全面参与社会主义现代化建设是实现妇女解放与发展目标的根本途径，是促进我国妇女进一步解放与发展的首要条件。要处理好

---

① 彭珮云主编《中国特色社会主义妇女理论与实践》，人民出版社，2013，第73页。

平等、发展、和谐的关系，营造男女平等的文化和社会环境。

第三，妇女是推动社会发展和自身解放的主体力量，妇联组织是促进妇女解放与发展的基本力量。

中国特色社会主义妇女理论是中国共产党对马克思主义妇女观的进一步丰富和发展，在核心问题上与经典马克思主义妇女观及其中国化成果既有传承又有发展，比如肯定妇女的伟大作用，重视妇女解放与妇女发展，坚持男女平等的原则和妇女全面发展的方向，都是一以贯之的马克思主义妇女理论观点。在社会主义初级阶段，妇女发展的目标、途径，妇女发展与社会发展的关系等方面，在经济社会发展进程中被赋予了新的内涵。

二、习近平关于妇女和妇女工作的重要论述

党的十八大以来，以习近平同志为核心的党中央高度重视妇女问题，在坚持和继承马克思主义妇女观及其中国化成果的基础上，紧密结合中国经济社会发展和妇女发展的实践，进一步丰富了马克思主义妇女观的时代内涵，不仅为中国妇女解放与发展提供了直接指导，而且为世界妇女发展发出了积极倡导；在推动构建人类命运共同体进程中，中国妇女事业实现了引领全球妇女发展的历史性飞跃，为世界妇女运动贡献了中国方案和中国力量。①

党的十八大以来，习近平总书记围绕新时代妇女和妇女工作发表了系列重要讲话，提出了一系列新理念和新论断，成为新时

① 中华人民共和国国务院新闻办公室编《平等 发展 共享：新中国70年妇女事业的发展与进步》，人民出版社，2019，第45页。

代中国特色社会主义妇女理论的重要成果，进一步深化了马克思主义妇女理论，实现了马克思主义妇女观中国化的再次飞跃。

第一，妇女是推动人类文明进步的伟大力量。习近平总书记从社会发展和人类文明演进的高度强调妇女的重要作用，并充分肯定妇女在家庭和社会中的突出贡献。认为没有妇女事业的进步，就没有全社会的进步。2015年，习近平主席在全球妇女峰会上的讲话中指出："妇女是物质文明和精神文明的创造者，是推动社会发展和进步的重要力量。没有妇女，就没有人类，就没有社会。"

第二，男女平等包含平等权利、平等参与和平等享有。习近平总书记强调，要坚定不移走中国特色社会主义妇女发展道路，以"实现妇女平等依法行使民主权利、平等参与经济社会发展、平等享有改革发展成果"。[①]这三个层次的平等深化了对男女平等的认识，男女平等不仅包括权利、机会上的平等，还应该包括结果的平等。这三个层次的平等不可分割、不可替代，成为新时代落实男女平等基本国策的战略目标。

第三，推动妇女与经济社会同步发展。习近平总书记指出，发展离不开妇女，发展也要惠及包括妇女在内的全体人民。要激发妇女潜力，推动广大妇女参与经济社会发展。2013年，习近平总书记在同全国妇联新一届领导班子成员集体谈话中强调："把中国发展进步的历程同促进男女平等发展的历程更加紧密地融合在一起，使我国妇女事业发展具有更丰富的时代内涵，使我国亿万妇女肩负起更重要的责任担当。"中国将更加积极贯彻男女平等基本国策，发挥妇女"半边天"作用，支持妇女建功立业、实现人生理想和梦

① 《巾帼心向党　奋进新时代——以习近平同志为核心的党中央关心重视妇女事业和妇联工作纪实》，《人民日报》2018年10月30日第1版。

想。每一位妇女都有人生出彩和梦想成真的机会。

第四，妇女权益是基本人权。在2015年全球妇女峰会上，习近平主席提出：“我们要把保障妇女权益系统纳入法律法规，上升为国家意志，内化为社会行为规范。”要努力构建和谐包容的社会文化，“男女共有一个世界，消除对妇女的歧视和偏见，将使社会更加包容和更有活力。我们要努力消除一切形式针对妇女的暴力，包括家庭暴力。我们要以男女平等为核心，打破有碍妇女发展的落后观念和陈规旧俗”。2020年，习近平主席在联合国大会纪念北京世界妇女大会25周年高级别会议上再次强调：“让性别平等落到实处。保障妇女权益必须上升为国家意志。”我国领导人在国际平台上对妇女权益保障的重视，充分表现出对妇女人权的尊重与捍卫。

第五，加强党对妇女事业的领导，深化妇联组织改革。2013年，习近平总书记在同全国妇联新一届领导班子成员集体谈话中强调：“在革命、建设、改革各个历史时期，我们党始终坚持把实现妇女解放和发展、实现男女平等写在自己奋斗的旗帜上，始终把广大妇女作为推动党和人民事业发展的重要力量，始终把妇女工作放在重要位置，领导我国妇女运动取得了历史性成就，开辟了中国特色社会主义妇女发展道路。”坚持党的领导，紧紧围绕党和国家工作大局谋划和开展工作，这是妇联组织发挥作用的根本遵循，是妇联工作不断前进的重要保障。联系和服务广大妇女是妇联组织的根本任务。推动妇女事业发展，做好妇联工作，必须有改革创新精神。

习近平总书记从人类文明的高度强调了妇女的地位和作用，深化了男女平等的时代内涵，并对妇女发展目标、途径和社会环境等提出了新的战略要求，为新时代妇女发展指明了前进方向，提供了根本遵循。

第二节　公共政策社会性别分析的法律原则

男女平等是我国宪法规定的一项基本原则。在此基础上，我国建立了比较完善的法律体系，以保障妇女的法律权利，促进男女平等及妇女全面发展。男女平等的法律法规是开展妇女工作的依据，也是进一步推进社会性别主流化的法律依据和主要途径。

一、男女平等的宪法精神

《中华人民共和国宪法》是国家的根本大法，是治国安邦的总章程，拥有最高权威和法律效力。宪法确立了我国的国体政体、根本制度、活动准则，也规定了公民的权利和义务，在国家整个法律体系中居于主导地位。全体公民、一切国家机关和武装力量、各政党和各社会团体、各企业事业组织都必须以宪法为根本的活动准则，并负有维护宪法尊严、保证宪法实施的职责。

我国宪法集中体现了党和国家的意志。男女平等写入宪法也体现了党的政治主张和国家、社会发展的需要。中国共产党成立百年来，在革命、建设、改革各个历史时期，始终坚持把实现妇女解放和发展、实现男女平等写在自己奋斗的旗帜上。新中国成立以后，我国成为世界上最早把男女平等原则写入宪法的国家。1949年，具有临时宪法性质的《中国人民政治协商会议共同纲领》在总纲第六条规定：“中华人民共和国废除束缚妇女的封建制度。妇女在政治的、经济的、文化教育的、社会的生活各方面，均有与男子平等的权利。实行男女婚姻自由。”为我国初步确立了男女平等的宪法精神。1954年，由第一届全国人大一次会议通过并颁布我国第一部正式的宪法——《中华人民共和国宪法》，宪法规定，“中华人民共和国公民在法律上一律平等”“中华人民共和国妇女在政治的、经济的、文化的、社会的和家庭的生活各方面享有同男子平等的权利”。由此，男女平等以根本大法的形式确立起来，成为其他法律政策的法律依据和我国主流意识形态不可分割的一部分。其后宪法经历历次修订，始终坚持男女平等原则，而且体现男女平等的内容更加丰富和完善。1978年宪法第五十三条又增加了“男女同工同酬，培养和选拔妇女干部”的规定。2004年，“国家尊重和保障人权”写入《中华人民共和国宪法修正案》，为妇女人权保障奠定了基石，进一步体现了男女平等原则。由此可见，保护妇女权利和利益、男女平等原则是我国一以贯之的宪法精神。

我国宪法中的男女平等原则体现了中国共产党的政治立场和初心使命，也显示出男女平等是社会主义国家核心本质的题中应有之义和必然要求。男女平等的宪法原则，为制定保障和促进男女平等的其他法律政策、建立国家性别平等的机制提供了根本依据。依据这一原则开展公共政策的社会性别分析，审视已有的法律政策中的性别盲点，探讨现实性别困境，合法有力地推动社会性别主流化进程。反过来，公共政策的社会性别分析有助于宪法精神的贯彻落实，使违背宪法原则的政策和现实问题合法有据地纳入主流议程，完善相关法律、政策和机制，从而捍卫了宪法权威。

二、男女平等的法律体系

宪法确立了男女平等原则，为其他法律提供了男女平等的立法基础和根本依据。新中国成立70多年来，保障妇女权益的法律体系不断完善。70年来，中国逐步形成并完善了以宪法为基础，以妇女权益保障法为主体，包括100多部单行法律法规在内的保障妇女权益的法律体系。①

男女平等原则体现在我国的各项法律法规之中。1950年，新中国第一部法律——《中华人民共和国婚姻法》确立了婚姻自由、一夫一妻、男女权利平等的婚姻制度。1950年，土地改革法确立了按人口统一分配土地的原则，以法律的形式明确了农村妇女享有与男子同等的土地所有权。1953年，《中华人民共和国全国人民代表大会及地方各级人民代表大会选举法》明确规定，“妇女有与男子同等的选举权和被选举权”，妇女的政治权利得到法律确认。

改革开放40多年来，伴随中国特色社会主义民主法治进程，选举法、刑法、婚姻法、母婴保健法、劳动法、就业促进法、劳动合同法、农村土地承包法、村民委员会组织法、教育法、义务教育法等法律法规的制定或修订，都鲜明体现了男女平等原则。1986年颁布的义务教育法、1995年颁布的教育法、1996年颁布的职业教育法等都以立法的形式规定了男女享有平等受教育权利。

① 中华人民共和国国务院新闻办公室编《平等 发展 共享：新中国70年妇女事业的发展与进步》，人民出版社，2019，第10—12页。

1994年通过的劳动法规定："妇女享有与男子平等的就业权利。在录用职工时，除国家规定的不适合妇女的工种或者岗位外，不得以性别为由拒绝录用妇女或者提高对妇女的录用标准。""工资分配应当遵循按劳分配原则，实行同工同酬。"

妇女权益保障法是我国男女平等法律体系的主体。1992年，我国制定实施了一部保障妇女权利的专门法——《中华人民共和国妇女权益保障法》。这是中国第一部促进男女平等、保障妇女权益的基本法，涵盖了妇女各方面的权益。2005年妇女权益保障法修订后，确立了男女平等基本国策的法律地位，并要求"消除对妇女一切形式歧视"。2018年修正后的妇女权益保障法规定："为了保障妇女的合法权益，促进男女平等，充分发挥妇女在社会主义现代化建设中的作用……妇女在政治的、经济的、文化的、社会的和家庭的生活等各方面享有同男子平等的权利。实行男女平等是国家的基本国策。国家采取必要措施，逐步完善保障妇女权益的各项制度，消除对妇女一切形式的歧视。"[①]这些条款奠定了各领域妇女权利保护的基石，为维护妇女权益、促进男女平等提供了制度保障和法律要求。

党的十八大以来，保障妇女权益立法取得新突破。2015年出台《中华人民共和国反家庭暴力法》，禁止任何形式的家庭暴力。同年，刑法修正案（九）取消了嫖宿幼女罪，改以强奸罪从重处罚，对收买拐卖妇女儿童的一律定罪处罚。2020年颁布民法典，在婚姻家庭编部分传承了原有婚姻法基本原则、主要内容，

① 2021年，妇女权益保障法修订草案，在总则中增加了性别歧视的定义，"禁止基于性别排斥、限制妇女依法享有和行使各项权益"，使相关部门和大众对保护妇女权益、促进性别平等的定位更清楚，应对措施也更具体和可操作化。

坚持男女平等原则，在具体规定中更加注重实质平等，关照弱势群体利益，以实现法律的实质正义。①

由此可见，我国已经建立起以宪法为根本，以妇女权益保障法为主体，包括各类保障妇女权利、促进男女平等和妇女发展的法律体系。并且随着经济社会发展的需要，我国不断修订和完善维护妇女权利的法律法规，为男女平等基本国策的落实保驾护航。

男女平等的法律体系建设是实现社会性别主流化的核心和主要方式。将性别平等纳入法律，可以使相关议题和行动方案具有法律依据，有利于从源头上促进性别平等，也使得性别平等议题具有稳定性和可持续性。开展公共政策的社会性别分析，必须以我国男女平等的法律体系为法律基础和主要依据，运用社会性别视角分析现有政策内容、政策实施与政策环境等，反思和批判违背法律中的男女平等原则和精神的内容，提供性别平等法律政策建议，进一步推动法律政策领域的社会性别主流化。

第三节　公共政策社会性别分析的政策导向

公共政策研究与实践，推进性别平等的策略措施，既要符合社会主义初级阶段党的基本路线和基本方略的要求，又要体现我

① 夏吟兰：《〈民法典·婚姻家庭编〉男女平等原则之发展与思考》，《中华女子学院学报》2020年第4期。

国基本国策和发展目标的要求。党在社会主义初级阶段的基本路线，是决定着社会发展的基本方向的总路线、总方针和总政策，是经济和社会发展各项政策制定与实施的根本依据。在基本路线的指导下，党的十九大明确了“十四个坚持”的基本方略，对进一步坚持和发展新时代中国特色社会主义指明了方向。男女平等是我国一项基本国策，性别平等也成为我国经济社会发展的重要目标。公共政策分析要围绕党的基本路线方针政策，服务于国家大政方针和发展方向。

一、党的基本路线与基本方略

“一个中心，两个基本点”，是中国共产党领导和团结全国各族人民在社会主义初级阶段的基本路线，是决定社会发展的基本方向的总路线、总方针和总政策。一个中心，即“以经济建设为中心”；“两个基本点”，即坚持四项基本原则（坚持社会主义道路、坚持人民民主专政、坚持中国共产党的领导、坚持马克思列宁主义毛泽东思想），坚持改革开放。这是我国必须全面坚持、一以贯之的社会主义初级阶段的总路线，是一切法律、政策、规划方案制定与实施的最高依据。

党的十八大以来，在坚持基本路线的前提下，党中央进一步提出了中国特色社会主义事业“五位一体”总体布局和“四个全面”战略布局，对中国特色社会主义的认识更加深刻、更加全面。2017年，习近平总书记在党的十九大报告中全面阐述了新时代中国特色社会主义的基本方略，即坚持党对一切工作的领导，坚持以人民为中心，坚持全面深化改革，坚持新发展理念（创新、协调、绿色、开放、共享），坚持人民当家作主，坚持全面依法治国，坚持社会主义核心价值体系，坚持在发展中保障和改善民生，坚持人与自然和谐共生，坚持总体国家安全观，坚持党对人民军队的绝对领导，坚持“一国两制”和推进祖国统一，坚持推动构建人类命运共同体，坚持全面从严治党。这“十四个坚持”，为全面贯彻党的基本理论和基本路线提供了正确指引。

公共政策的社会性别分析，应在党的基本路线和基本方略指引下，结合实现“两个一百年”奋斗目标和中华民族伟大复兴的中国梦所提出的具体要求，聚焦促进性别平等与妇女发展的政策，推动社会性别主流化，进一步落实男女平等基本国策，进一步保障妇女的基本权利和特殊利益，进一步保障妇女人权，推动解决妇女权益保障方面存在的突出问题，切实推进妇女事业与经济社会同步发展，实现社会公正，促进经济、社会和男女两性全面协调发展。

二、男女平等基本国策

1995年，在联合国第四次世界妇女大会上，中国政府向国际社会庄严宣告：把男女平等作为促进我国社会发展的一项基本国策。为推进妇女事业，落实男女平等基本国策，我国于同年颁布了第一个《中国妇女发展纲要（1995—2000年）》。2000年，我国将贯彻实施妇女发展纲要写入《中华人民共和国国民经济和社会发展第十个五年计划纲要》，进一步推进男女平等基本国策的落实。2005年，男女平等基本国策首次写入法律，《中华人民共和国妇女权益保障法》修正案中增加了相关规定，“实行男女平等是国家的基本国策。国家采取必要措施，逐步完善保障妇女权益的各项制度，消除对妇女一切形式的歧视”。2012年，我国首次将男女平等作为基本国策写入党的十八大报告；2015年，国家主席习近平在全球妇女峰会上强调，中国将更加积极贯彻男女平等基本国策；2017年，我国再次将男女平等基本国策写入党的十九大报告，“坚持男女平等基本国策，保障妇女儿童合法权益”，成为执政党的施政纲领的重要理念和内容。这些重要举措，显示出我国男女平等基本国策在法律保障、制度保障上取得了显著进步。

男女平等基本国策，作为我国妇女事业具有长远性和根本性的总政策，对其他法律、政策、规划方案的制定和实施提出了总体要求。2013年，习近平总书记在同全国妇联新一届领导班子成员集体谈话时指出，“要坚持男女平等基本国策，在出台法律、制定政策、编制规划、部署工作时充分考虑两性的现实差异和妇女的特殊利益”。要健全完善提高妇女地位的政府机构，为促进性别平等与妇女发展提供有力的组织保障，制定实施促进妇女发展的国家行动计划，推动妇女与经济社会协同发展。

落实男女平等基本国策，要求使男女平等真正体现到经济社会发展各领域、社会生活各方面。首先，尊重妇女的主体地位，重视和发挥妇女在经济社会发展中的主体地位与作用，推动妇女与经济社会同步发展；其次，尊重男女生理差异，在承认男女现实差异的前提下，倡导男女两性权利、机会和结果的实质性平等，依法保障妇女合法权益；再次，将社会性别意识纳入决策主流，切实在出台法律、制定政策、编制规划、部署工作时充分考虑男女两性的现实差异和妇女的特殊利益；最后，从法律、政策和社会实践各方面消除对妇女一切形式的歧视，构建以男女平等为核心的先进性别文化。[①]

自男女平等基本国策确立以来，我国更加重视促进男女平等和妇女发展，加强和改进党对妇女工作的领导，建立健全政府贯彻落实男女平等基本国策的工作机制，完善保障妇女合法权益的法律体系，妇女全面发展纳入国民经济和社会发展总体规划。促进妇女全面发展和男女平等成为中国特色社会主义的重要组成部分。

落实男女平等基本国策需要对公共政策进行社会性别分析，将社会性别意识纳入法律体系和公共政策，消除政策制定和实施过程中的性别盲点或偏见，积极回应妇女发展中的现实需求，以切实促进妇女全面发展、两性和谐发展以及妇女与经济社会同步发展。

三、国家发展规划

开展政策的社会性别分析，要充分考虑国家发展规划的要求，并要为实现国家发展规划的目标提供政策支持。我国重视妇女发展，定期颁布妇女发展纲要，并将妇女发展目标纳入国家发展规划之中，为男女平等基本国策的落实和妇女全面发展提供坚定支持。

首先，《中国妇女发展纲要》作为我国妇女发展的指导性文件，对妇女参政的目标和策略进行总体规划。1995年以来，我国

① 中华人民共和国国务院新闻办公室编《平等 发展 共享：新中国70年妇女事业的发展与进步》，人民出版社，2019，第4页。

已颁布四个周期的《中国妇女发展纲要》，有效地推动了妇女事业发展。《中国妇女发展纲要（2011—2020年）》在总目标中特别要求，“将社会性别意识纳入法律体系和公共政策，促进妇女全面发展，促进两性和谐发展，促进妇女与经济社会同步发展”，并在经济、政治、教育、健康、法律、环境六大领域设定了具体的妇女发展目标和策略要求。最新颁发的《中国妇女发展纲要（2021—2030年）》再次强调，“将促进妇女全面发展目标任务纳入国家和地方经济社会发展总体规划，纳入专项规划”。

其次，妇女发展也是国家发展规划的重要内容。落实男女平等基本国策和《中国妇女发展纲要》已纳入国家各项发展规划之中。“十五”计划、“十一五”规划、“十二五”规划都将妇女发展列入其中，并对目标和措施进行了要求，推动妇女与经济社会同步协调发展。2016年，国家“十三五”规划要求，坚持男女平等基本国策，切实加强妇女权益保护，公平参与并更多分享发展成果；要求“促进妇女全面发展”，实施妇女发展纲要。2021年，《中华人民共和国国民经济和社会发展第十四个五年规划和2035年远景目标纲要》明确要求，坚持男女平等基本国策，切实保障妇女群体发展权利和机会，“促进男女平等和妇女全面发展”“深入实施妇女发展纲要，持续改善妇女发展环境，促进妇女平等依法行使权利、参与经济社会发展、共享发展成果”。相比而言，“十四五”规划更加强调妇女发展权利和机会，将“三个平等”的发展战略纳入其中，对促进妇女发展的目标理念提出了新的、更高的要求。“十四五”规划对实施《中国妇女发展纲要》和改善妇女发展环境的力度也提出了明确要求。

此外，其他国家规划文件中也包含了妇女发展的目标要求。《国务院关于印发国家人口发展规划（2016—2030年）》要求，坚持男女平等基本国策，将性别平等全面纳入法律体系和公共政策，促进融入社会文化，切实保障妇女合法权益，消除性别歧视，提高妇女的社会参与能力和生命健康质量。我国制定的第一份以人权为主题的国家规划——《国家人权行动计划（2016—2020年）》，也专门规定了妇女权利，明确要求“继续促进妇女平等参与管理国家和社会事务”。逐步提高女性在各级人大代表、政协委员中的比例，以及在各级人大、政府、政协领导成员中的比例等，为我国系统推进妇女参政提供了目标任务和方向。《2019—2023年全国党政领导班子建设规划纲要》明确提出合理配备女干部的要求。《国家中长期人才发展规划纲要（2010—2020年）》也将性别结构合理作为一项战略目标。《中国反对拐卖人口行动计划（2021—2030年）》等也明确提出保障妇女权益的目标任务。

在男女平等和妇女权益保障进入国家发展规划的前提下，公共政策研究的必要性和价值自然更为凸显。国家发展规划中所设定的目标、任务和措施，不仅是公共政策社会性别分析的重点，也是起点。公共政策研究，应以“十四五”规划对妇女事业提出的目标任务为重点关切，以《中国妇女发展纲要》的目标和措施为主要着力点，围绕卫生健康、教育、经济、政治等领域的妇女发展问题，分析、评估法律法规和政策，为进一步促进妇女平等依法行使权利、参与经济社会发展、共享发展成果提供支持。

综上可见，男女平等基本国策，促进妇女全面发展已经成为我国经济社会发展不可或缺的重要内容。男女平等，从宪法原则到基本国策，再到党和政府的政治主张、目标措施、行动规划，充分体现了党和国家要“让性别平等落到实处，保障妇女权益必须上升为国家意志”的价值理念与实践导向。在国家政策导向之下，公共政策的社会性别分析作为消除性别歧视与偏见，促进社会性别主流化的必要手段显得更为重要。

第四节　公共政策社会性别分析的国际趋势

性别平等与妇女发展是衡量社会文明进步的重要尺度，是人类实现可持续发展的重要目标。公共政策的社会性别分析，不仅要坚持党的基本理论、基本路线和基本方略，还应从全球角度，了解和参考国际妇女发展的价值理念与趋势，加强国际妇女交流合作，推进国际性别平等进程，共建人类命运共同体。

一、国际妇女发展进程

性别平等与妇女发展所取得的成就是国际社会共同努力的结果。近代以来，世界各个国家和地区不同程度地掀起妇女解放运动的浪潮，男女不平等的社会制度和结构受到前所未有的冲击。20世纪早期，芬兰、挪威等北欧国家较早实现了普选，妇女获得了政治的选举权和被选举权。其后英、法等国也相继承认妇女的选举权和公民权。20世纪中期，对男女两性差别对待的、男性中心主义的社会文化和机制的质疑和批判更加强烈，对妇女权利的认识不再仅限于政治权利，而是扩展到更多的社会领域，包括就业、教育、婚姻、家庭、社会福利等。1946年，联合国经济社会理事会下设妇女地位委员会，负责调查研究妇女在经济和社会发展中的贡献与作用，并在全球范围内推进妇女权利保障。此后，妇女权利开始纳入国家、区域和国际人权领域的重要议程，例如，联合国1948年的《世界人权宣言》、1952年的《妇女政治权利公约》、1967年的《消除对妇女歧视宣言》、1979年的《消歧公约》，以及国际劳工组织1951年通过的《男女同工同酬公约》、1952年通过的《保护妇女生育公约》，1958年国际劳工大会通过的《消除就业和职业歧视公约》等。

20世纪80年代以来，国际妇女运动强调争取平等对待和承认差异，对于男女平等的理解更加多元。实践方面更加强调文化批判与反思，注重向学术和文化教育融入，社会性别主流化成为20世纪后期国际社会推进性别平等和可持续发展的基本战略。90年代关于妇女权利的认识更为全面。1993年，第二次世界人权大会通过的《维也纳宣言和行动纲领》明确了“妇女权利就是人权”这一重要理念。1994年，联合国人口与发展大会主张，提高妇女地位和赋予妇女权力是解决人口可持续发展的关键。1995年，联合国第四次世界妇女大会通过的《北京宣言》和《行动纲领》，进一步明确主张赋予妇女权力和男女平等是各国人民实现政治、社会、经济、文化和环境保障的先决条件，把性别平等提到了社会发展的战略高度。

进入21世纪以来，促进性别平等，推动全球妇女事业发展，成为当代国际妇女发展的主旋律，“将性别观点纳入社会发展各领域的主流”已经成为国际社会公认的推进性别平等的有效战略。联合国大会“北京+5”“北京+10”“北京+15”“北京+20”“北京+25”纪念大会都重申和强调了这一战略。世界上大多数国家建立了提高妇女地位的机制，并不断改革法律和政策以促进性别平等。2000年全球各国首脑会议上通过的《联合国千年宣言》和《千年发展目标》，特别强调将“促进两性平等并赋予妇女权力”作为一项重要目标。2015年通过的《变革我们的世界：2030年可持续发展议程》（以下简称《2030年可持续发展议程》）中再次将“实现性别平等，增强所有妇女和女童的权能”作为十七项重要目标的第五项。[①]由此可见，性别平等和妇女发展已经成为国际社会发展框架中必不可少的重要内容。

二、国际公约中的性别平等理念

国际公约，是指国家间有关政治、经济、文化、技术等方面的多边条约，对缔约各国具有约束力。我国签署和批准的国际公约中，《经济、社会及文化权利国际公约》《男女工人同工同酬公约》《消除对妇女一切形式歧视公约》《儿童权利公约》《就业政策公约》等，都有关于妇女权利的要求。其中，《消除对妇女一切形式歧视公约》（简称《消歧公约》）具体地阐明了妇女的各项权利，对我国产生的影响也比较显著。我国于1980年加入该公约，并在1981年正式生效。截至2021年9月，该公约已拥有189个缔约国，是缔约国最多的公约之一（仅次于《儿童权利公

① 《变革我们的世界：2030年可持续发展议程》，参见https://www.un.org/sustainabledevelopment/zh/gender-equality/，访问日期：2020年10月22日。

约》的196个缔约国）。

《消歧公约》是联合国在维护妇女权利方面制定的最重要的、最有约束力的国际法律文书。它全面确立了各领域的反性别歧视原则，强调实质性平等、临时特别措施和国家推进性别平等的主体责任，要求女性所关切的问题进入国际和国内议程的主流，并建立了监督各缔约国妇女权利的有效机制。

首先，《消歧公约》对歧视进行了比较全面的界定，同时也提出了追求性别平等的较高目标。“对妇女的歧视”，是指基于性别而作的任何区别、排斥或限制，其影响或目的均足以妨碍或否认妇女不论已婚未婚享有或行使在政治、经济、社会、文化、公民或任何其他方面的人权和基本自由。

其次，《消歧公约》主张实质性平等，即结果的平等。为了纠正过往歧视、制度性或结构性歧视，加速实现实质性或事实上的平等，应该在特定时期内提供有利于女性的、倾斜性的政策措施，即临时特别措施。这一理念和要求为各缔约国提供了促进妇女发展的新路径，有助于较快推进性别平等。例如，我国采取的比例制、配额制、专设项目、资源倾斜等做法有效地推动了就业、参政、教育和健康等领域的性别平等与妇女发展。

再次，《消歧公约》特别强调国家在推进性别平等方面的责任。国家是指所有的国家工具或主体，涵盖执行、立法、司法和行政机构以及相应的地方单位。该公约要求，各缔约国“用一切适当办法，推行政策，消除对妇女的歧视”。具体层面要求各缔约国将男女平等的原则列入本国宪法或其他有关法律；采取适当立法和措施禁止对妇女的一切歧视；建立妇女权利的法律保护机制和工作机制；消除任何个人、组织或企业对妇女的歧视；修改或废除构成对妇女歧视的现行法律、规章、习俗和惯例；废止本国刑法内构成对妇女歧视的一切规定。尽管该公约没有明确提出社会性别主流化的概念，但实际上是要求将社会性别意识纳入国家、组织和社会各个层面的主流。

《消歧公约》最终的目标是各缔约国应在所有领域，特别是在政治、社会、经济、文化领域，采取一切适当措施，包括制定法律，保证妇女得到充分发展和进步，其目的是为确保她们在与男子平等的基础上，行使和享有人权和基本自由。

在过去的40年中，作为一项国际社会公认的、有较强约束力的国际法律公约，《消歧公约》在国际社会和各缔约国都发挥了举足轻重的作用，被称为“妇女人权宪章”。《消歧公约》对国家责任的要求、对性别歧视的定义，以及对实质性平等和特别措施的强调，使得公共政策领域的社会性别分析成为必经之路。只有不断加强对现有法律政策及其效果的分析评估，才有积极应对措施，才能纠正社会性别偏见，消除性别歧视的社会现象和文化观念，进而实现妇女在权利、机会和共享发展成果方面的充分平等。

三、国际妇女发展目标

国际社会推进性别平等和妇女发展还有许多非法律形式的文件，以宣言、纲领、战略或规划等形式存在，对相应领域起到引领、督促和指导作用。联合国宏观发展文件《千年发展目标》和《2030年可持续发展议程》，以及《北京宣言》《行动纲领》等世界妇女大会文件，都对性别平等和妇女发展提供了价值倡导、目标要求和现实策略。

1. 国际发展目标文件

联合国《千年发展目标》《2030年可持续发展议程》是国际社会颇具影响力的两个发展目标框架，而且都对性别平等和妇女权益给予了较高关注，为国际社会促进妇女发展提供了目标和方向。

2000年，联合国特别会议通过了各国首脑签署的《联合国千年宣言》和《千年发展目标》，各国承诺最迟在2015年，实现8项千年发展目标（含16项具体目标和48项指标），即消灭极端贫穷和饥饿，普及初等教育，促进两性平等并赋予妇女权力，降低儿童死亡率，改善孕产妇健康，与艾滋病毒/艾滋病、疟疾和其他疾病做斗争，确保环境的可持续能力和建立全球发展伙伴关系。

《千年发展目标》体现了国际社会对妇女发展的重视，将“促进性别平等并赋予妇女权力”作为第三大目标，其具体目标确定为，最好在2005年消除中小学教育中的性别差距，并在2015年前消除各级教育的两性差距。为了达成该目标所制定的4项具体指标包括：中小学和高等教育中女生与男生的比例；15至24岁识字妇女与男子的比例；妇女在非农部门挣工资劳动者中的比例；国家议会中妇女所占席位的比例。

《千年发展目标》的实施，改变了许多国家妇女发展的面貌，至2015年，国际社会基本实现将全球极端贫困人口减半、小学教育性别均等、将无法获取改善的饮用水源的人口减半等具体目标，妇女的贫困和教育等方面得到显著改进。但是，性别不平等依然存在，妇女在贫困人口中的比重依然较高，女性在就业、参政等方面仍受到歧视。

《2030年可持续发展议程》，由联合国193个会员国在2015年联合国可持续发展峰会上一致通过。它包括17项可持续发展目标和169项具体目标，其中，消除极端贫穷、战胜不平等和不公正以及遏制气候变化成为最重要的三大目标任务。《2030年可持续发展议程》强调将“实现性别平等，增强所有妇女和女童权能”作为第五大目标。并坚定地指出，实现性别平等和增强妇女和女童权能将大大促进我们实现所有目标和具体目标。在执行本议程过程中，必须有系统地顾及性别平等因素。

《2030年可持续发展议程》在具体目标的设定上突出了时代特色，关注到了全球发展进程中依然面临的突出问题，因此特别强调消除对妇女和女童的一切形式歧视、暴力和伤害；认可和尊重无偿护理和家务，提供公共服务、基础设施和社会保护政策，在家庭内部提倡责任共担；确保妇女全面有效参与各级政治、经济和公共生活的决策，并享有进入以上各级决策领导层的平等机会。并且特别要求，根据各国法律进行改革，给予妇女平等获取经济资源的权利，以及享有对土地和其他形式财产的所有权和控制权，获取金融服务、遗产和自然资源；加强技术特别是信息和通信技术的应用，以增强妇女权能；采用和加强合理的政策和有执行力的立法，促进性别平等，在各级增强妇女和女童权能。

《千年发展目标》和《2030年可持续发展议程》是进入21世纪以来国际社会较有共识的两个国际文件，二者都特别关注性别平等和妇女发展，都强调国家层面应尽的责任和将社会性别纳入法律政策的必要性，对于各国在推进妇女发展的认识、举措方面都起了积极作用。国际发展目标文件，是取得国际社会共同认可的社会发展目标和任务，对世界各国的政策变革具有引导性和督促作用，在一定程度上影响和推动了各国决策与管理实践层面上的改革进程与目标方向。

2. 世界妇女大会文件

为促进全世界妇女事业的发展，联合国迄今已召开过四次世界妇女大会，为全球妇女发展提出了要求，指明了方向。第一次世界妇女大会于1975年在墨西哥首都墨西哥城召开，会议通过了《墨西哥城宣言》和《世界行动计划》；第二次世界妇女大会于1980年在丹麦首都哥本哈根召开，会议通过了《联合国妇女十年后半期行动纲领》，并举行了《消除对妇女一切形式歧视公约》的签字仪式。第三次世界妇女大会于1985年在肯尼亚首都内罗毕举行，会议通过了《到2000年提高妇女地位内罗毕前瞻性战略》（简称《内罗毕战略》）。第四次世界妇女大会于1995年在中国首都北京举行，通过了旨在提高全球妇女地位的《北京宣言》和《行动纲领》。

世界妇女大会促进了全球妇女交流与合作，并且促使各国在许多重要问题上达成一致。会议通过的宣言或纲要，是指导全球妇女事业前进的重要指导性文件，其内容既有目标要求，也有策略措施；既反映了世界各国妇女在政治、经济、社会和文化等各个领域中的要求和意愿，又对各国进一步实现男女平等目标形成指导和督促。

以第四次世界妇女大会《行动纲领》为例，它详细阐述了全球妇女发展的12个主要关切领域及其战略目标和措施：贫困、教育和培训、健康、针对女性的暴力、经济、军事冲突、人权、权力与决策、传媒、性别平等机制、环境、女童。它反映了各国妇女共同关心的问题，确定了各国和国际社会提高妇女地位方面的共同目标，具有强烈的现实指导意义。《行动纲领》还提出了具有前瞻性和战略性的目标措施，它明确提出社会性别主流化的目标，并以此作为提高两性平等的一项全球性策略，使各国逐步认识到确保两性平等是一切经济社会发展领域的首要目标，把性别问题纳入决策主流，把社会性别意识纳入国家意识的主流，这在全球妇女发展进程中实现了一次有影响力的突破，具有伟大意义。

综上可见，在全球化的时代，性别平等和妇女发展是世界各国共同关注的议题和发展目标。在国际妇女发展进程中，各国应从本国的国情出发，结合国际公约和重要发展目标框架的要求，加强内省与改革，将社会性别意识纳入各领域的决策之中，进一步消除性别歧视现象，营造有利于妇女发展的社会环境，以实现男女平等享有权利和机会，共享改革发展成果。

实践策略篇

教育权、就业权、参政权是妇女最基本、最重要的三项权利。本篇聚焦当代妇女发展的重要关切领域——教育、就业和参政，对公共政策的演进历程、现实问题与需求、完善目标与路径等进行社会性别分析，既彰显公共政策在推进性别平等和妇女发展中的作用与意义，又进一步探索将社会性别意识纳入公共政策发展进程，为落实男女平等基本国策和“将性别平等落到实处”的目标做出努力。

第五章

教育政策的社会性别分析

教育是人们习得知识、技能，发展智力和体力，培养思想品德的过程。接受教育是一项基本人权，是实现平等、和谐与发展的一个重要工具。对女性而言，教育是挖掘其潜质、提高其素质、促进其全面发展的重要手段，也是其社会参与的必要条件。受教育程度是衡量女性社会地位的重要指标。

教育是人的社会化过程和手段，是一种社会的、家庭的、制度的、传统的、心理的、多方面复杂交织发展的混合体。女性教育随着社会历史的发展而变化，它是历史的、发展的。纵观女性教育历程，可以看到教育对女性成长的影响和给女性发展带来的改变。进入信息技术时代，教育对于女性发展的意义更加重要。

新中国成立以来，我国通过制定和实施体现男女平等原则的教育法律法规，从根本上保障了妇女同男子享有平等的受教育权利。妇女受教育状况不断改善，受教育水平大幅提升。为了进一步实现教育公平，促进女性全面发展，本章运用社会性别理论梳理和探究教育领域的现实问题，并从公共政策改革角度提出积极的思考与建议。

第一节　妇女教育的历程与政策概况

教育政策，是我国政策体系中非常重要的组成部分，体现了党和国家在特定历史与现实条件下对教育发展的主要目标和任务。每个时期的教育政策，都是围绕党和国家当时的基本任务、基本方针而制定的关于教育的基本行为准则。因此，教育政策是一定社会文化、价值理念和制度形态的反映，也是国家和社会教育资源分配原则的体现。

具体的教育政策带有特定的时代印记，具有不同的价值取向和实践规则。古代教育制度带有强烈的阶级属性和男权特点，将女性排斥在正统教育体系之外。近代教育政策在“自然权利”等框架下逐渐重视女性教育。当代教育政策既具有国家性质，也具有公共性质。一方面，教育政策反映国家意志，并依靠国家力量贯彻执行；另一方面，教育政策要体现全体公民的教育利益，具有普惠性和公益性。教育公平是我国教育改革的目标，男女平等地享受教育资源和机会是教育公平的题中应有之义。梳理我国教育政策的历史与现状，分析具体教育政策的价值取向，有利于助力教育改革与发展，进而促进人的自由、全面发展。

一、我国女性教育历程

在社会性别视角下梳理我国历史上教育政策与相关机制，可以呈现不同时代背景对教育的影响，也可审视教育领域以男性为中心的价值导向及其对妇女受教育的影响。伴随着近代以来的社会变革，男女平等的理念逐渐成为教育政策的主要依据，妇女受教育水平显著提高，教育目标也转向妇女自身价值与社会价值的实现。

1. 古代女子教育

中国古代教育制度伴随着人类进入文明时代而发展起来。经过夏、商、周三代，以学校为教育机构的教育方式发展起来，西周时教育以官学为主，主要内容为“六艺”（礼、乐、射、御、书、数），春秋时期以孔子为代表的私学兴起，倡导新“六艺”（诗、书、礼、乐、易、春秋）。其后的时代教育制度也不断丰富和发展，汉代办太学，隋代设置了总管教育的国子寺，宋、明时期书院兴盛，国家自上而下形成了“国子监—府州县学—乡学”的学制系统。但是，无论是官学还是私学，教育的发展和制度规范带有明显的阶级性和男权特点，并非所有的人都可以进入学制系统学习，进入学制的仅限于男性。男性可以通过“学而优则仕”，进入统治阶层，维护三纲五常的封建秩序，而女性被排除在封建教育体制之外。那么，女性教育如何开展呢？女性如何习得知识与技能，培养性格与德行呢？

其实，教育在更为宽泛的意义上，除了上述学制之内，还包括所有学习过程和学习途径。从这个层面上讲，女性也受教育，但形式、内容、目的与男性截然不同。传统的女性教育，以《女诫》《女孝经》《女论语》等为主要内容，以学习领悟三从四德的道德规范为目的，重在对女性道德、言谈举止、仪容修饰和家务技能四个方面进行训练与教化。这种女性教育的核心，是提高女性服侍丈夫、教育子女的能力，是将女性自己的全部人生价值置于相夫教子之上，完全否定了女性的独立人格和社会价值。

从汉代到清朝前期，女性教育书籍层出不穷。明代时《内训》《女论语》《女范捷录》《女诫》被合编为《女四书》，成为女性受教育的必读教材。受程朱理学的影响，明清女性教育在道德修养方面的要求更加严厉，把“夫为妻纲”提到了女德之首，对女性贞节的要求也达到登峰造极的地步。

可见，古代教育制度以三纲五常、三从四德、男尊女卑为核心，长期将女性教育置于私人领域，将“贤妻良母”作为女性教育的主要目的和人生价值，这种教育理念和做法限制了女性的教育内容、目标和意义，贬低和忽视妇女受教育对自身理性发展和社会参与的价值，是以男性为中心的、男尊女卑的父权社会对女性角色和道德禀赋的一种压制。古代教育政策，在特定的阶级社会中被作为维护性别不平等关系的一种渠道和手段，不断塑造“男女有别、男尊女卑”的性别模式。至近代，教育被视为导致女性屈从地位的重要原因，也成为男女平等思想首先挑战的一个领域。

2. 近代女子教育

女子接受家庭之外的教育，最初始于明清启蒙思想家李贽、袁枚等人公开招收女弟子的做法，但真正的女性教育变革是从近代开始的。

19世纪中后期，资产阶级维新派、西方传教士、具有新思想的官商士绅开始兴办女学堂。1902年，清政府在维新派推动下颁发中国近代教育史上第一部学校制度《钦定学堂章程》；1905年，废除实行了一千三百年的科举制度。但新的学制，没有女子教育的位置，民办女学堂的风气却日益兴盛。直到1907年清政府终于将女子小学和师范教育纳入学制，颁布《奏定女子小学堂章程》，对女子教育学制进行了规定：女子小学教育实行四四学制，7～10岁进入初等小学堂，11～14岁进入高等小学堂，男女小学堂分设，不得混合。同年，清政府颁布《奏定女子师范学堂章程》，标志着女子教育从此正式纳入学制。不过此时女性教育仍旧没能挣脱封建社会制度的控制，灌输的仍旧是贤妻良母主义。

中华民国建立后，女子教育有所发展，法律上规定了国民受教育的机会一律平等。1929年，《中华民国教育宗旨及其实施方针》规定：男女教育机会平等。《中华民国训政时期约法》规定，男女教育机会一律均等。1935年，《中华民国宪法草案》和《中华民国宪法》中均有相关规定。女性各层级的教育基本纳入了正规学制，包括小学、中学、师范和职业教育。1920年以后，大学也开始招收女生。但民国时期教育总体水平很低，文盲率达到80%以上。女子教育比例更低，1931—1945年间，仅有780多万名女子受过初等教育，女性文盲率为90%。①

中国共产党一向重视女子教育。1922年的《中国共产党第二次全国代表大会宣言》把妇女在教育上享受平等权利列为民主革命时期的奋斗目标之一。党的各类教育机构都招收女生。湖南自

① 韦钰：《中国妇女教育》，浙江教育出版社，1995，第14页。

修大学、上海大学、广州农民运动讲习所坚持男女兼收。工人补习学校、子弟学校和农民学校等都吸收妇女接受教育。根据地的红军大学、苏维埃大学、马克思共产主义大学等都招收女学员。中央列宁师范和各级师范学校降低入学要求，扩大招收女生。另外，上海创办的平民女校专门培养妇女干部。其他地方还有妇女训练班、妇女职业改进社和妇女职业学校等专门培养女性人才的机构。1938年，延安成立专门培养女大学生的中国女子大学。1949年，据东北解放区统计显示，解放区的正规大学中女生占17.5%；妇女夜校、识字班、半日校、冬校、民校等教育方式遍布各地。邓颖超曾对解放区的女性教育给予了高度评价："解放区妇女所走的道路，是我们全国妇女的榜样。"①

近代女性教育的意义开始转变，从原来单纯的相夫教子功能转向了社会参与、社会革命和社会建设等领域，妇女权利开始进入法律和政策议题，女性的家庭和社会角色变得更为多元，人格独立和个体发展逐步成为社会共识。

3. 新中国成立以来的女子教育

1949年新中国成立以来，政府以法律形式确定了妇女在政治、经济、教育、科技、文化等各个方面享有与男子同等的权利。1949年通过的《共同纲领》和1954年颁布的《中华人民共和国宪法》中均明确规定，妇女在文化教育方面享有与男子平等的权利。1986年颁布的《中华人民共和国义务教育法》、1992年颁布的《中华人民共和国妇女权益保障法》、1995年颁布的《中华

① 韦钰：《中国妇女教育》，浙江教育出版社，1995，第19页、第23页。

人民共和国教育法》、1996年颁布的《中华人民共和国职业教育法》等都以立法的形式规定了男女享有平等的受教育权利。1995年以来的四期《中国妇女发展纲要》均把教育作为推进性别平等的优先领域之一。党的十八大以来，国家制定《国家教育事业发展“十三五”规划》，提出要进一步保障妇女儿童平等受教育的权利。此外，国家在《中华人民共和国未成年人保护法》《中国教育改革和发展纲要》《中国儿童发展纲要》《关于进一步加强贫困地区、民族地区女童教育工作的十条意见》等重要政策法规中均强调女童的教育权利。

为了推进女性教育，国家层面采取了一系列行之有效的政策措施。新中国成立以来，我国政府多次开展全国性的扫盲运动，并取得斐然成绩。全国15岁及以上女性人口文盲率由新中国成立前的90%降至2017年的7.3%，实现历史巨变；国家不断加大义务教育投入，制定女童专项扶助政策，实施“春蕾计划”和“希望工程”等助学项目。2017年，女童小学净入学率达到99.9%，与男童完全相同；普通小学和普通初中在校生中女生比例分别达到46.5%和46.4%，比1951年分别提高18.5和20.8个百分点；妇女接受高中阶段和高等教育水平不断提高。2017年，高中阶段教育女生占在校生总数的47.7%，其中普通高中在校生中女生比例已达50.9%。2017年，普通高等学校女生占在校生总数的比例已达52.5%，比1949年提高32.7个百分点；女研究生占研究生总数的比例已达48.4%，比1985年提高29.8个百分点。[①]

此外，女性参与职业教育和继续教育、女童参加学前教育等

① 中华人民共和国国务院新闻办公室编《平等 发展 共享：新中国70年妇女事业的发展与进步》，人民出版社，2019，第26—30页。

方面的机会也显著增加。2019年，《中国妇女发展纲要（2011—2020年）》统计监测报告显示，小学阶段，学龄儿童净入学率接近100%，女童与男童无明显差距；学前教育女童所占比重为46.9%，比2010年提高1.4个百分点；学前教育毛入园率为83.4%，比2010年的56.6%提高26.8个百分点，取得显著成绩，提前实现了《中国儿童发展纲要（2011—2020年）》中70%的目标。[①]可见，女童在入学、入园机会平等方面取得较高程度保障，接受学前教育的比重也得到显著提高。

综上可见，新中国成立以来，妇女教育权利得到保障和落实。进入21世纪，在优先发展教育、积极推进教育公平的进程中，我国教育事业取得更为显著的成绩，义务教育阶段的性别差距基本消除，女性接受高中和高等教育水平显著提高，女性文盲比例显著降低，妇女受教育水平大幅提升。

二、我国现行教育政策法规

党和国家历来重视基础教育事业的发展。自新中国成立以来，特别是改革开放40年来，我国制定了一系列保护女性平等受教育权的政策法规，在很大程度上保障了女性的受教育权利。国家保障妇女受教育权的各项机制也在不断健全。国务院妇女儿童工作委员会和全国妇联等共同推进妇女教育事业的发展；妇女教育的法律政策日趋丰富和完善，社会性别评估逐步纳入教育系统和法律政策评估；国家用于妇女教育的经费和资源不断增加，妇

① 国家统计局：2019年《中国妇女发展纲要（2011—2020年）》统计监测报告，中国政府网：http://www.gov.cn/xinwen/2020-12/19/content_5571135.htm。

女教育统计与监测评估不断增强。[①]但是，现实生活中教育领域的性别不平等、发展不均衡等现象依然存在，这对新时代教育政策法规的制定和执行都提出了更高的要求。

1. 体现性别平等意识的教育法规和政策

教育政策本质上是对国家和社会教育资源进行分配和控制，同时也是反映国家价值导向的重要方面。教育政策具有公共性，要符合公共利益，是实现公平正义的重要组成部分。性别平等是我国教育政策价值导向的要素。从国家层面来看，宪法是我国性别平等政策的主要原则和依据，基于此而制定的教育领域法律和具体政策中有相应的性别平等和保护妇女权益的规定，比如《中华人民共和国教育法》《中华人民共和国妇女权益保障法》等。

第一，体现性别平等的教育政策，追根溯源是基于宪法而制定的。宪法是国家的根本大法，规定国家的根本任务和根本制度，即社会制度、国家制度的原则和国家政权的组织以及公民的基本权利义务等内容。宪法拥有最高法律效力。宪法中关于妇女教育权利的规定是我国教育政策的根本原则。我国第一部宪法（1954）第九十六条规定："中华人民共和国妇女在政治的、经济的、文化的、社会的和家庭的生活各方面享有同男子平等的权利。"这一规定明确了男女平等的教育权利，为其他教育政策的制定和实施提供了法律依据和价值引导。

第二，教育法作为我国教育工作的根本大法，是依法治教的根本大法，是促进教育的改革与发展，建立具有中国特色的社会

① 林丹燕：《新中国70年中国妇女教育的进步与成就》，《中国妇运》2019年第9期。

主义现代化教育制度的法律保障。教育法第九条规定："中华人民共和国公民有受教育的权利和义务。公民不分民族、种族、性别、职业、财产状况、宗教信仰等，依法享有平等的受教育机会。"第三十六条规定："受教育者在入学、升学、就业等方面依法享有平等权利。学校和有关行政部门应当按照国家有关规定，保障女子在入学、升学、就业、授予学位、派出留学等方面享有同男子平等的权利。"这从法律角度强调了女性接受教育的必要性和强制性，是国家对妇女受教育权的法律保障。

第三，妇女权益保障法规定："国家保障妇女享有与男子平等的文化教育权利""学校和有关部门应当执行国家有关规定，保障妇女在入学、升学、毕业分配、授予学位、派出留学等方面享有与男子平等的权利。学校在录取学生时，除特殊专业外，不得以性别为由拒绝录取女性或者提高对女性的录取标准。"此外，《中华人民共和国未成年人保护法》①《中华人民共和国义务教育法》②《中华人民共和国职业教育法》③等均对男女平等的教育权利给予了明确规定。

---

① 《中华人民共和国未成年人保护法》（2006修订）第三条规定，未成年人享有受教育权，国家、社会、学校和家庭尊重和保障未成年人的受教育权。未成年人不分性别、民族、种族、家庭财产状况、宗教信仰等，依法平等地享有权利。《中华人民共和国未成年人保护法》（2020修订）第三条进一步明确规定，未成年人依法平等地享有各项权利，不因本人及其父母或者其他监护人的民族、种族、性别、户籍、职业、宗教信仰、教育程度、家庭状况、身心健康状况等受到歧视。

② 《中华人民共和国义务教育法》（2018修正）第四条规定，凡具有中华人民共和国国籍的适龄儿童、少年，不分性别、民族、种族、家庭财产状况、宗教信仰等，依法享有平等接受义务教育的权利，并履行接受义务教育的义务。

③ 《中华人民共和国职业教育法》（1996）第七条规定，国家采取措施，发展农村职业教育，扶持少数民族地区、边远贫困地区职业教育的发展。国家采取措施，帮助妇女接受职业教育，组织失业人员接受各种形式的职业教育，扶持残疾人职业教育的发展。

第四，男女平等作为一项基本国策，对其他政策的制定和实施也提出了性别平等的要求。在《中国妇女发展纲要》和《中国儿童发展纲要》等国家政策文件中，将妇女教育作为一个优先发展的重点领域，妇女教育权利和教育机会也放在妇女发展目标的重要位置。《中国妇女发展纲要（2011—2020年）》在总目标中规定，保障妇女“平等享有受教育的权利和机会，受教育程度持续提高”，在具体目标中规定“教育工作全面贯彻性别平等原则”。2021年新颁布的《中国妇女发展纲要（2021—2030年）》在总目标中再次强调“妇女平等享有受教育权利，素质能力持续提高”。并且男女平等基本国策正式纳入具体教育目标中，要求“教育工作全面贯彻男女平等基本国策，大中小学性别平等教育全面推进，大力培养女性科技人才”等。

第五，教育相关法律政策中性别视角逐渐体现出来。2014年教育部印发的《义务教育学校管理标准（试行）》中专门规定，制定保障教育公平的制度，通过宣传栏和校园网等多种形式进行宣传，不让一名学生因学习、家庭、身体、性别等因素而受到歧视。国家和地方还出台了一系列保护女童、支持女童教育的法律和政策。对女童的保护是教育政策法规中不可或缺的一环。上文提到的国家和部门法律政策除了包含对于妇女受教育权利的规定，也基本上都有关注女童教育的特别规定和具体措施，将女童教育作为教育领域优先发展的内容和普及义务教育的重大环节，作为教育法规落实的一项重要内容，依法进行监测评估。女童的入学率、辍学率等指标成为“普及九年制义务教育”评估重点之一，也是《中国妇女发展纲要》和《中国儿童发展纲要》的重点评估内容。

此外，对女童实施积极政策，予以特别支持的政策和具体项目在保障女童受教育机会方面显示出独特的价值。1996年原国家教委印发《关于进一步加强贫困地区、民族地区女童教育工作的十条意见》，要求各级政府和教育部门采取有力措施，制定女童专项扶助政策，保障女童接受义务教育的权利。从2001年开始，政府启动实施农村义务教育阶段“两免一补”政策，也就是免教科书费、免杂费，补助寄宿生的生活费。这三项措施大大增加了贫困女童接受教育的机会。2015年，中共中央、国务院出台《中共中央 国务院关于打赢脱贫攻坚战的决定》，强调“两不愁，三保障”总体目标，其中，把“义务教育有保障”作为脱贫的基本指标，为进一步消除贫困地区女童的辍学现象、全面落实女童受教育权提供了重要保障。社会上支持女童教育的项目以“希望工程”和“春蕾计划”为代表，持续助力减少贫困地区的女童失学问题。此外，各部门和地方政府也出台了一系列保护女童安全的政策法规。2013年，教育部、全国妇联等五部门联合印发《关于加强义务教育阶段农村留守儿童关爱和教育工作的意见》，具体提出“三优先”“四加强”“三支持”的工作任务，各地也据此制定了相应的女童安全保护的地方性法规和政策。

综上可见，从宪法到各项具体教育政策中对妇女教育权利和教育机会的规定，性别平等意识已经逐渐纳入我国教育政策的主流，对切实保障妇女受教育权和促进教育领域的性别平等起到重要作用。但是现实生活中仍然存在女童失学、女童安全、家庭和社会的教育资源分配不均、教育领域性别盲区，以及对女性教育中某些问题的忽视等，需要在公共政策制定和实施中进行积极探究和完善。

2. 性别中立和缺乏性别敏感的教育政策

教育领域许多政策具有公共性质，在调整公共利益方面发挥了重要作用，但却属于性别中立或缺乏性别敏感的政策。这样的政策通常以性别中立的立场，将政策客体默认为所有社会成员，并不强调某一性别的特定权利，也不考虑政策对不同性别的影响会存在差异。以《中华人民共和国未成年人保护法》为例，只在第十条的规定中有一定的性别视角："父母或者其他监护人应当创造良好、和睦的家庭环境，依法履行对未成年人的监护职责和抚养义务。禁止对未成年人实施家庭暴力，禁止虐待、遗弃未成年人，禁止溺婴和其他残害婴儿的行为，不得歧视女性未成年人或者有残疾的未成年人。"但是，在学校保护、社会保护、司法保护、法律责任等部分都没有考虑未成年人的性别差异，未对女童的人身安全等方面作出特别规定。

教育领域的一些重要法律法规也存在没有考虑性别视角的问题，对现实中存在的性别问题缺乏回应。比如，《中华人民共和国教师法》（1993）、《中华人民共和国高等教育法》（1998）、《中华人民共和国学位条例》（1980）、《中华人民共和国国家通用语言文字法》（2000）、《中华人民共和国民办教育促进法》（2002）中均没有提到有关性别的明确表述，而且截至2019年，以上各项法律的修订版本中也没有加入与性别相关的内容。此外，《教师资格条例》（1995）、《幼儿园管理条例》（1989）、《高等学校校园秩序管理若干规定》（1995）、《中小学教师继续教育规定》（1999）、《民办高等学校办学管理若干规定》（2007）等行政法规和规章制度中也没有涉及性别议题。[1]

从教育行政部门现行政策角度来看，并未对妇女教育政策给予足够关注，甚至是只字未提。在《中国教育改革和发展纲要》（1993）中仅提出要“培养子女具有良好的品德和行为习惯”，并未涉及妇女的教育权利和男女平等。例如，《中国妇女发展纲要（2001—2010年）》提出，要将妇女教育的主要目标纳入国家的教育发展规划。《中国妇女发展纲要（2011—2020年）》进一步提出教育工作全面贯彻性别平等原则的目标，并要求在教育法规、政策和规划的制定、修订、执行和评估中，增加性别视角，落实性别平等原则。但是，《国家中长期教育改革和发展规划纲要（2010—2020年）》等重要教育规划和政策并未将性别平等作为一个议题纳入其中。从这些重要政策的文本分析可以看出，部门规划和具体法规政策通常将受教育者作为一个整体来对待，虽然在一定程度上维护了妇女的受教育权，但是对妇女教育权利和教育机会等方面存在的现实问题不够重视，并未真正体现男女平等基本国策、宪法和教育法的相关要求。

此外，有些法律法规和政策缺乏性别敏感，在执行过程中会出现偏差或难以落实。例如，2013年教育部发布《2013年普通高等学校招生工作规定》，第43条规定：“除军事、国防和公共安全等部分特殊院校（专业）外，高校不得规定男女生录取比例。”但是，从现实数据来看，高等学校在招生过程中存在其他专业违规“分性别划线”的现象，导致有些专业的入学门槛女性高于男性，有些院校的某些专业只为男性开放。

---

① 武晓伟、林清凤：《我国现行教育法律政策对性别平等的影响》，《中华女子学院学报》2020年第3期。

从总体上看，我国现行公共教育政策法规是指向性别平等的，也能够在较高层面上保障妇女享有与男子平等的教育权利，共享教育领域的资源和成果。但从地方和部门的具体政策来看，性别平等视角尚未贯彻到具体政策中，大量性别中立或缺乏性别敏感的政策存在。一些具有性别平等取向的教育政策，也经常因为缺乏保障条件和充足的实施，以及必要的评估审查机制而无法落实到位，特别是对弱势女性群体的教育权益保护、教育工作者的性别平等观念等方面仍存在不足。男女平等基本国策、宪法中的性别平等规定、妇女权益保障法的规定和《中国妇女发展纲要》《中国儿童发展纲要》的目标任务依然有待具体化政策的完善与落实。此外，在新时代背景下，女童教育权利与安全保护、教育工作者性别平等意识的提升、教育理念和教育内容中体现性别平等视角、妇女研究和专业人才培养，以及女性科技人才教育支持等，依然是公共政策和公共管理面临的重要任务。

第二节　教育领域的性别歧视问题

2015年《中国性别平等与妇女发展》白皮书指出，中国男女教育程度差距显著缩小。2014年数据显示："普通高校本专科、硕士在校生女性比例分别为52.1%和51.6%，博士研究生在校生中的女性比例增至36.9%。”[①]另外，如前文所述，随着经济社会发展，我国政府在教育方面的投入不断增加，学前教育和义务教育阶段、高中教育、高等教育中，男女生的入学率近乎等同。从数据来看，我国男女教育权利得到了普遍保证，教育机会是基本均等的。但事实并非如此，这些数字的变化或许只证明了教育领域积极的变化趋势，而在这种趋势之下仍存在诸多影响教育性别平等的因素，男女在教育机会、教育质量、教育层级、教育内容、教育理念、教育方式等方面仍然存在区别对待和歧视性做法，比如基于性别而对入学、升学进行调控或基于性别的学科、专业隔离等。

一、高等教育中的性别歧视现象

高等教育中的性别不公平主要体现在教育层次、教育类型、教育内容、教育资源等方面的性别不均衡及男女区别对待等。

1. 高等教育机会上的性别问题

21世纪，随着高等教育的扩招和高层次教育的发展，高等教育的学生数量不断增长，硕士生、博士生的数量也显著上升。女性在高等教育学生中的占比也逐步提升，近10年中从专科到硕士层次，男女生的比例非常接近，并且出现女生占比超过男生的情况。从2005—2019年的《中国教育统计年鉴》数据来看，2006年，专科在校生女性占比50.13%，开始超过男性；2011年本科

① 国务院新闻办公室：《中国性别平等与妇女发展》，人民出版社，2015，第9页。

在校生女性占比超过男性，达到50.40%，2019年上升到51.7%；2010年硕士研究生中女性占比50.36%，超过男性；2019年女研究生占比达到50.6%。[①]从这些数据来看，在过去15年中，专科、本科和研究生层次在校生中女性占比均得到提升，并且专科层次在校生中女性比例有下降的趋势，基本都低于本科在校生中女性比例。

但是，博士层次教育中女性占比一直处于低位（基本维持在40%以内），过去15年中这一比例虽逐步提升，但提升幅度很小。近10年中女博士研究生占比平均值为37.93%，明显处于劣势。这对于女性进一步增强专业能力、提升就业质量、在科学技术领域有所作为等均有不利影响。

而且，研究生层次女性比例高与女大学生就业难的现状有着一定的关联。据统计，2017年我国高校毕业生人数达700万人，其中女性大学毕业生占总毕业生的一半之多，而就业率却仅为男性的2/3。其原因是大量女大学生一毕业就面临着失业的问题。女大学生就业难使得自身价值无法发挥出来，造成了一种人力资源的浪费，也容易引发社会问题。于是，考研成为女性推迟就业的一个选择。

此外，高等学校入学机会还存在地域、城乡等方面的性别差异。统计数字上较高的女大学生、女硕士研究生比例，容易被视为全国平均的状况，遮蔽了数字背后不均衡的地域分布、城乡分布等现实问题。相较于城市女生高等教育入学率来说，农村女生

① 国家统计局：《2019年〈中国妇女发展纲要（2011—2020年）〉统计监测报告》，中国政府网：http://www.gov.cn/xinwen/2020-12/19/content_5571135.htm，访问日期：2020年12月18日。

入学率相对偏低。

一项基于北京大学1978—2005年入学学生的家庭背景（以父亲为代表）、地区和城乡背景的比较研究[①]发现：在资源相对丰富的干部家庭（包括专业人员）中，女生入学比例最高（47.8%）；在父亲职业为工人的家庭中，男女生入学比例相差无几（男生14.8%、女生14.3%）；在父亲职业为农民的家庭中，男生比例很高（35.7%），女生比例很低（15.2%）。无论来自什么样的家庭，男生都可能有进入高等教育的机会，包括资源相对贫困的农民家庭，男生也有可能获得向上流动的机会；而女生则不然，通常只有在处于相对较高社会阶层的家庭中，才有可能获得高等教育的机会。另外，基于生源所在地的行政区域不同，男女生接受高等教育的机会也不同。根据刘云杉对北京大学学生的生源所在地的分析可以发现，来自城市的学生占79.01%，来自农村的学生为20.99%；在农村学生中，女生仅占4.2%。在资源相对薄弱的行政区（村与镇），男生和女生的性别差异较大（男生84.78%，女生15.22%）；在资源相对丰富的行政区（包括直辖市、省会城市、地级市、县级市），男生和女生的性别差距较小（男生62.49%，女生37.51%），特别是在直辖市，性别差距更小（男生53.95%，女生46.05%）。[②]这说明，在社会资源越少的区域，女性接受高等教育的阻力越大、障碍越多，女生的比例明显地随行政区域级别的降低而不断递减。

① 刘云杉：《女性进入精英群体：有代价的进步》，北京师范大学首届教育社会学论坛，《北京师范大学首届教育社会学论坛论文集》（下册），2007，第513—515页。

② 刘云杉：《女性进入精英群体：有代价的进步》，北京师范大学首届教育社会学论坛，《北京师范大学首届教育社会学论坛论文集》（下册），2007，第315—316页。

表2　2005—2019年各学历层次在校女大学生所占比例（%）[①]

学历＼年份	2005	2006	2007	2008	2009	2010	2011	2012	2013	2014	2015	2016	2017	2018	2019
专科	49.20	50.13	51.21	51.92	52.42	52.14	52.17	51.84	51.67	51.59	51.42	51.17	51.76	50.37	48.74
本科	45.30	46.32	47.36	48.15	48.89	49.68	50.40	51.03	51.78	52.46	53.08	53.44	53.74	53.99	53.90
硕士	46.02	46.36	47.19	48.16	49.63	50.36	50.89	51.46	51.38	51.65	52.15	53.14	49.88	51.18	52.17
博士	32.57	33.87	34.07	34.70	34.86	35.48	36.13	36.45	36.90	36.93	37.85	38.63	39.27	40.37	41.32

数据来源：2005—2019历年《中国教育统计年鉴》，详见中华人民共和国教育部政府门户网站http://www.moe.gov.cn/。

① 表格中的本科和专科两类指的是普通本科、普通专科，不包含成人教育和网络教育。

这说明两个层面的问题：其一，在高等教育获得的机会上，城乡的差距大于性别的差距，高等教育资源更多集中到城市男女学生的身上；其二，在农村稀缺的高等教育资源中，男生的入学比例远高于女生。接受高等教育的女生比例的提高，遮蔽了农村女生在接受高等教育机会上的多重歧视和比例过低的事实。由此可见，农村女生接受高等教育的机会，受到性别和阶层（贫困）的双重限制。

2. 高等教育专业和学科的性别隔离

首先，高等教育入学机会存在男女比例的争议和问题。在各类学校的招生过程中，男女生区别对待都曾有过报道，例如，部分高校小语种专业招生的性别限制问题，曾经引发社会争议，教育部因此作出回应，基于国家利益的考虑，对部分特殊行业或者岗位的特殊专业人才培养，按照特定程序，少数学校的部分专业可适当调整男女招生比例。按照教育部的规定，有三类专业允许男女按比例招生，包括：与特定职业要求紧密相关，且职业对男女比例有要求的专业，如军事、国防、公共安全类专业；从保护女性的角度适当限制女性报考的专业，如航海、采矿等；个别招生数量有限且社会需求有一定性别均衡要求的专业，如部分非通用语种专业、播音主持专业等。这三类专业的男女招生比例一般控制在1：1。但实际上许多高校在招生时并未按照这个比例，最终造成这些专业的男女比例悬殊，尤其在军事、国防、公安类院校。此外，还有许多艺术类专业，除了播音主持之外的许多专业也私自设置了男女比例，比如导演、动画、影视文学、编导、文化产业管理等，这完全不符合教育部的规定（比如教育部《2013

年普通高等学校招生工作规定》），甚至违反了国家高等教育法、妇女权益保障法等法律法规的规定。从现阶段我国高校招生政策实施情况来看，招生环节确实存在性别不均衡的做法，有时为了确保更多男生获得接受高等教育机会，而直接或间接地牺牲了一部分女生的入学机会，这实际上是对相关专业女生权利的一种侵害。

其次，男生女生高等教育专业存在性别隔离。虽然女性在专科、本科和硕士研究生层次的比重与男性接近，但是从具体的专业和学科角度来看，女性在专业选择和学科归属上通常集中在一些被认为是女性擅长的领域，比如学前教育专业、护理专业、语言类和文史类专业等，而在理工和经济类专业领域，女生所占比重远低于男生。这种专业和学科的性别分布使得女性接受教育的内容和未来的就业领域等都受到限制。这种学科和专业的性别隔离或分流，使得女生的职业常被定位于教师、医护等与女性传统角色相关的职业，女性在这些领域的工作似乎成为“妇女家庭角色的社会延伸”。而计算机、工程、建筑等一些有职业声望、收入高的专业领域通常以男性为主，而这些领域对应的高等教育专业也基本被描述为“男性专属”或者男性占绝对优势的专业。郭丛斌等2005年对东、中、西部地区34所高校毕业生中的理工科本科毕业生的统计分析表明，男女生专业性别隔离的现象非常明显。在理工类学科，尤其是物理和工科类学科中女生所占比例偏小，分别占33.98%和22.69%。[①]一项针对云南大学的研究表明，男女生在不同专业领域存在严重的性别失衡现象：女生仍然主要

① 郭丛斌、曾满超、丁小浩：《中国高校理工类学生教育及就业状况的性别差异》，《高等教育研究》2007年第11期。

集中在文学与新闻、经济学、国际关系学、外国语、情报与档案、国际现代艺术设计等人文学科，特别是外语学院女生比例高达83.33%；而男生则主要集中在生命科学与技术、数理、信息、软件、化学与材料工程、城市建设与管理、体育教学研究等领域，特别是体育教学研究专业女生比例低到12.12%，专业的性别隔离显而易见。[①]这种性别隔离现象是普遍存在的。

此外，高等教育中性别平等教育比较贫乏，一方面，性别平等相关课程比较少，导致学生不能形成较为普遍的性别平等意识，树立先进性别文化观念；另一方面，大学教师接受过性别平等相关训练和评估的比例较低，所以在教学内容、教学理念和教学方法上会存在性别刻板印象，不利于学生的学业成长和价值观形成。

综上可见，在高等教育领域，不同教育层次、不同学科专业的非均衡分布，表明女性获得优质高等教育的机会少于男性，女性接受高层次的教育机会不多，女性选择薪资预期高、就业率高、失业率低的绿牌专业的机会偏低。所以，尽管女生在大学生中的占比偏高，但进入高等教育领域后，女生和男生在教育起点、教育过程和教育结果上，仍存在明显的社会性别差异和性别歧视。

二、义务教育中的性别问题

进入21世纪以来，我国义务教育取得了显著的成果。根据

① 甘开鹏：《平等与隔离：关于女性高等教育的现状分析》，《辽宁教育研究》2006年第9期。

《全国教育事业发展统计公报》的数据显示，2019年全国共有义务教育阶段学校21.26万所，招生3507.89万人，在校生1.54亿人，专任教师1001.65万人，义务教育阶段入学率接近100%，基本实现了义务教育全覆盖。九年义务教育巩固率[①]是评价义务教育发展的一个重要指标，2020年九年义务教育巩固率为95.0%，相较于2015年九年义务教育巩固率93.0%，提升了2个百分点，比2010年提升了3.9个百分点；初中毕业生升学率也保持在高位水平，2015年为94.1%，2016年为93.7%。[②]这些数据表明，我国城乡儿童在义务教育阶段的受教育机会上的差距日趋缩小，但城乡教育方面依然存在一些有待解决的问题。城镇家庭和农村家庭的子女在最终的学业成就和教育获得上，仍旧存在着显著差异。

1.城乡二元结构背景下产生的义务教育差异

研究表明，城乡二元结构对于教育的影响是非常明显的。一方面，城乡教育资源、教育环境、教育质量等方面存在差异；另一方面，城乡家庭对教育的投入、教育规划等方面也有显著差异。从教育投入来看，城乡家庭教育投入的数量与比重差距明显。

针对这一情况，我国制定了一系列政策来改善这一社会现实。党的十九大报告指出：“推动城乡义务教育一体化发展，高度重视农村义务教育，办好学前教育、特殊教育和网络教育，普及高中阶段教育，努力让每个孩子都能享有公平而有质量的教

---

① 九年义务教育巩固率，是指初中毕业班学生数占该年级入小学一年级时学生数的百分比。

② 教育部：《教育发展统计公报》，详见中华人民共和国教育部政府门户网站http://www.moe.gov.cn/jyb_sjzl/sjzl_fztjgb/。

育……健全学生资助制度，使绝大多数城乡新增劳动力接受高中阶段教育、更多接受高等教育。”《国家中长期教育改革和发展规划纲要（2010—2020年）》的战略目标中也将城乡教育差距作为一个重要内容：“将建成覆盖城乡的基本公共教育服务体系，实现基本公共教育服务均等化，缩小区域差距。”另外，我国政府通过出台多项保障流动人口子女义务教育权的实现的具体政策，使农村流动人口子女义务教育问题得到显著改善。

但是，近些年农村义务教育方面存在一些新的问题。比如，新型城镇化进程中，部分地区出现教育水平的“倒退现象”。尽管在城镇化过程中，城乡居民对教育投入小幅增加，但城乡教育投入的绝对差进一步拉大，也是难以回避的事实。研究表明，城镇教育支出几乎为乡村的2倍，城乡发展不平衡有扩大的趋势。通过对中国统计年鉴数据等资料的分析表明，2013年城镇居民人均教育支出占城镇居民人均可支配收入的比例约为7.5%，2016年约为7.8%；而2013年农村居民人均教育支出占农村居民人均可支配收入的比例约为8.0%，2016年约为8.7%。[①]可见，农村家庭在教育投入上占比更高，并且城乡居民人均可支配收入差距较大，影响城乡对教育的投入和支付能力。2013年绝对差为17037.4元，2016年为21252.8元。[②]这种现象的出现，是由于深层次的城乡二元结构，导致了经济、文化、社会地位等方面的城乡差异。城乡收入的差距扩大，加上农村教育支出占比高等因素的综合作用，导致农村家庭教育投入的支付能力和选择范围都会受到消极

① 张琪：《社会性别视角下城乡家庭对义务教育阶段子女的教育投入分析》，《基础教育研究》2018年第21期。

② 同上。

影响，而城镇家庭则相对可以更游刃有余地负担家庭教育投入费用，做出更好的教育资源选择。

在这种情况下，当家庭资源出现竞争或家庭教育投入不足时，受到传统文化习俗和家长性别观念等因素的影响，女孩受教育的机会比男孩更容易被限制。

2. 义务教育阶段存在刻板定型和隐性歧视

国家统计局公布的数据显示，女生占全部在校生的比例近年来稳定在46.4%～46.6%，2018年女生占比为46.5%。2018年，小学学龄儿童净入学率接近100%，女童与男童无明显差距。这显示出我国义务教育阶段教育机会上的性别差距日渐缩小。但是，教育机会上的平等，不能仅靠入学率和在学率来反映，还要看结果是否平等。另外，还要评估教育过程、教育内容、教育理念和教育方式等有没有真正体现性别平等。

首先，教育内容上存在性别刻板定型。

教材文化是体现在教材内容及教学活动中的社会文化，代表着社会权威的知识、价值和观念系统，明确显示社会领导阶级为青少年社会化所选择的特定教学内容，它是传输知识、传播价值观念和意识形态的工具。①教育社会学者阿普尔曾经指出：“学校中的知识，不论是显著或隐藏的，都与权力、经济资源和社会控制有关。知识的选择，即使是无意识的，也都与意识形态有

① 曾天山：《论教材文化中的性别偏见》，《西北师大学报（社会科学版）》1995年第4期：34—39。

关。”[①]教材中隐含的男强女弱、男主女从、男尊女卑等价值观念，会在无形中影响学生的性别意识和性别观念。因此，学界对于教材的相关研究分析络绎不绝，也推动了许多领域教材的修订完善，但是至今性别刻板定型在教材中依然存在，难以彻底消除。

有研究者对我国中小学教材中的人物插图和男女两性的角色定位及能力、性格等方面的描述进行量化的统计分析，发现中小学教材中存在着性别不平等的内容：第一，男女两性在课文和插图中的出现频率方面存在巨大差异，严重忽视女性人物；教科书中描写女性人物的课文只占以写人为主的课文总篇数的11.89%，女性人物插图也只占人物插图总数的16.5%[②]，性别角色极为不均衡的呈现，使得女性人物在教科书中的地位显得微不足道。第二，教材中男女两性在职业角色、性别观念和能力、性格等方面的描述存在刻板定型，继续复制和传播“男主外、女主内”“男强女弱”“男主女从”“男尊女卑”的陈旧性别观念。第三，教材中缺少对女性人物榜样作用的呈现，通常默认或突出男性在社会和历史中的重要贡献，而忽视女性对社会所作的贡献。教育过程中存在这些片面呈现和刻板定型的现象，反映出教材编者存在性别偏见或性别盲视问题，并且忽视了教材等内容在传播先进文化和进步价值观方面的重要作用。

也有学者对教育部统编本七年级《语文》[③]教材中人物的性

① 颜庆祥：《教科书政治意识形态分析：两岸国（初）中历史教科书比较》，五南图书出版社，1997，第36页。

② 陈应心：《社会性别理论及其对我国教育改革的启示》，《当代教育科学》2008年第9期。

③ 教育部组织编写《义务教育课程标准实验教科书·语文》（七年级上、下册），人民教育出版社，2016。

别角色结构进行了统计分析，发现男性角色依然占主体。在统编本七年级教材中男性角色出现18位，占统计人数的69%，如七年级上册的《植树的牧羊人》中的牧羊人、《纪念白求恩》中的白求恩，七年级下册的《邓稼先》中的邓稼先、《台阶》中的父亲等。这些男性形象表现出的优良品质，多为无私奉献、为事业献身等。女性8位，占统计人数的31%，如七年级上册的《再塑生命的人》中的莎莉文、海伦·凯勒，七年级下册的《阿长与〈山海经〉》中的阿长等，主要表现女性热爱生活、聪明、善良等品质。相比之下，男性人物更凸显“以天下为已任”的家国情怀。从人物的职业属性来看，女性占比极少，而且仅有教师、作家、保姆这样的职业身份；而男性则以作家、教师、宇航员、科学家、医生、军人、长工、车夫等职业身份出现，显示出男性角色在社会中的多元化分布和责任担当。

除了教材，儿童文学作品、课外辅导机构教材、影视作品和网络平台上的内容等也普遍存在性别刻板定型的现象。这些对于儿童养成正确的自我认知和价值观非常不利，也容易复制陈旧性别角色，限制儿童充分享有教育权和发展权等。

2019年，深圳市某组织在开展“青春期生理心理健康教育”讲座时发放的《中小学青春期心理生理卫生常识手册》被网上举报，因为其内容存在严重的性别偏见和歧视。比如，该手册有一栏标题为“这样的女生，男生不喜欢”，列举了“长得丑还充美女、醋坛子、装清纯、歇斯底里、拜金”等十几项明显具有性别歧视的内容；在“女生喜欢的男生什么样”一栏下列举了“有主见、有钱的男人”这样的答案；在“男生到底喜欢什么类型的女生”一栏下，排在首位的是“漂亮”。虽然相关部门查处了该项目的相关人员，但是编写者和相关人士的价值观却令人深刻反思。在男女平等已成基本国策的今天，并且是在我国大力推进教育改革，努力实现教育公正的时代背景下，低俗、庸俗、媚俗的性别观念依然在教育领域此起彼伏。清理教育领域的性别陈规定型和偏见，需要各界的积极投入，亟待相关政策法规的具体落实。

其次，教育理念和教育方式中的性别偏见。

教师，是教育性别平等的直接执行者和传播者。教育过程中，教师在儿童学业、心智成长、价值观塑造等方面扮演重要角色。教师性别平等意识，不仅体现在教学内容上，而且贯穿于整个教学过程，包括教学理念、教学方式和教学方法等。教师的性别观念，通过言传身教，直接塑造着学生的性别意识和自我认同。但是，如果教师的性别观念存在性别偏见，那么会对学生产生直接且深刻的影响。

研究表明，中小学教师性别平等意识有待普及和提高。陈霞对江西某县农村中小学教师的性别意识现状进行了随机抽样调查，结果显示："中小学教师的男女平等观不成熟，教师的女性家庭角色意识浓厚，教师的女性发展观念受传统性别观念的影响较深，教师的性别态度不公正，存在性别刻板印象。"①赵琬对西安的小学教师进行抽样调查显示："尽管教师都认同两性均有获得平等的受教育与发展的权利，认为教育中的两性平等即为无性别差异的同等教育。但是，多数教师对于社会性别的概念较为陌生，依然较为认同传统性别观念的教师占很大比例；教师整体对

---

① 陈霞：《教师性别意识现状调查分析》，《黑龙江教育学院学报》2007年第9期。

传统的性别刻板偏见持反对态度，但仍有部分人认同传统的性别角色期待，且在对学生的性别角色塑造与引导时，延续着较为传统的做法。”①

义务教育阶段是儿童性别角色社会化的重要时期，教师的性别观念会直接影响儿童的价值观和行为方式的养成。如果教师墨守成规地认定男性是“坚强、独立、胆大、冒险、理性的，更适于从事公领域的、具有竞争性和创造性的工作；而女性则是温柔、内向、仔细、体贴、情感细腻、胆小的，适于从事私领域以及服务性的工作”，那么这种性别刻板印象就会传递给学生，并对学生产生引导和示范作用。这种带有性别偏见的观念和做法，往往具有隐蔽性，使人不容易察觉，更难以反思改进。而教师在整个教育过程中发挥的重要作用是不言而喻的。因此，应该加强社会性别意识的普及，增强教师性别敏感和运用性别视角分析问题的能力等。2021年，这一要求作为具体目标写入了新一版的《中国妇女发展纲要（2021—2030年）》，成为各层级教育工作者和教育管理者努力的方向。

此外，高考招生中存在男女比例问题，导致女生在许多专业入学门槛更高、机会很窄。在义务教育层次也有类似的现象。2020年，江苏省南京市某艺术小学因其招生公告中“男生优先”的原则，引发性别歧视的争议。这种违反国家教育法律法规的行为屡禁不止，究其原因跟学校管理者教育公平的认识不足和自身性别刻板定型等因素密切相关。教育的公平不仅在于机会平等，还在于女性人才培养过程中充分尊重个体差异，“因材施

① 赵琬：《小学教师社会性别意识研究》，陕西师范大学硕士学位论文，2019年。

教”“有教无类”地培养潜质，而不是基于性别刻板定型进行规训、引导和评价。

总体上，我国对义务教育阶段女性受教育权法律保护尤为明确，对妇女受教育权的保障发挥了很重要的作用。但在非义务教育阶段，男女的受教育权因阶层、地区和城乡等因素而存在明显差别。统计数据所显示出来的教育成绩，很容易令人对教育领域的性别问题麻痹大意或做出过于乐观的评价。实际上，不仅要关注教育数量上的变化，还要对体现性别公正等方面的教育质量内容进行评估、规范和引导。

三、教育领域的性别暴力

受教育权是我国公民的基本人权，国家不仅有责任保护、保障这一权利，而且要提供条件确保教育权的实现。但近些年，校园性别暴力成为各界关注的热点问题，女性遭受暴力的情况更加突出。校园性别暴力对女性校园安全和教育权的实现都造成直接的威胁。校园性别暴力表现形式包括欺凌、性骚扰、猥亵、强暴等，也包括对性少数的暴力。校园性别暴力可能发生在普通学生之间，也可能发生在师生之间、学生恋人之间、进入校园的校外人员与学生之间，所以比较容易被各种关系遮蔽而难以防治。但是，校园性别暴力的危害非常大，处于不同学业阶段的学生在遭受暴力之后，其身心健康、学业成长、人际关系、世界观、人生观和价值观等都会受到消极影响。

在过去的二三十年中，校园性别暴力案件频繁被曝光，社会关注度较高，社会各界也都在积极推进相关问题的解决。2005

年，我国修订妇女权益保障法，修订后第四十条规定："禁止对妇女实施性骚扰。受害妇女有权向单位和有关机关投诉。"第五十八条规定："违反本法规定，对妇女实施性骚扰或者家庭暴力，构成违反治安管理行为的，受害人可以提请公安机关对违法行为人依法给予行政处罚，也可以依法向人民法院提起民事诉讼。"这是我国第一次将性骚扰写入法律，表明国家对保护妇女权益的重视。但是当时对性骚扰没有明确定义，在实践中也很难应用，其发挥的作用受到限制。并且，对性骚扰的惩罚力度有限，仅作为一种行政处罚。直到2020年通过的民法典才对性骚扰的含义、判断方式和处罚等作出了明确的规定，使我国在防治性骚扰方面取得显著进步。2021年妇女权益保障法修订草案明确要求学校建立预防性侵害、性骚扰的工作制度，这项规定若正式通过，将是防治性骚扰等问题的重要法律进步。

从教育系统来看，应对校园性别暴力现在已经积累了各种实践策略，包括预防、制止、惩处，以及建立帮助受暴者的支持系统。2016年，国务院教育督导委员会也发布了《关于开展校园欺凌专项治理的通知》，但是从整体层面上看，校园暴力尤其是校园性别暴力的治理仍然处在意识到"问题"存在的初步探索阶段。2018年，杭州市西湖区检察院、杭州西湖区教育局联合会签《关于建立校园性骚扰未成年人处置制度的意见》，明确要求，班主任、辅导员收到学生报告的校园性骚扰情况后，6小时内要报告学校负责人；学校须24小时内报案，向检察机关备案，不得瞒报、漏报、迟报或私下调解。这是全国范围内第一家由检察机关和教育行政机关联合出台的反校园性骚扰工作机制。这一积极举措再次说明校园性别暴力不仅是一个校园问题，而且是一种社会问题，解决校园性别暴力问题应在国家和社会的整体框架中探寻出路，而不能一味强调“校园问题”。校园性别暴力的综合治理需要多部门合作，包括以学校为主体的教育、公安、司法、家庭及相关组织机构等，从而建立一个整合多部门协同共进的行动策略。

综上可见，尽管我国在教育领域推进社会性别主流化的成绩斐然，但是性别偏见、性别刻板定型、性别暴力等问题依然难以根除，需要梳理已有的政策与实践经验，结合国内和国际社会推进教育性别公正的目标与经验，继续推进教育理念、教育方法、教育内容、教育安全等方面的改革，将男女平等基本国策全面贯彻到教育领域各个层面。

第三节　教育性别平等的目标与路径

当前国际上对教育性别平等的关注，已经从教育入学机会平等转向教育过程的质量与教育结果的平等。教育是实现人和社会发展的关键，因此在国际公约和重要文件中，都充分体现了对教育公正的重视。国际经验为我国教育改革提供了借鉴，国际教育发展目标也成为我国深化教育改革的重要参考。历史证明，教育是妇女解放的必经之路，也是妇女获得自由、全面发展的必要条件。将性别平等意识纳入教育领域的决策主流是历史的经验，也是时代的要求。

一、教育领域的国际目标与趋势

教育权是国际社会普遍关注的重要人权内容。《联合国宪章》第十三条、第五十七条分别要求，“促进经济、社会、文化、教育及卫生各部门之国际合作，且不分种族、性别、语言或宗教，助成全体人类之人权及基本自由之实现”“充分尊重关系人民之文化下，保证其政治、经济、社会及教育之进展，予以公平待遇，且保障其不受虐待”。全文九次提及教育问题，足见国际社会对教育的重视。《世界人权宣言》第二十六条规定：“人人都有受教育的权利，教育应当免费，至少在初级和基本阶段应如此。初级教育应属义务性质。技术和职业教育应普遍设立。高等教育应根据成绩而对一切人平等开放。教育的目的在于充分发展人的个性并加强对人权和基本自由的尊重。”1995年在北京召开的第四次世界妇女大会主题为“以行动谋求平等、发展与和平”，次主题为“健康、教育和就业”，再次将教育作为跨世纪妇女发展的重要主题。

1.《消除对妇女一切形式歧视公约》的相关规定

联合国《消除对妇女一切形式歧视公约》（以下简称《消歧公约》）也被称为《国际妇女权利法案》，1979年由联合国大会通过，1981年生效。截至2021年9月，共有189个缔约国，是缔约国最多的公约之一（仅次于《儿童权利公约》的196个缔约国）。我国于1980年11月4日加入该公约，是第一批签约国之一。《消歧公约》是第一个把性别平等和非歧视要求法律化的联合国条约，是妇女运动和国际社会数十年努力保护与促进妇女权利的重要成果。

《消歧公约》特别强调国家在保证教育权方面的责任，要求“缔约各国应采取一切适当措施，消除对妇女的歧视，并保证妇女在教育方面享有与男子平等的权利，特别是在男女平等的基础上保证”。在具体要求方面，涵盖了各教育层次和教育过程以及各种重要影响因素。

首先，在各种教育机构，不论其在农村或城市，职业和行业辅导、学习的机会和文凭的取得，条件相同。在学前教育、普通教育、技术、专业和高等技术教育以及各种职业训练方面，都应保证这种平等；其次，课程的选择、考试、师资的标准、校舍和设备的质量相同；再次，为消除在各级和各种方式的教育中对男女任务的任何定型观念，应鼓励实行男女同校和其他有助于实现这个目的的教育形式，并应修订教科书和课程，修改教学方法。

此外，还包括领受奖学金和其他研究补助金的机会相同；接受成人教育、包括成人识字和实用识字教育的机会相同，特别是为了尽早缩短男女之间存在的教育水平上的一切差距；减少女生退学率，并为离校过早的少女和妇女办理种种方案；等等，对男女平等的教育权利做了具体规定。

2.《2030年可持续发展议程》的教育目标

2015年联合国《2030年可持续发展议程》这一纲领性文件中，教育公平和性别平等的目标分别位列17项可持续发展目标的第四和第五项，即“确保包容和公平的优质教育，让全民终身享有学习机会”“实现性别平等，增强所有妇女和女童的权能”，足见两者在全球发展框架中的重要性。该文件第四个目标规定，到2030年，确保所有男女童完成免费、公平和优质的中小学教育，并取得相关和有效的学习成果；确保所有男女童获得优质幼儿发展、看护和学前教育，为他们接受初级教育做好准备；确保所有男女平等获得负担得起的优质技术、职业和高等教育，包括大学教育；大幅增加掌握就业、体面工作和创业所需相关技能，包括技术性和职业性技能的青年和成年人数；消除教育中的性别差距，确保残疾人、土著居民和处境脆弱儿童等弱势群体平等获得各级教育和职业培训；确保所有青年和大部分成年男女具有识字和计算能力；等等。

此外，该文件第五个目标再次强调，“在全球消除对妇女和女童一切形式的歧视”。其内容必然涵盖教育公平，促进妇女的全面发展。教育被公认为是实现联合国《2030年可持续发展议程》的关键。联合国教科文组织为推进目标实现，专门设立了“可持续发展目标—2030年教育”指导委员会，为会员国和教育界提供战略指导，为有益的行动提出建议，筹措资金，编写《全球教育监测（GEM）报告》来监测可持续发展目标的实施进展。

3.《北京行动纲领》中的妇女教育目标

1995年第四次世界妇女大会通过了《北京行动纲领》，再次确认教育是一项人权，是实现平等、发展与和平的一个重要工具，强调教育是实现两性平等和赋予妇女权力的重要手段之一。要求各国政府采取措施，在各级别的教育中消除因性别、种族、语言、宗教、国籍、年龄和残疾等产生的任何形式的歧视，以达到两性平等接受教育的目标。

《北京行动纲领》将“妇女教育和培训”作为12个关切领域之一，并要求各国确保妇女接受教育的平等机会；消灭妇女文盲现象；增加妇女接受职业培训、科技教育和进修教育的机会；发展非歧视性教育和培训；为教育改革拨出足够的资源并监督改革的实施；促进女童和妇女的终身教育和培训。

4. 联合国《千年发展目标》中的妇女教育目标

联合国《千年发展目标》是2000年在联合国首脑会议上由189个国家签署《联合国千年宣言》一致通过的一项行动计划，旨在将全球贫困水平在2015年之前降低一半（以1990年的水平为标准）。

联合国《千年发展目标》将"普及小学教育"作为八大目标中的第二个，并明确要求："确保到2015年所有男童和女童都能完成全部初等教育课程。"在2015年的联合国《千年发展目标》总评报告中称，自设立《千年发展目标》以来，教育领域性别平等显著改善；大多数国家已实现了小学教育性别均等。尽管这一目标已经基本实现，但通过联合国《千年发展目标》和《2030年可持续发展议程》，可以清晰呈现国际社会对教育公正的重视。

5.《教育2030行动框架》

2015年，联合国教科文组织在第38届大会期间发布《教育2030行动框架》，为各国提供了实施教育2030议程的行动指南，旨在推动所有利益相关方围绕新的全球教育目标和具体目标采取行动，提出实施、资助和审核教育2030议程的全球性、区域性和国家性方法，保障为所有人提供平等的教育机会。

《教育2030行动框架》将教育的使命扩大至全纳、公平的优质教育和全民终身学习，给每个人公平的机会。其主要目标包括：至2030年，确保所有女童和男童完成免费、公平及优质的小学和中学教育，并获得有效的学习成果；确保所有女童和男童接受优质的儿童早期发展、保育及学前教育，从而为初等教育做好准备；确保所有女人和男人负担得起优质的职业技术教育和高等教育；大幅度增加拥有相关技能的人员数量，该技能包括为就业、获得体面工作及创业的职业技术技能；消除教育上的性别歧视，确保残疾人、原住民和弱势儿童等弱势群体享有平等接受各层次教育和职业培训的机会；确保所有青年和绝大部分成年人，男性和女性，实现读写和计算能力；确保所有学习者获得必要的知识和技能以促进可持续发展，确保教育为可持续的生活方式、人权、性别平等、促进和平和非暴力文化的发展、文化多样性及可持续发展作出贡献。该文件清晰地勾勒出全球教育的未来蓝图，鼓励各国努力加快发展。各国政府应该根据教育优先、国家发展战略及计划、制度能力和资源可利用性，将全球教育目标转化为可实现的国家目标。

以上国际公约和目标文件等所关切的问题、所体现的价值、原则与立场，是缔约国行动的准则，我国作为多个公约文件的签署国，也要以其目标内容与价值理念作为重要的参考。这些公约文件为世界各国提供了制定法律政策和行动方案的重要参考范式和价值导向，也为解决相关领域问题提供了具体目标和行动措施。

二、我国教育政策目标与策略构想

男女平等是促进我国社会发展的一项基本国策，为我国妇女发展各领域奠定了基本目标。落实男女平等基本国策要求在出台法律、制定政策、编制规划过程中充分考虑两性的现实差异和妇女的特殊利益。我国教育领域的政策目标也从宏观到微观，从政治承诺到具体行动。前文对我国教育政策的总体分析可以看到，我国从宪法到教育法律法规，已经建立起保障两性平等受教育权利的政策体系。改革开放以来，我国加大了对妇女教育的扶持力度，也取得了显著效果。比如，《中国实施千年发展目标报告（2000—2015年）》中所述“普及初等教育”的目标基本落实。我国把教育作为立国之本，全面实行城乡九年义务教育制度。2008年以来，男女小学学龄儿童净入学率均维持在99%以上。文盲率由2000年的6.7%下降到2014年的4.1%；男女平均受教育年限差距从2000年的1.3年缩小到2014年的0.8年。2020年第四期中国妇女社会地位调查显示，18～64岁女性平均受教育年限为9.41年，男性为9.66年，男女平均受教育年限差距缩小为0.25年。①

1. 法律法规中体现出的教育目标与方向

宪法从根本上提出了保障妇女受教育权的目标。宪法（2018修正）第四十八条规定：“中华人民共和国妇女在政治的、经济的、文化的、社会的和家庭的生活各方面享有同男子平等的权利。”第十九条规定：“国家发展社会主义的教育事业，提高全国人民的科学文化水平。国家举办各种学校，普及初等义务教育，发展中等教育、职业教育和高等教育，并且发展学前教育。国家发展各种教育设施，扫除文盲，对工人、农民、国家工作人员和其他劳动者进行政治、文化、科学、技术、业务的教育，鼓励自学成才。”

① 第四期中国妇女社会地位调查领导小组办公室：《第四期中国妇女社会地位调查主要数据情况》，《中国妇女报》2021年12月27日第4版。

教育法、义务教育法等则根据宪法要求制定了教育权的具体目标和规范。2015年修订后，教育法第九条规定：“中华人民共和国公民有受教育的权利和义务。公民不分民族、种族、性别、职业、财产状况、宗教信仰等，依法享有平等的受教育机会。”第三十七条规定：“受教育者在入学、升学、就业等方面依法享有平等权利。学校和有关行政部门应当按照国家有关规定，保障女子在入学、升学、就业、授予学位、派出留学等方面享有同男子平等的权利。”2018年修订后，义务教育法第四条规定：“凡具有中华人民共和国国籍的适龄儿童、少年，不分性别、民族、种族、家庭财产状况、宗教信仰等，依法享有平等接受义务教育的权利，并履行接受义务教育的义务。”

妇女权益保障法是在宪法、国家法律法规和国家发展规划等基础上，制定的各领域妇女权益的目标和要求，包括教育领域。妇女权益保障法明确规定，国家保障妇女享有与男子平等的文化教育权利，其中第十五条至第二十一条对妇女文化教育权益进行了具体规定：

首先，“学校和有关部门应当执行国家有关规定，保障妇女在入学、升学、毕业分配、授予学位、派出留学等方面享有与男子平等的权利。学校在录取学生时，除特殊专业外，不得以性别为由拒绝录取女性或者提高对女性的录取标准”。[①]

其次，“学校应当根据女性青少年的特点，在教育、管理、设施等方面采取措施，保障女性青少年身心健康发展”。

① 2021年，妇女权益保障法修订草案进一步明确规定，“学校在录取学生时，除国家规定的特殊专业外，不得以性别为由拒绝录取女性或者提高对女性的录取标准”。将“特殊专业”进行了明确限定， 直接回应了招生单位提高部分专业女学生录取分数等现实问题。

再次，“父母或者其他监护人必须履行保障适龄女性儿童少年接受义务教育的义务。除因疾病或者其他特殊情况经当地人民政府批准的以外，对不送适龄女性儿童少年入学的父母或者其他监护人，由当地人民政府予以批评教育，并采取有效措施，责令送适龄女性儿童少年入学。政府、社会、学校应当采取有效措施，解决适龄女性儿童少年就学存在的实际困难，并创造条件，保证贫困、残疾和流动人口中的适龄女性儿童少年完成义务教育”。

此外，还规定：“各级人民政府应当依照规定把扫除妇女中的文盲、半文盲工作，纳入扫盲和扫盲后继续教育规划，采取符合妇女特点的组织形式和工作方法，组织、监督有关部门具体实施。各级人民政府和有关部门应当采取措施，根据城镇和农村妇女的需要，组织妇女接受职业教育和实用技术培训。”

综上可见，教育法、义务教育法、妇女权益保障法都是对宪法规定的一种具体化，都以法律的形式对妇女教育权问题进行了规范和引导，对我国消除教育领域的性别不平等现象、促进教育公平作出了重要贡献。不过，法律之间的位阶不同，内容侧重也不一样。宪法位阶高，但相关条款比较抽象；教育法和义务教育法基本上默认对象是所有公民。教育法虽然提及了女性作为受教育者的基本权利，但是只涉及了教育机会平等，其他教育内容尚未有体现性别平等的规定。妇女权益保障法提出了更为具体的妇女教育目标和要求，但位阶稍低，法律效力会受到限制，并且其中体现性别平等相关规定不够具体，落实起来比较难以把握和衡量。

2. 政策规划中体现出的教育目标与规划

从政策规划角度来看，《中国妇女发展纲要》和《中国儿童发展纲要》是我国对妇女儿童发展作出的总体规划，包含公共政策领域对女童和成年妇女教育权利的目标与措施。

自1995年颁布第一个《中国妇女发展纲要（1995—2000年）》以来，妇女与教育一直是最重要的发展领域之一。最新一轮《中国妇女发展纲要（2021—2030年）》依旧将妇女与教育作为重要领域，并制定了十项主要目标：“①加强思想政治教育，增进妇女对习近平新时代中国特色社会主义思想的政治认同、思想认同、情感认同，引领妇女做伟大事业的建设者、文明风尚的倡导者、敢于追梦的奋斗者。②教育工作全面贯彻男女平等基本国策。③大、中、小学性别平等教育全面推进，教师和学生的男女平等意识明显增强。④女童平等接受义务教育，九年义务教育巩固率提高到96%以上。⑤女性平等接受高中阶段教育，高中阶段教育毛入学率达到并保持在92%以上。⑥女性接受职业教育的水平逐步提高。⑦高校在校生中男女比例保持均衡，高等教育学科专业的性别结构逐步趋于平衡。⑧大力培养女性科技人才。男女两性的科学素质水平差距不断缩小。⑨促进女性树立终身学习意识，女性接受终身教育水平不断提高。⑩女性青壮年文盲基本消除。女性平均受教育年限不断提高。”这些目标为教育领域进一步推动男女平等基本国策的落实提出了更高的目标要求。

为实现上述目标，《中国妇女发展纲要（2021—2030年）》制定了相应的策略措施，主要包括：①面向妇女广泛开展思想政治教育。②将贯彻落实男女平等基本国策体现在教育工作全过程。③推动各级各类学校广泛开展性别平等教育。④保障女童平等接受义务教育的权利和机会。⑤提高女性接受普通高中教育的比例。⑥促进女性接受高质量职业教育。⑦保障女性平等接受高等教育的权利和机会。⑧大力提高女性科学素质。⑨大力加强女性科技人才培养。⑩为女性终身学习提供支持。⑪持续巩固女性青壮年扫盲成果，加大普通话推广力度。⑫加强女性学研究和人才培养。⑬构建平等尊重和安全友善的校园环境等。

根据上一轮《中国妇女发展纲要（2011—2020年）》中期监测报告和年度监测报告显示，2015年，学前教育中女童所占比例为46.4%，学前三年毛入园率由2010年的56.6%提高到75%，2018年达到81.7%。高等教育毛入学率2015年达40%，2018年达到48.1%，二者都提前超额实现《中国妇女发展纲要（2011—2020年）》目标。多项目标和指标的实现还需要持续努力，具体措施的实施情况也有待完善。新一轮《中国妇女发展纲要（2021—2030年）》中再次强调了这些内容，比如突出强调了男女平等基本国策的全面贯彻落实，从而切实推进社会性别视角纳入教育领域的决策主流，女性技术人才培养、教师的社会性别意识、女性学研究和人才培养等方面仍是继续推进的重要任务。

《中国儿童发展纲要（2021—2030年）》在“儿童与教育”目标中要求：①全面落实立德树人根本任务，培养德智体美劳全面发展的社会主义建设者和接班人。②适龄儿童普遍接受有质量的学前教育，学前教育毛入园率达到并保持在90%以上。③促进义务教育优质均衡发展和城乡一体化，九年义务教育巩固率提高到96%以上。④巩固提高高中阶段教育普及水平，高中阶段教育毛入学率达到并保持在92%以上。⑤孤儿、事实无人抚养儿童、残疾儿童、农业转移人口随迁子女、留守儿童、困境儿童等特殊群体受教育权利得到根本保障。⑥加强校园文化建设，营造友善、平等、相互尊重的师生关系和同学关系，等等。这些新拟定的目标回应了前文所论述的社会现象和问题，比如学前教育入园率、城乡教育差异、教育质量与安全等，具有很强的指导和督促意义。

在落实《中国妇女发展纲要》《中国儿童发展纲要》的过程中，各级地方政府会根据“两纲”的要求，分别制定适用于当地的具体规划，其中包括各地的妇女儿童发展目标和具体措施，以及落实单位与部门等，而且各地也建立监测评估机制，以确保目标的实现。国务院妇女儿童工作委员会和全国妇女联合会也密切结合国家政策规划不断推进妇女教育的发展。

2010年，国家发布《国家中长期人才发展规划纲要（2010—2020年）》，将性别结构合理作为战略目标的一项内容。全国妇联随后发布《全国妇联关于贯彻落实〈国家中长期人才发展规划纲要（2010—2020年）〉促进女性人才成长的意见》，再次强调，加强教育培训，为女性人才提高素质增强实力提供服务；积极推动性别平等发展课程纳入党校、行政院校等领导干部必修课程，纳入高等院校学生公共必修课程；推动完善中小学教科书性别教育题材，在中小学教师培训中开设社会性别课程。文件特别强调了教育领域的性别平等目标，以及该目标对女性人才发展的重要性，对教育改革提出了更为具体的要求。

三、教育领域推进性别平等的案例及其启示

将社会性别意识纳入教育领域的决策主流，已经成为国际潮流所向。在推进教育中的性别平等过程中，世界各个国家和地区根据本土的历史与现实条件，形成了不同的模式与路径，也积累了丰富的经验。中国共产党历来重视妇女的教育，新中国成立以

来，我国将妇女教育作为一项基本人权，从法律和政策角度进行了维护与保障，除了建立并完善各项法律法规与政策，而且也给予政策倾斜和项目支持。尤其是在男女平等基本国策和“两纲”落实过程中，我国积累了推进教育领域性别平等的诸多经验，对于进一步深化和践行教育公正的理念与目标大有裨益。

1. 我国“中小学性别平等教育进课堂”项目

为了落实男女平等基本国策，实现《中国妇女发展纲要（2011—2020年）》要求的“教育工作全面贯彻性别平等原则”“性别平等原则和理念在各级各类教育课程标准及教学过程中得到充分体现”等目标任务，国务院妇儿工委推行的“中小学性别平等教育进课堂”项目，成为我国推进教育性别平等的成功范例。

2014年，国务院妇儿工委办公室召开“男女平等基本国策进校园工作交流研讨会”；2015年，举办“教育工作者社会性别意识培训班”；2016年，组织编写《男女平等基本国策的贯彻与落实》《中小学性别平等教育工作手册（试行）》，并且选择在山西、内蒙古、江西、山东、贵州等省（区）设立“中小学性别平等教育进课堂”项目试点；2017年，召开“中小学性别平等教育进课堂项目启动暨培训会”“中小学性别平等教育进课堂交流研讨会”，在天津、内蒙古、江苏、贵州、陕西等省（区、市）再次设立项目试点；2018年，召开“中小学性别平等教育进课堂项目试点总结推进会”，在天津、江苏、山东、湖南、贵州、陕西等省（市）设立第三批项目试点。[①]至2019年年初，全国已有天

① 国务院妇儿工委：《贯彻男女平等基本国策　全面推进新时代中小学性别平等教育工作》，《中国妇女报》2019年1月15日第4版。

津、山西、内蒙古、黑龙江、上海、江苏、江西、山东、广东、四川、陕西、湖南等13个省（区、市）的5000多所中小学开展了“中小学性别平等教育进课堂”工作，其中天津、黑龙江、广东、贵州实现了全覆盖。

在众多试点地区中，广东省、天津市等推进性别平等教育进课堂的经验比较值得借鉴。以广东省为例，自2012年起，在国务院妇儿工委的支持下，广东开始探索性别平等教育的途径与方法，2018年印发的落实性别平等教育《关于在我省全面开展中小学性别平等教育的通知》中明确要求，各地中小学要结合实际和学生需求开展性别平等教育，将性别平等教育内容融入德育课、心理健康教育活动课及其他校园文化活动，加强组织领导，成立省中小学性别平等教育工作领导小组。此后，广东省中小学、中职学校全面开展性别平等教育工作，并创造性地推出了适合城市教育的“中山模式”和适合农村教育的“茂名模式”；中山市根据实践经验编写《中山市中小学性别平等教育指导大纲（试行）》《中小学性别平等教育指南》《中山市中小学性别平等教育优秀教学案例汇编》等教学参考资料。天津市启动性别平等教育也较早，在2017年年初下发了《性别平等教育进校园工作方案》，2018年发布《关于在我市中小学开展性别平等教育的通知》，采取了“一区一试点”的方式，培育典型，提供示范，其后较快实现了全市中小学校的全面覆盖。①

在国务院妇儿工委的推动和各级教育部门的努力下，“中小学性别平等教育进课堂”项目取得了显著成效。全国各地陆续开

① 国务院妇儿工委：《贯彻男女平等基本国策　全面推进新时代中小学性别平等教育工作》，《中国妇女报》2019年1月15日第4版。

展了开设中小学生性别平等课程的工作。广东、天津、山东、新疆等地陆续出台了相关方案和政策文件，使性别平等教育工作得到机制保障和资源支持。项目开展也受到家长和社会各界的好评，取得了良好的社会效果。

虽然这个项目是以“中小学性别平等教育进课堂”为主题，没有涵盖男女平等基本国策的全部内容和“两纲”的所有目标任务，但是通过项目培训和相关活动的开展，切实将性别平等纳入教育内容、教师培训和教育环境等层面，有效提升了教育质量，改进了教育的理念与环境，有利于从教育环节入手消除性别歧视，培养具有性别意识的教师和学生，从长远来看更有利于性别平等成为社会行为规范。重要的是，通过该项目的试点与推广，性别平等意识在相关地区的行政系统、教育系统迅速普及，政府部门和教育管理者落实男女平等基本国策的能力得到提升。

同时，项目的成功实施为全面落实男女平等基本国策提供了具有实践性和操作性的典型示范。国务院妇儿工委通过试点运行、经验总结、树立示范、以点带面等方式，有效协调和带动各级政府和教育部门的参与，较容易链接资源，带动各级政府部门和学校的参与，具有切实的效果，比较适用于“两纲”中那些难以量化的目标任务的实现。另外，在项目执行的过程中，各界的充分合作也是重要经验和亮点。政界、教育界、学术界、社会组织、妇联组织等的多方联合投入，为项目的顺利执行提供了人力和智力保证。“中小学性别平等教育进课堂”项目，把中小学性别平等教育工作切实向前推进了一大步，更加有力地落实了“两纲”确定的相关目标任务，也是对男女平等基本国策的具体落实。

2. 国际推进性别平等教育的案例

国际方面，北欧国家走在了推进性别平等教育的前列，也积累了大量性别平等教育的经验，这里以芬兰和挪威的性别平等教育举措为例。

芬兰的性别平等教育最早始于20世纪70年代，1988年成立了性别平等教育委员会，致力于将性别平等落实到教育领域。最初，在该委员会的推动之下，芬兰以小型项目的方式推动教育中的性别平等，但效果并不明显。2008年，芬兰教育部开始实施针对教师的社会性别项目，即TASUKO项目。[①]该项目面向全国，范围极广，策略措施方面侧重于运用社会性别视角审视教师教育课程与教学过程是否包含社会性别平等内容，鼓励和支持教师教育的社会性别平等问题研究，建立全国性的教师教育社会性别平等交流网络等。

芬兰的TASUKO项目自执行以来，的确在教师的社会性别意识方面有了显著成效。芬兰的经验主要体现在两个方面，第一，芬兰国家层面的社会性别平等机制是项目运转的最重要保障。芬兰政府部门的社会性别主流化成效颇丰，设立了多个专门推进性别平等的官方机构，包括家庭事务与社会服务部、社会事务与健康部、社会性别平等委员会、平等监察和性别统计部门，以及专门的教育性别平等委员会等。这些国家机构有效地保障了性别平等议题进入决策领域，并能得到官方的预算支持。第二，芬兰推进教育性别平等的角度独特，以教师作为切入点，其效果比较直

① 易红郡、陈瑶：《芬兰教师教育中的性别平等：举措、经验及反思》，《河北师范大学学报（教育科学版）》2020年第5期。TASUKO，是该项目芬兰语首字母的缩写。

接。教师是教育实践的关键部分，教师的社会性别意识对于教育领域落实性别平等来说至关重要。所以芬兰努力营造支持教师教育性别平等的社会氛围，搭建促进教师教育性别平等的交流网络和平台，着力在师资培养过程中增进社会性别敏感。

北欧的另一个国家挪威也特别强调性别平等教育。1978年，挪威颁布《男女平等法》（Norwegian Gender Equality Act），要求国家公共机构应该为实现所有社会领域的性别平等目标而努力。在性别教育方面，挪威特别强调幼儿教育应体现性别平等原则。自1996年以来，挪威的《幼儿园教育内容和任务纲要》一直强调幼儿园教育活动应该建立在两性平等的基础之上，进入21世纪后，挪威政府在政策上更加强调幼儿园的性别平等责任，“性别平等应体现在幼儿园的教育之中；幼儿园的工作应该建立在两性平等基础之上；应以平等的眼光来看待男孩和女孩，并使他们有相同的机会来共同参与幼儿园的所有活动”。①

挪威推进教育性别平等的主要经验包括：一方面，加大举措将性别平等意识纳入学前师资教育和幼儿园教育，逐渐改变教师和幼儿的传统性别角色定型。于是，在幼儿教育的方式、内容和环境等方面都增加了社会性别视角，比如教师要重新确立对男孩和女孩的立场、态度与行为，并在教育过程中鼓励幼儿对传统性别角色进行反思，进而深化对性别平等的理解。另一方面，强调打破幼儿教师的传统性别角色限制，扩大男教师在幼儿教育中的参与，以此来促进幼儿园的性别平等教育。事实证明，在政府的倡导和推动之下，男性幼儿教师的比例逐步上升。

① 昂迪·莫、王蕾：《性别平等教育在挪威》，《幼儿教育·教育科学版》2010年第9期。

国内外已有的教育性别平等案例与经验，为我国进一步落实男女平等基本国策提供了参考。参考前文所述的国际公约和文件中的教育性别平等目标，以及我国法律法规和政策中的目标要求，男女平等基本国策在教育领域的落实尚需要付出更多的努力。

四、进一步推进教育领域性别公正的建议

联合国教科文组织2015年制定的《教师教育社会性别平等政策与实践指南》中对推进教师教育中的性别平等提出了操作性建议：必须从政策制定、文化建设、支持与服务、课程与教材、经费预算、科学研究、监督与评价、宣传与推广等多方面着手，合力推进这项工作。结合国内外经验，在现有研究和统计调查基础上，需要通过完善政策体系与机制建设、宣传与教育培训、监督评估、文化环境等方面的积极举措，进一步推进教育领域的社会性别公正。

1. 建立健全性别平等的教育法律法规和政策

我国教育方针和教育法规是指向性别平等的，但是大多数内容是比较宏观和原则性的，缺少具体的程序性配套规则和监管机制，教育机会性别平等缺乏足够的实施和保障条件，这使得性别平等政策的强制性和可行性都有所降低，难以具体执行并产生预期效果。因此，将社会性别视角纳入公共政策，重新审视已有的政策体系和政策过程，才能实现《中国妇女发展纲要（2021—2030年）》要求的“教育工作全面贯彻男女平等基本国策”的重要目标。

首先，要将社会性别视角纳入教育法规、政策和规划的制

定、修订、执行和评估中。建议将“教育工作全面贯彻男女平等基本国策”“普及社会性别平等教育”等内容写入教育法，在性别平等视角下重新审视、修订现行教育政策法规；制定和完善保障教育领域性别平等的可操作性政策方案和法规细则，使政策落实更具体化、程序化；要健全相应的执行机制、监督机制、信息反馈机制等配套环节，建议在各级教育管理部门建立两性教育平等的统筹管理机构，为教育中的性别公正提供支持系统和组织保证。

其次，要深化教育改革，在加大教育投资的基础上增加保障男女教育机会与资源平等的具体方案。合理分配教育资源，缩小城乡教育水平的差距，适当向农村政策倾斜，以减少女性因教育投入不足而失学或丧失高等教育机会。引导个人和家庭树立教育投资意识，减少教育投资中的男女差别对待。

再次，要大力加强教育领域决策者的性别意识。教育咨询顾问系统需要增进社会性别意识，并且吸引妇女和性别研究专家进入智库，切实将社会性别视角纳入政策研究和咨询过程；加大对妇女和性别研究的力度，为教育决策提供基础；提高教育决策系统的性别比例，确保女性平等参与教育政策制定和监督管理。

此外，要大力推进教育领域的社会性别主流化，并加强性别统计与评估。伴随着社会信息技术的发展，充分利用大数据开展教育领域的社会性别统计，健全教育信息统计系统的性别统计指标，将女/男、城市/农村、年龄、民族、地区及经济状况等因素纳入各类教育统计，完善教育信息统计制度与机制，全面监测评估教育性别平等的进程与效果。开展教育领域的全方位性别评估，尤其是教育内容、目的、方式方法和教育环境等，准确识别性别问题、目标差距并提出应对之策，真正落实男女平等基本国策。

2. 将性别平等意识纳入教育全过程

首先，严禁在培养过程、学科专业选择、学生评价、就业出口等环节任何基于性别的区别对待。除了国家明确规定的专业以外，任何学校不得在招生中歧视女性。打破高等教育中学科和专业的性别隔离，鼓励女性按照兴趣、能力和职业前景选择专业，对社会稀缺的女性科技人才培养给予特殊政策扶持。

其次，加强教师和教育工作者的社会性别培训，为各层次教师提供性别平等培训的方案和教材，提高他们的性别敏感，增强其性别平等实践能力。加强教师资格审查和监督管理。性别平等内容进入师资培养过程，尤其是师范类院校的教育方案；设定相应的性别意识培训学时，作为教师资格准入标准的一部分；将性别平等意识考核纳入教师评价机制，加强监督管理。

再次，将性别平等理念纳入教育过程的各个环节，尤其是教材审定、教学内容和教学方法改革等具体的环节。一方面，推动各级各类学校广泛开展性别平等教育，增强师生的社会性别意识，形成性别平等的教育文化和氛围，弘扬自尊、自信、自立、自强的价值观。另一方面，探索构建学校教育、家庭教育、社会教育相结合的性别平等教育模式，重视在家校合作过程中开展家长性别意识引导，树立男女平等的教育投资理念和教育价值认同，支持和鼓励家长突破陈规定型，对子女进行适当的引导，消除学科专业选择和人才规划等环节的性别偏见。

此外，重视校园性别平等机制建设，建立校园性别暴力的综合防治机制。加强女童人身安全保护，尤其是流动、留守女童的心理健康和人身安全。加强女童自我防护意识，规范教职人员与学生的接触行为，杜绝校园侵害女童案件。建立健全学校防治性骚扰机制，设立有效的监管通道，加强师德管理，健全学生管理机制。加强教育系统的思想道德建设，弘扬向上向善的价值理念，构建性别平等的校园文化。

3. 打破教育领域的性别隔离，消除性别差距

采取特别措施，改变学科、专业领域性别分布不均衡状况，提高前沿科技领域和高层次教育中女性人才的比例，加大女性科技人才培养力度。采取有效措施缩小教育工作领域的性别鸿沟，为女教师个人发展、参与教育决策与管理提供支持性的环境。制定专门的女性教育规划及特殊政策，消除各级教育中的城乡差异、地区差异和性别差距。降低女性文盲比例，提升女性接受高层次教育的比例。发展面向女性的继续教育，以终身学习理论加强女性继续教育和培训，提高妇女竞争力和社会价值。发展妇女与性别研究，深化女性教育专题研究，探索女性教育规律，加强对女性教育现实问题及对策研究。

4. 建设先进性别文化，创造妇女人才成长的有利环境

通过前文的分析可以发现，我国女性教育权的完全实现还受到社会文化观念和外部环境等多方面的影响。因此，要实现教育性别平等，要在思想文化和社会环境等方面继续落实男女平等基本国策的要求。

首先，消除“重男轻女”“女子无才便是德”“干得好不如嫁得好”等错误思想的影响，尊重女性人力资本的价值，鼓励女性突破传统性别角色限制，在学业和就业选择中发挥主体性和能

动性，树立正确的女性人才价值观。支持女性打破传统性别刻板定型的束缚，根据经济社会发展需要，以及劳动力市场对人才专业的需求状况，进行学科专业选择和人生规划。要有自我发展规划和自立自强的意识，增强学习和进修意愿，主动寻求更高层次的教育机会，提升自身的人力资本价值。在教育过程中，女性要积极参与竞争，发挥自身优势，争取接受更高层次教育的机会和资源。强化女性的自主意识、竞争意识、进取意识和创新意识，为经济社会发展作出更大贡献。

其次，禁止就业性别歧视，完善生育社会保障制度，保障女性人才就业和发展。就业中的性别歧视，对女性教育产生诸多消极影响，因此要进一步落实妇女权益保障法，完善和细化相关的法律法规，禁止用人单位在招聘时以任何方式对性别加以限制，消除女性就业性别歧视和职业性别隔离。强化招聘、录用等环节的公开公正原则，建立有效的性别歧视监督机制，消除造成就业隐性性别歧视的条件和环境。禁止生育歧视，完善女性生育社会保障政策，构建政府和用人单位在女性生育期间的成本分担机制，减轻用人单位使用女性员工的成本负担。突破岗位与职业限制，支持和鼓励女性进入高新技术领域，为女性高科技人才培养提供方向与示范。

再次，全社会要树立先进性别观，把男女平等基本国策意识教育纳入各级政府决策的主流，尤其要加强对教育、就业、民政、司法、社会保障等部门党政干部和新闻媒体工作者、社会组织、社会服务机构等相关人员的男女平等意识培训，增强性别敏感性，清理性别盲区，为女性全面发展，在社会发展中发挥独特作用创造条件，最终促进两性平等和谐发展。

第六章

就业政策的社会性别分析

劳动就业，是妇女参与经济社会发展的基本形式，是获得与男性享有平等权利，拥有独立人格的重要条件。马克思主义妇女理论认为，参加社会劳动是妇女解放的一个重要先决条件。妇女在社会和家庭中的地位，归根结底是由其在社会生产中的地位所决定的。恩格斯指出，只要妇女仍然被排除于社会的生产劳动之外而只限于从事家庭的私人劳动，那么妇女的解放，妇女同男子的平等，现在和将来都是不可能的。“妇女的解放，只有在妇女可以大量地、社会规模地参加生产，而家务劳动只占她们极少的工夫的时候，才有可能。”（《马克思恩格斯选集》第4卷，人民出版社，1972，第158页）马克思主义经典论断告诉我们，妇女参与社会劳动是妇女解放的必经之路。

中国妇女是国家的重要建设者，是经济社会发展的重要力量。广大妇女的生存状况始终与国家经济社会发展息息相关。国家重视妇女发展并制定相关政策，切实保障妇女平等的发展机会与权利，并平等共享改革发展的成果，决定着妇女的发展水平和质量。新中国成立以来，我国出台一系列法律政策，保障妇女就业权利，维护妇女劳动权益。改革开放，尤其是党的十八大以来，我国更加重视促进男女平等就业，采取了积极的妇女就业政策，妇女就业水平和质量显著提升，但是在就业领域仍存在性别歧视现象，发展不平衡不充分问题也有明显体现。本章主要回顾我国妇女就业的历史，梳理妇女就业相关的政策，针对现实需求与问题进行深入探讨，为进一步促进妇女发展进行建设性的思考。

第一节　妇女与就业

就业的含义，通常是指在法定年龄内的劳动者所从事的为获取报酬进行的务工劳动。就业是人类劳动的一种方式，是获取报酬的劳动。在人类发展进程中，劳动起了决定性的作用，是人类社会存在和发展的最基本条件。劳动，是为了满足人类自身和社会发展的需要，也体现了自身的价值，所以现代社会普遍认为，劳动既是公民的权利，又是义务。劳动的类型有很多种划分角度，比如，劳动经常被划分为体力劳动与脑力劳动；但从薪酬回报这个角度来说，劳动可以分为有酬劳动和无酬劳动。有酬劳动，通常包括就业工作和家庭生产经营活动；无酬劳动，一般包括家务劳动、照料活动、教育子女、购买家庭用品、其他公益活动等。自父权社会以来，妇女比男性承担更多的无酬劳动，而在有酬劳动领域，妇女也比男性遭遇更多的困难与障碍。因此自近代以来，有关妇女劳动权益保障问题开始受到关注。新中国成立以来，在积极的妇女政策下，妇女就业才有了质的变化。

一、妇女就业的历史概况

真正现代意义上的妇女就业是比较晚近的事情。在传统社会

“男耕女织”的模式下，妇女主要从事家庭纺织活动作为农业的补充，较少有机会从事有报酬的行业。直到近代资本主义萌芽时期，职业女性作为一种社会经济力量开始出现，并逐渐发展壮大，如今妇女在经济领域已经成为“半边天”。妇女经济权益的保障也从无到有，逐渐构建起保障妇女就业和劳动权益的政策体系。

1. 近代以前的妇女劳动

远古时代的母系氏族社会，女性在经济生活中扮演重要角色。在社会生产力十分低下的情况下，男女两性进行简单的劳动分工，经济生活以妇女采集为主、以男子渔猎活动为辅，主要原因是妇女从事的采集、制作食物、制作衣物、保存火种，甚至烧制陶器，在族群的日常生活中极为重要。但随着生产力的提高，私有制逐渐形成，族群内部也逐渐形成阶级分化，男性在军事和生产中的重要性逐渐上升，公共领域和私人领域的劳动也逐步分化，妇女劳动的社会价值逐渐被弱化，原来对氏族存亡至关重要的劳动被推向私人领域。

在漫长的中国古代社会，自给自足的小农经济模式下，“男耕女织”成为一种劳动性别分工的主要形式。尽管底层妇女一直参与农业生产，但男性是生产资料的所有者和农业耕作的主导者，妇女的劳作被视为辅助性劳动。妇女纺织，是古代社会的一个重要经济内容，关系着家庭供给，经常作为家庭副业来经营，有些地方还以妇女纺织为重要的经济命脉，成为国家税收的重要来源。因此，统治阶层颇为重视女子纺织，将其列入妇女“四德”之中，不断强化妇女纺织的职责。至明清时期，资本主义经济萌芽的发展促使纺织行业更为活跃，在一些南方城镇家庭常以纺织收入作为主要的经济来源。但是，古代妇女纺织劳动，作为男性耕作的辅助劳动，主要是为了满足家庭供给，进入商业流通的比重比较低。

除此以外，古代妇女还通过做女佣、奶妈等，以及以“三姑六婆”之类的身份存在于社会领域，也有少量妇女从事手工业、商业、餐饮业、演艺业等，这些妇女劳动以获得一定的经济回报为目的，已经相当于近代以来的妇女就业，但是在父权社会中，这些经济角色和作用经常被忽视，这些从业女性通常也处于社会底层，其劳动权益根本不会进入统治者的视野。

2. 近代以来的妇女就业

近代以来，妇女就业成为社会变革的一个重要现象。自19世纪70年代起，随着清代民用企业的创办、民族资本主义的产生，以及外国列强在华设厂的增多，机器生产使得女工开始出现于中国产业工人的队伍中，她们在近代企业中以雇佣方式进入社会生产领域，主要分布在新兴的缫丝、棉纺织、卷烟、火柴、制茶、食品和印刷等行业。最早的产业女工出现在近代工业的发源地广州和上海。1874年，华侨商人陈启源在广东顺德创办继昌隆缫丝厂，最初雇用两百多名女工，鼎盛时多达六七百人。至甲午战争前的1894年，全国各地的机器缫丝厂约有五十多家，每厂一般五六百名女工，少则二三百人，多则千余人，缫丝业女工总计约有两万多人，占当时产业工人总数35%左右。到1919年，全国产业工人达百余万人，女工所占比例不低于35%，产业女工总数达三十五万人左右。[①]1930年，产业女工人数为37.4万余人，占工人总数的31.7%；1933年，女工总数为24.3万余人，占工人总数的48.7%[②]，已经成为不可忽视的新兴力量。

但是近代女工的生活处境并不乐观，从行业来说，她们集中在劳动密集型的轻工业，从事非技术简单操作工作，劳动时间长、强度大、条件差、工资水平低。从雇佣关系来看，女工通常是以自由的雇佣劳动者的身份存在，属于临时工，收入不稳定，还有一部分出卖劳动力做养成工、包身工，人身受到控制，劳动条件恶劣和待遇更低，没有任何法律保障。从性别角度来看，女工的处境普遍比男工差，高报酬、高技术的工种基本被男性垄断，即使做同样的工作，报酬也比男工低一半，甚至更少。此外，女工还经常遭受中外资本家及其各级管理者的非经济剥削与封建压迫，其人身安全、人格尊严也难以保障。

不过，近代女工的出现仍然具有积极意义，标志着一部分女性突破了传统单一的角色与身份设定，在承担女性在家庭中的传统角色的同时，有机会走出家庭的狭小天地，融入社会化的生活方式之中。一方面，她们开始拥有独立收入，提升了自身在家庭中的地位，在婚姻、求学、交友和社会流动等方面都比其他女性有更多的自由度，许多女工自主选择婚姻、参加夜校学习等，为自身的发展提供了更多的机会；另一方面，新的社会角色让她们可以参与一定空间的社会群体活动，并有机会作为新兴的工人

① 郑永福：《中国近代产业女工的历史考察》，《郑州大学学报（哲学社会科学版）》，1992年第4期。

② 谷正艳：《论中国近代产业女工（1872—1937）》，硕士毕业论文，郑州大学，2002，第12页。

阶级的一部分，为谋求共同利益进行集体抗争，也成为后来工人运动的重要组成部分。近代女工团结起来反对薪资不公、反对虐待、要求缩短劳动时间、改善劳动条件等斗争此起彼伏，虽然处于自发状态，但也不同程度地迫使资本家减少肆无忌惮的剥削与压迫，近代工厂的管理制度也有所完善。到五四运动时，女工作为工人阶级的重要力量，开始参与有组织的工人运动和政治斗争，自身的权利意识也更趋明显。

近代妇女就业还有一些新的现象。伴随着妇女教育的发展，一些有知识、有思想的新女性也开始从封闭的家庭中走出来，寻求职业发展和实现个人的社会价值。她们数量可能不多，但却有着较大的社会影响。我国最早出现的一批职业妇女，比如，留学回国的金雅妹成为我国妇产科医疗卫生领域的奠基者，康同薇、裘玉芳等成为第一代女报人，张竹君、吕碧城则成为文化教育领域的先驱楷模。五四运动以后，在文化教育和医护领域就业的妇女数量明显增加，妇女从业范围也不断扩大，进入铁路、银行、海关、电信局、邮电局等新兴领域。到20世纪30年代，妇女也开始涉足法律、科学、实业和演艺界。

尽管妇女就业出现新的气象，但整体人数规模有限，且职业壁垒非常突出，在各自的行业领域中所占比例也非常低，有的行业依然被男性垄断，并且妇女能晋升到决策岗位的更是比较鲜见。此外，职业女性面临家庭和工作的冲突开始凸显，许多妇女结婚之后会退出职场，这也说明伴随妇女走出家门参加社会劳动，性别角色冲突对妇女就业的制约也逐渐显露出来，但当时尚未形成妇女劳动权益保护的现代理念，甚至有的单位干脆拒绝雇用已婚妇女，使得妇女就业受到更多的限制。

综上可见，经过漫长的封建社会，妇女终于在近代开始更多地走出家门，参与社会劳动，跻身前所未有的新领域、新行业，并且有相对独立的经济收入，逐步建立起家庭之外的社会关系网络，甚至形成一种政治影响力，使妇女和社会变革与发展紧密联系起来。近代以来经济社会变革使妇女在经济生活中的角色和作用逐步扩展，也使妇女在马克思主义所指引的个人自由全面发展的道路上迈出了关键的一步。

二、当代妇女就业的进展

从全球视野来看，19世纪以来各国妇女就业率大都呈上升趋势，但受客观环境的影响，妇女就业并不是特别稳定。新民主主义革命时期，在国内战争的影响下，我国妇女就业出现萎缩。1949年新中国成立时，在全国全民所有制单位中，女职工的比例仅为7.5%。①新中国成立后，在党和政府的号召与支持下，妇女以“主人翁”的姿态广泛参与社会主义改造和社会主义建设，成为经济领域的“半边天”力量。改革开放以来，伴随着社会、政治、经济、文化等领域的深刻变革，妇女就业在不断扩展的同时也开始出现新的问题，比如，男女收入差距、职业性别隔离、就业性别歧视、“玻璃天花板”、女大学生就业难、妇女劳动权益保护等逐渐成为国家政策关注的重点。

---

① 金窗爱：《中国当代女性就业问题研究》，博士毕业论文，东北师范大学，2012，第23页。

1. 新中国成立之初的妇女就业

新中国成立为妇女就业打开了新的大门。1949年，我国颁布了具有临时宪法作用的《共同纲领》，规定：中华人民共和国废除束缚妇女的封建制度。妇女在政治的、经济的、文化教育的、社会的生活各方面，均有与男子平等的权利。实行男女婚姻自由。这一原则也体现在1954年的宪法当中，妇女的权利以国家根本大法的形式确立起来。妇女社会参与意识日益高涨。国家也充分认识到妇女的力量，毛泽东同志曾指出，“妇女是一种伟大的人力资源，必须挖掘这种资源，为了建设一个伟大的社会主义国家而奋斗”①。这一论断激励了广大妇女的劳动热情，也奠定了后来“妇女能顶半边天”的思想。妇女就业在法律和主流意识形态上得到了前所未有的重视。

同时，新中国为妇女参与社会生产提供了政策支持和倾斜性措施，妇女就业的人数和领域都与之前显著不同。在计划经济模式下，国家大力倡导城镇劳动力就业，并通过国家部门安排劳动力就业，一些妇女也包括在内，于是就业人数有了突飞猛进的变化。1949—1957年，全民所有制单位中女职工人数从60万增加到328.6万，比重从7.5%升至13.4%，1959年更是达到800万人。②1978年，全国全民、集体所有制企事业单位中女职工达到3128多万人，占职工总数的32.7%。③妇女就业的行业分布较广，

---

① 毛泽东：《发动妇女投入生产，解决了劳动力不足的困难》（1955年9月），载《毛泽东周恩来刘少奇朱德论妇女解放》，人民出版社，1988，按语第64页。

② 黄桂霞：《中国共产党妇女就业保障思想与实践的发展》，《妇女研究论丛》2011年第4期。

③ 佟新：《社会变迁与中国妇女就业的历史与趋势》，《妇女研究论丛》1999年第1期。

1981年的《中国统计年鉴》显示，妇女在工业（占39.5%）、服务业（占40.7%）、城市公用事业（占38%）、文教卫生和社会福利事业（占38.5%）所占比重高一些。[①]此时的妇女整体就业率高达80%，远超国际水平。妇女作为劳动者的形象深入人心，涌现出一大批劳动模范和典型人物，比如，第一代女飞行员、第一代女火车司机、第一批女拖拉机手，还有许多全国著名的“铁姑娘”，如邢燕子、郭凤莲等，成为当时青年人的榜样。

但是，此时妇女就业也存在一些新问题，比如，妇女在城镇集体企业职工中占半数，而在全民所有制单位中妇女仅占三分之一左右，这说明在城镇就业人口中，妇女比男性在国民经济中的影响力弱得多。许多行业依然是男性专属的，妇女进入是非常难的，而且妇女从业岗位层次、类型等也低于同行业男性。另外，就业政策主要是面向城镇，广大农村妇女以集体生产的形式参加农业合作和人民公社的生产劳动，但城乡就业差距较大。

总之，计划经济时期妇女就业在数量和质量方面有很大突破，尽管这是在特定的政治和经济模式下才出现的情况，但对妇女整体社会参与来说是有积极意义的。尽管这一时期产生了忽视生理性别差异的现象，但广大妇女以积极的面貌投身社会生产，“妇女能顶半边天”“男女都一样”等平等理念得到普及，对于妇女权利保障和社会地位提高都有着深远的影响。

2. 改革开放以来的妇女就业

改革开放以来，国家经济社会快速发展为妇女带来更大的

① 国家统计局编《中国统计年鉴1981》，中国统计出版社，1982，第122页。

发展空间，妇女就业人数显著上升。进入21世纪以来，伴随着信息技术的高速发展，以及女性教育水平和社会参与主体性上升，女性就业成为全球劳动力市场最明显的变化，几乎各行各业都有女性的身影，而且整体就业质量有所上升。1978年，全国妇女就业人数1.7亿，到2017年达到3.4亿，40年间翻了一番。妇女就业领域进一步拓展，2010年，妇女从事第二、第三产业的比例为46.8%，比1982年提高了24.8个百分点。[①]2020年，妇女从事第二、第三产业的比例比2010年又有显著提升，分别占17.1%和54.1%。[②]从就业比例来看，1990年，我国城镇男性就业率为90%，女性为76.3%；2000年，随着经济领域变革和技术发展，男女就业比例稍微降低，男性就业率为81.5%，女性为63.7%。[③]2010年，男性在业率为87.2%，女性在业率为60.8%。[④]第四期中国妇女社会地位调查显示，2020年，城镇妇女在业比例为66.3%。[⑤]尽管妇女就业的比例有所下降，但整体上妇女就业情况稳定。

同时，妇女就业结构与就业质量也有所突破，专业技术人员中妇女的比例较高。2017年中、高级职务的专业技术人员中女性比

① 中华人民共和国国务院新闻办公室编《平等 发展 共享：新中国70年妇女事业的发展与进步》，人民出版社，2019，第19—20页。

② 第四期中国妇女社会地位调查领导小组办公室：《第四期中国妇女社会地位调查主要数据情况》，《中国妇女报》2021年12月27日第4版。

③ 第二期中国妇女社会地位调查课题组：《第二期中国妇女社会地位抽样调查主要数据报告》，《妇女研究论丛》2001年第5期。

④ 第三期中国妇女社会地位调查课题组：《第三期中国妇女社会地位抽样调查主要数据报告》，《妇女研究论丛》2011年第6期。

⑤ 第四期中国妇女社会地位调查领导小组办公室：《第四期中国妇女社会地位调查主要数据情况》，《中国妇女报》2021年12月27日第4版。

例分别为48.6%和38.3%（其中正高级职务也达到32.5%）。[①]2018年，女企业家占企业家总数的30%，在互联网领域创业者中女性占55%，越来越多的妇女投身新产业新业态。[②]农村妇女就业也有新迹象，2010年，农村在业女性从事非农劳动的比例为24.9%，男性为36.8%，比2000年分别提高了14.7和17.9个百分点。[③]2020年，农村在业女性中，非农就业比例提高为39.5%。[④]2013年，全国女性就业人数为34640万，占就业总数的45%。[⑤]2020年，18～64岁在业者中，女性占43.5%，男性占56.5%。[⑥]女性就业稳定性也有所增加，城镇登记失业人员中女性比例为41.3%，比2010年下降了0.8%。《2018中国劳动力市场发展报告》指出，从2007年到2018年，我国劳动力市场性别平衡性指数从53.6%上升为65.8%，劳动力市场中女性就业结构和质量呈现向好趋势。[⑦]毫无疑问，女性已经成为我国经济社会发展不可忽视的重要力量，“她时代”的到来已经成为新世纪劳动领域的一大新特点。

总体来看，改革开放以来，我国经济领域发生深刻变革，

---

① 国家统计局社会科技和文化产业统计司：《2018中国妇女儿童状况统计资料》，中国统计出版社，2019，第70页。

② 黄晓薇：《高举习近平新时代中国特色社会主义思想伟大旗帜 团结动员各族各界妇女为决胜全面建成小康社会 实现中华民族伟大复兴的中国梦而不懈奋斗——在中国妇女第十二次全国代表大会上的报告》，《中国妇运》2018年第11期，第23—34页。

③ 第三期中国妇女社会地位调查课题组：《第三期中国妇女社会地位抽样调查主要数据报告》，《妇女研究论丛》2011年第6期。

④ 第四期中国妇女社会地位调查领导小组办公室：《第四期中国妇女社会地位调查主要数据情况》，《中国妇女报》2021年12月27日第4版。

⑤ 国务院新闻办公室：《中国性别平等与妇女发展》，人民出版社，2015。

⑥ 第四期中国妇女社会地位调查领导小组办公室：《第四期中国妇女社会地位调查主要数据情况》，《中国妇女报》2021年12月27日第4版。

⑦ 管健：《数字经济按下女性独立加速键》，《人民论坛》2019年第31期，第68—69页。

妇女经济参与也随之变化，妇女就业质量得到提高，职业性别隔离有所突破，妇女在经济社会中的作用日益凸显。但是，在经济社会转型过程中，女性受到的冲击远大于男性，女性劳动就业面临性别歧视、收入偏低、男女收入差距、不同龄退休等问题。为了保障妇女权益，促进妇女发展，我国也先后出台了一系列法律政策。

第二节　妇女就业困境及其社会性别分析

就业是妇女社会参与、获得劳动报酬的基本手段，也是妇女实现自我价值、得到社会尊重的主要方式。尽管21世纪妇女就业已经成为全球劳动力市场最显著的变化，但是与男性相比，妇女面临更多的就业困境，例如，妇女就业率和收入偏低、失业率高、就业层次整体较低、女大学生就业难、妇女就业性别歧视、职业妇女家庭与工作角色冲突明显等都是当前值得关注的问题。

一、妇女就业困境问题

我国宪法规定，妇女在政治的、经济的、文化的、社会的和家庭的生活等各方面享有同男子平等的权利。劳动法、妇女权益保障法等也进一步明确了妇女享有平等的经济权利。但是法律规定和现实情况不可能完全同步。妇女享有平等就业权利，但妇女就业难，妇女就业机会受到许多因素限制，就业结构和质量存在诸多问题，也是一直存在的客观事实。

1. 妇女就业机会较少

首先，表现为妇女就业难现象。初次进入劳动力市场的女性，在同等条件下，通常比男性机会更少、起点更低。近十年来，比较突出的妇女就业问题表现在女大学生就业方面。2017年，普通高等学校本专科在校女生占在校生总数的比例已达52.5%，“大学生就业难，女大学生就业更难”成为高等教育领域和劳动就业领域共同关注的问题。在这种背景下，较多女大学生为了就业而通常选择降低就业岗位和待遇要求，加重女性职业下沉现象。还有一个突出问题，女性再次就业面临的难度更大，通常会以更低的起点进入职场，从事技术含量低、劳动报酬少的工作。尽管女性创业也成为女性参加社会劳动的一种渠道，但女性创业的空间和资源都十分局限，性别刻板印象等因素导致社会信任和支持等方面的不足。

其次，表现在妇女就业稳定性相对较弱，在业率比较低。从现有的就业统计来看，妇女在业率一直低于男性是不争的事实。根据全国妇联和国家统计局开展的中国妇女社会地位调查，1990—2010年，女性的在业率一直低于男性，并且尽管男女在业率都呈下降趋势，但女性在业率下降幅度比男性更大。如前文所述，1990年，城镇男性在业率为90%，女性在业率为76.3%；2010年，男性下降为80.5%，而女性下降为60.8%。可见，在20年中，城镇男性在业率下降了9.5%，而女性在业率下降了15.5%。这意味着，经济结构调整和社会转型给女性就业带来的冲击要大于男性。同时，39.2%的城镇女性处于非在业状态，更显示出女性在家庭和社会经济中的角色趋于弱化和边缘化。

尽管我国妇女劳动参与率高于世界一般水平，但同男性劳动者相比，女性就业机会依然偏少，就业层次也整体下沉，入职门槛高于男性，就业稳定性也明显弱于男性。根据国家统计局《中国妇女发展纲要（2011—2020年）》统计监测显示，2015年全国女性就业人员占全社会就业人员的比重为42.9%，2016年为43.1%，2018年为43.7%，2019年为43.2%，尽管这一数字表明女性就业达到了《中国妇女发展纲要（2011—2020年）》所要求的“保持在40%以上”的目标，但整体上妇女在业率依然处于低位，提升妇女在经济生活中的参与率存在多重障碍。

2. 妇女就业层次偏低

妇女就业层次，主要是指女性在各行业领域在业者中的比例和状况，是衡量妇女就业质量和男女就业方面平等权利的重要指标。妇女就业层次偏低已经成为劳动力市场的一个常见现象。尤其是在计划经济向市场经济转型以来，妇女劳动者受到的冲击比男性更为突出，女性就业压力更加突出，尤其是女性再就业人员就业更难，这些加剧了女性在劳动力市场中处于不利地位的状况，迫使女性在职业流动过程中更可能向下流动，就业层次、就业质量都有下沉趋势。

研究表明，自1995年以来，妇女在正规就业中的人数出现锐减。2003年，城镇女性单位从业人员数比1995年下降了29.5%，高于男性2个百分点。到2013年，城镇单位从业人员中，女性所占比例为35%。与这一趋势相反的是，女性在非正规就业中的比重却迅速增加。2000年，女性就业人员中非正规就业者已经占到41%，而男性这一比例为34%。到2010年，女性非正规就业比例提高到51.6%，男性这一比例为46.6%。[①]这说明超过半数的女性在业者从事非正规就业的工作。2015年，在城镇单位就业人员中的女性比重有所提高，达到36.1%[②]，说明在较高层次的就业部门，女性仍然处于弱势。

此外，从行业分布来说，女性就业人口大多数集中在农林牧渔、批发零售、社会服务等领域。近年来，伴随着信息技术的发展，以互联网为基础的平台经济、共享经济企业与劳动者之间的雇佣关系更具有灵活性、周期性和临时性等特点。这些新兴行业为妇女就业提供了新的机遇，同时也带来巨大挑战，因为大多数情况下妇女最容易受雇于非正规就业，依然带有明显的职业层次低、技术含量低、收入不稳定等特点，劳动关系比较脆弱，其劳动权益保障面临更多的困难。

3. 妇女就业收入较低

劳动收入是显示就业质量和社会地位的一个重要维度。研究表明，女性收入整体呈金字塔状分布在各收入层次，女性在高收入群体中占比较低，并且自20世纪90年代以来男女两性收入差距呈扩大趋势。

根据第二期和第三期中国妇女地位调查，妇女收入虽有大幅

① 金一虹：《妇女与经济》，载柯倩婷主编《中国妇女发展20年：性别公正视角下的政策研究》，社会科学文献出版社，2015年，第120—121页。

② 国家统计局：《中国妇女发展纲要（2011—2020年）》中期统计监测报告。http://www.stats.gov.cn/tjsj/zxfb/201611/t20161103_1423701.html，访问日期：2021年2月28日。

度的增长，但是整体上女性收入偏低、男女收入差距大是持续存在的事实。第二期中国妇女社会地位调查显示：1990—2000年，女性与男性的经济收入差距明显拉大，女性收入水平大多处于中等以下。1999年，城镇在业女性包括各种收入在内的年均收入为7409.7元，是男性收入的70.1%；男女两性收入差距比1990年扩大了7.4个百分点；农林牧渔业为主的女性收入仅为男性的59.6%，这个数字比1990年扩大了19.4个百分点；从收入分布上看，47.4%的女性收入处在低收入组（年收入5000元以下），仅有6.1%的女性处于高收入组（1.5万元）；2010年，在城乡低收入组中，女性分别占59.8%和65.7%；而在高收入组中，女性仅占30.9%和24.4%；城乡在业女性的年平均劳动收入仅为男性的67.3%和56%。①由此推算，2000—2010年城镇男女收入差距又拉大2.8个百分点。也就是说，两次全国妇女地位调查显示，1990—2010年，男女收入差距拉大了10.2个百分点。

同时，男女收入差距并未随着女性受教育程度的整体提升而发生根本改变，这说明影响因素非常多元，与就业机会少、就业层次偏低有着直接的关联，而这些困境有着共同的深层次原因，包括传统性别角色定型及就业性别歧视等。

二、妇女就业困境的社会性别分析

妇女的就业机会少、就业质量低、就业收入低，是妇女就业难题的主要特点与表现，但从社会性别视角进行分析，可以看到

① 第二期中国妇女社会地位调查课题组：《第二期中国妇女社会地位抽样调查主要数据报告》，《妇女研究论丛》2001年第5期。

这些表象背后多层次的影响因素。通常，妇女就业难不仅表现在妇女就业机会少，找工作难，实际上更成问题的是妇女难以找到合适的工作，经常被迫降低入职门槛，并且女性就业还存在比较突出的“玻璃天花板”问题、男女不同龄退休、难以实现同工同酬等，这些问题会导致女性就业收入低、职业稳定性差，更难以享受平等的就业机会和薪酬待遇。

1. 就业性别歧视

就业性别歧视，这个概念源自国际劳工组织1985年通过的《关于就业和职业歧视公约》中关于就业歧视的定义。就业歧视，是指基于种族、肤色、性别、宗教、民族社会出身、残障等所做出的，有损就业或职业中平等机会和待遇的任何区别、排斥和优惠。就业性别歧视是就业歧视中较为典型和常见的一种，是基于性别而做出的区别、排斥或者优惠，其结果或目的有损不同性别的就业机会和待遇平等。我国劳动法规定“劳动者就业，不因民族、种族、性别、宗教信仰不同而受歧视”。这说明，除因法律政策规定的特殊岗位外，用人单位基于性别而做出任何区别、排斥或优惠的做法，导致劳动者的就业机会或待遇丧失或受损，即可视为就业性别歧视。

女性进入劳动力市场，在招录环节所受到的基于性别的歧视最为典型和普遍，通常用人单位会用“男女区别对待”“男性优先”或“提高女性录用标准”等方式，将女性拒之门外。男女区别对待，通常表现为女性并非明确被用人单位拒绝，却给予不同的岗位、职责和待遇，通常被安排到较低的岗位层级或者技术要求低、收入低的部门。比如，多数单位在招聘文秘、前台等岗位时“优先考虑女性”，而在招聘高级管理者、高级技术员工时，则通常注明要男性。“男性优先”，通常是在男女同等条件下，用人单位常优先招录男性，这也是女性常遭遇的就业机会性别歧视。“提高录用标准”是一种更为隐晦的性别歧视做法，通常用人单位在同等条件下会优先考虑招录男性，而女性想要获得同等机会，就需要有更为有利的优势和条件，或者要增加“附加条款”，无形中提高了女性的入职门槛。

除了对职业资格和条件的通常要求之外，女性就业还经常遭遇“年龄歧视”“相貌歧视”等，许多招录女性的岗位设定了“18～25岁”“35岁以下”等年龄要求，这使得40岁、50岁及以上的女性就业选择面更为狭窄，就业机会也更少。“相貌歧视”，通常指对应聘者身高、体态和容貌等身体外在条件作出特别要求，这种“以貌取人”的粗陋低俗做法在当今的招录过程中仍较为常见，并且“相貌歧视”在女性就业过程中出现的频率更高，这会直接导致女性专业人才无法进入适当的岗位而造成人才浪费和流失。第三期中国妇女地位调查显示，就业方面遭遇过性别歧视的女性占10%，男性仅为4.5%。①

尽管随着国家促进性别平等就业的相关法律政策的出台，明确在招聘信息中注明“男士优先”的做法越来越少见，但暗箱操作的性别歧视做法仍在继续。有的招聘单位对女性求职者“另眼相待”的手法变得日趋巧妙、隐蔽、虚实结合，让女性防不胜防，有苦难言。有的企业在招聘的筛选过程中，一步步为女性设置障碍，或在签合同时添加特定要求，为后续的区别对待埋下

① 第三期中国妇女社会地位调查课题组：《第三期中国妇女社会地位抽样调查主要数据报告》，《妇女研究论丛》2011年第6期。

"伏笔"——企业规避了相关惩罚条款。并凭借这种"双方合同约定"的、貌似与怀孕不相干的理由，对怀孕女性降薪、调岗甚至辞退。一项关于北京、河北、山东部分高校2014届大学毕业生的调查发现，86.18%的女大学生遭遇过性别歧视，其中既包括显性性别歧视，也包括隐性性别歧视；在受访的女大学生当中，74.61%的人表示自己在求职中曾遭遇至少3种以上形式的性别歧视。[①]无数女性默默承受着就业过程中的性别歧视，不得不降低门槛，或者接受附加条款。综上所述，就业性别歧视加重了女性就业难现象。

2. "玻璃天花板"

在业女性还经常遭遇"玻璃天花板"（glass ceiling）问题。20世纪80年代，"玻璃天花板"这个词开始出现，用来描述女性在职位晋升中遭遇的无形壁垒——高层的职位对女性群体来说并非遥不可及，却无法真正接近，因为存在隐性的、观念或制度上的歧视。"玻璃天花板"将女性隔离在职业阶梯的底部，从事着技术含量低、收入低的工作，从而导致女性无法与男性共享社会资源和社会发展的成果，是劳动领域典型的性别不平等问题。

"玻璃天花板"是一种全球现象，存在于各国和社会各领域，包括政治、经济、科学技术、教育文化等。在西方发达国家，女性员工占整个劳动大军的近半数，然而在许多大公司中，女性职员大多从事低层次的工作，在公司高层中，女性所占比例少之又少。以美国为例，1995年，美国政府特别任命的"玻璃天

① 杨慧：《大学生招聘性别歧视及其社会影响研究》，《妇女研究论丛》2015年第4期。

花板”委员会发现，女性占美国整个劳动大军人数的45.7%，在拥有硕士学位的人群中占一半以上。然而，95%的高级管理人员是男性，女性管理人员的收入平均仅是同级别男性的68%。麦肯锡全球研究院一项对全球近600家公司的调查研究表明，2020年，44%的公司中至少有3名女性高管，这个数字比2015年提高了15%。[①]这说明“玻璃天花板”在一定程度上开始裂缝，但是整体来看，性别比例严重失调的情况尚未改观。

我国就业领域也存在比较严重的“玻璃天花板”现象，女性职业发展受到更多的限制。据前文所述，妇女就业更多集中在职业中下层，在大多数企事业单位，正职领导中女性的比例很低，其原因之一就是“玻璃天花板”带来的职业瓶颈。另外，在参政领域，女性在政府部门担任领导角色的情况呈现出“五多五少”现象（副职多，正职少；处级及以下多，局级及以上少；辅助性岗位多，主流岗位少；业务型领导多，政界领导少；局级领导年龄大的多，年轻的少），也是女性参政之路存在无形壁垒的表象。可见，“玻璃天花板”现象导致大多数女性沉淀在职场中下层，难以晋升到政府部门或企事业单位的决策层。

3. 男女不同龄退休

现有男女不同龄退休政策也是影响女性平等就业的一个重要方面。我国现行的退休政策，基本上是按照女性比男性早5—10年的不同龄退休规定。这一制度初次确定时，是具有积极意义的。它是在考虑当时的劳动条件和男女生理特点等因素的基础上制定

① 王爽：《全球职场女性的“玻璃天花板”，破除进行时！》，《中外管理》2020年第Z1期。

的，对于女职工劳动权益保护发挥了重要作用。但是随着经济领域变革和劳动用工制度的改革，男女不同龄的退休制度已不合时宜，并且产生了一些现实的问题，比如，女职工的退休年龄过低的规定，使女性比男性早5—10年退出职场，直接影响其职业规划和提拔晋升，进而影响其收入水平和养老保险待遇。对此，学界已有大量相关研究。

首先，男女不同龄退休规定与宪法中的男女平等原则不符。我国宪法规定，妇女在政治、经济、文化、社会和家庭生活等方面享有同男子同等的权利。这就意味着妇女与男子享有共同的就业权、劳动权、劳动者休息权和退休人员生活保障权等权利。相较于平等就业权更多受到学界关注，劳动权和退休权则缺乏充分讨论。劳动权，是指有劳动能力的公民有获得参与社会劳动和领取相应报酬的权利，其中理应包含工作权、进入和退出劳动力市场的平等权利。在女性人均预期寿命长、受教育水平普遍提升等情况下，大多数女性反而比从事同类工作的男性早5年退休，导致女性劳动权利没有得到合理的依法保障，女性参与经济、社会发展的平等权利受到损害。

其次，不同龄退休制度，影响了对女性人力资本未来投入、女性人才晋升和女性自身发展定位。比男性早退休，使得女性更容易遭遇职场的“玻璃天花板”，限制了女性劳动者自身潜力的发挥。例如，女干部55岁退休的政策规定，在实际执行的过程中，往往会导致50岁左右的女干部不再被考虑在培养选拔之列，甚至有些地方规定县处级女干部在50岁或53岁时要调离岗位，这极大地挫伤了女干部的工作热情，容易导致女干部在50岁左右就进入半退休状态，而同龄男性却较少受到退休年龄的困扰与影响。这种因年龄和性别导致女性不能晋升的“玻璃天花板”，不仅影响其职业规划和自我价值实现，导致女性人才流失，也对国家人才资源造成浪费，不利于经济社会的可持续发展。

再次，不同龄退休制度容易引发劳动争议问题。我国现行的基本养老保险政策或未实行基本养老保险的机关事业单位里退休费计算办法都或多或少地与就业年限和缴费贡献相联系。女性早退休，会影响女性的工龄时间，进而影响养老金的计发比例，损害女职工的养老金待遇。因此，在实际执行过程中，对于职工身份及退休年龄的认定就常成为争议的源头。通常，用人单位会依据对职工身份及其岗位性质等方面的认定来判断退休年龄，而如今已经取消了“女干部”和“女工人”的身份差别，岗位性质又容易引发不同的理解与判断，因此而导致的劳动纠纷屡见不鲜。

此外，“一刀切”的男女不同龄退休规定，对于男女两性都有影响。有能力、有条件继续工作的女性可能被迫提前退休，而不具备劳动能力的男性有可能被迫坚持到60岁才能退休。男女不同龄退休的规定，随着时代的发展，其特定的背景条件已经改变，最初基于保护女性初衷的做法已经渐渐为大众所诟病。男女不同龄退休既不符合男女平等的宪法精神，也未达到男女平等基本国策的要求，在造成人力资源浪费的同时，也加重老龄化社会的养老负担，不利于社会的可持续发展。

4. 同工同酬难以落实

我国宪法保障妇女在政治、经济、文化、社会和家庭生活等各方面享有同男子平等的权利，实行男女同工同酬。劳动法也规定，工资分配应当遵循按劳分配原则，实行同工同酬。但是，在实际执行过程中，男女同工同酬很难实现。

一方面，同工同酬的定义存在不同的理解，影响这一原则的实现。一般来说，“同工”比较容易理解为同样的工作，即“同岗同酬”——相同的工作岗位要获得相同的报酬。但是，“同工”并不一定必须是同样岗位的工作，还包括“同等价值的工作”，即“同值同酬”——相同的劳动成果应获得相同的劳动报酬。通常，同样岗位的报酬比较容易实现，但是同等价值的工作认定就难以统一标准和监测评估。

另一方面，男女同工同酬的实现还存在一个更大的难点，就是就业领域的性别隔离。如前文所述，妇女与同等条件的男性相比，就业机会更少、就业层次更低，存在严重的性别隔离，包括纵向性别隔离和横向性别隔离。纵向性别隔离，是指在同一行业中，男性通常有着较高的职位与薪资，女性则沉在职业中下层，处于职位低、薪资低且因存在职业发展的“玻璃天花板”而不易升迁。横向性别隔离，是指男女在某一职业中的构成比例与其在全部人口中的比例不一致，女性更多分布在低技术、低稳定性的劳动密集型行业和用人单位，尤其是常被以非正式的就业形式雇用，其岗位待遇既低又难以保障。

此外，就业性别歧视使得女性的平等就业权和发展权受到损害，即便是同一岗位，男女收入也存在很大差距。用人单位在男女入职待遇方面从一开始就可能存在性别差异，并且后续女性获得职业技能培训、晋升、加薪的机会也普遍低于男性。据调查，女大学生的平均工资待遇比男大学生少10%左右，在某些单位或某些工种中，与男大学生相比，女大学生实际获得的工资等待遇的差距更大，相同待遇条件下，女大学生实际获得的就业范围更为狭窄。[①]

所以，仅仅把“同工同酬”写入法律和政策还不够，还需要对就业领域的其他问题进行纠正，以避免结构性的就业性别差距和女性劳动价值的低估等问题对此原则的消解。更重要的是，要把笼统规定、原则性的条款，变成具有明确定义和具体可操作的规定、标准，比如“同等价值，同等报酬”要更清楚地进行界定，明确劳动价值和工资、福利、待遇的标准与内容。

5. 工作与家庭角色冲突

角色冲突，是指当个体在面临多种角色期待时，常会产生不能兼顾角色要求的状态，或者因此而产生其他困境。工作角色与家庭角色冲突是最主要的一种角色冲突，而这在职业女性身上表现得更为突出。

当代社会的发展使人们对女性社会角色和家庭角色的期待和需求都在不断提升，而我国的社会化服务相对滞后，职业女性往往会陷入社会角色和家庭角色的矛盾和冲突之中，导致自身、家庭和社会等方面的诸多问题。角色冲突，可以说是20世纪以来职业女性面临的主要压力之一。伴随着我国老龄化社会的到来，以及生育政策、养老政策、家庭政策等方面的不断调整，家庭的作用和家庭角色的期待更加突出，职业女性角色冲突依然是绕不开的妇女发展议题。根据全国妇联2017年的一项调查显示，49.1%的用人单位在招聘中关注应聘者的性别和婚育状况，54.7%以上的妇女在求职

① 康雁冰：《女大学生就业歧视现象、成因及对策研究》，《宜春学院学报》2020年第5期。

面试中被问及与结婚、生育有关的问题。[①]尽管我国已经出台相应的禁止招录过程中询问婚育情况的相关政策，但是不难想象，在新的“三孩”政策出台之后，女性就业将遭遇更大挑战。

社会角色和家庭角色的冲突，主要表现为工作和家庭的冲突，因为在这两个领域的角色压力大多是不相容的，甚至是竞争和对抗的。这种冲突一方面表现为，因工作任务或者工作压力使得个体难以尽到对家庭的责任；另一方面表现为，家庭需要或者家庭负担过重使得个体难以完成工作任务或者满足工作需求。我国传统社会形成的“男主外，女主内”的性别分工模式依然广泛存在于社会习俗和观念中，导致女性在家庭中承担着养育子女、赡养老人、家务劳动、情感支持等方面特别重要的角色。对于职业女性来说，既要满足工作角色的要求，又要承担繁重的家庭角色，比男性更容易遭遇工作—家庭冲突：家庭角色影响其职业发展，甚至遭遇各类性别歧视；而工作角色也影响其家庭角色的实现，使女性容易陷入双重负担的“蜡烛两头烧”的困境。

旷日持久的角色冲突对社会、对女性、对家庭都十分不利。“超负荷运转”的职业女性常常是顾此失彼、心力交瘁，处在两者未能兼得的苦恼中。而且，工作—家庭冲突给女性及其家人带来诸多问题，进而影响社会更多的层面，比如，在严重的角色冲突重压之下，越来越多的职业女性选择晚婚晚育、丁克家庭，甚至独身来保证自己的就业和生存权利，家庭关系、家庭结构和职能随之发生显著改变。而且，随着女性教育水平的提升、个体发

① 王显勇：《疏堵结合防治就业性别歧视》，中国妇女研究网2018年12月17日。https://www.wsic.ac.cn/index.php? m=content&c=index&a=show&catid=3&id=139，访问日期：2021年1月12日。

展理念以及家庭教育观念等方面的变化，男性承担的家庭责任内容和投入也随之改变，男性的角色冲突现象也日趋明显。所以，表面上看角色冲突的主体是职业女性，但实际上也包括男性，它反映的不仅是性别问题，而且是家庭和社会问题，是关系着“人的生产”和“物的生产”的重要问题，是实现社会可持续发展必须应对的问题。

大量研究表明，减少工作—家庭冲突的主要途径是社会支持，通过完善社会支持系统来降低工作—家庭角色冲突，其中包括重视平衡个体的社会角色和家庭角色，正确评价工作角色和家庭角色的价值，并提供相应的支持、鼓励打破性别刻板定型，为男女共同承担家庭责任创造条件等。当前，尽管我国降低角色冲突的法律政策有所增加，但是女性对家庭和社会的贡献，尚未得到充分的认可和尊重，因家庭角色而产生的性别歧视现象依然广泛存在。面对家庭与社会的双重角色负担，女性难以获得平等就业地位。

综上可见，妇女就业困境尽管与经济社会发展的大环境密不可分，但也有着特定的性别因素，就业性别歧视、“玻璃天花板”问题、男女不同龄退休、“同工难，同酬更难”、工作角色与家庭角色冲突等，并未伴随着经济社会发展而消失。因此，全面落实男女平等基本国策，需要在推进社会可持续发展过程中进一步推动性别平等与妇女发展。

第三节　我国妇女就业的相关政策分析

新中国成立以来，男女平等的就业权利就写入了1949年的《共同纲领》和1954年第一部宪法，从根本上保障妇女劳动就业权益。其后，又先后出台劳动法、《女职工劳动保护规定》、妇女权益保障法等法律规定，对妇女劳动就业权、女职工特殊利益等进行了多方位保护，已经基本形成了一整套保障妇女平等就业、促进妇女职业发展的法律政策体系。

一、保障和促进妇女就业的法律政策

我国宪法、劳动法、就业促进法和妇女权益保障法等均赋予男女平等的劳动保障权，我国也是第一批签署《消歧公约》的国家之一，男女平等是我国一项基本国策，可以说我国对消除各领域的性别歧视立场明确而坚定。

1. 保障妇女就业的基本法律政策

我国宪法作为国家根本大法，为妇女平等就业权提供了根本保障。宪法（2018修正）规定："中华人民共和国公民在法律面前一律平等，公民有劳动的权利和义务，也有休息的权利。"并且在第四十八条明确规定："中华人民共和国妇女在政治的、经济的、文化的、社会的和家庭的生活等各方面享有同男子平等的权利。"宪法确立了"人人平等"的根本原则，并明确了公民的劳动权利和义务，及对公民参加劳动提供支持和保障，男女平等享有各项权利，成为其他法律和政策的根本原则和法律依据。

妇女就业权利更为直接的法律保护来自劳动法、就业促进法和妇女权益保障法等相关法律。劳动法（2018修正）为妇女就业提供了全面保障："劳动者享有平等就业和选择职业的权利、取得劳动报酬的权利、休息休假的权利、获得劳动安全卫生保护的权利、接受职业技能培训的权利、享受社会保险和福利的权利等。"劳动法还规定，"劳动者就业，不因民族、种族、性别、宗教信仰不同而受歧视；妇女享有与男子平等的就业权利。在录用职工时，除国家规定的不适合妇女的工种或者岗位外，不得以性别为由拒绝录用妇女或者提高对妇女的录用标准。"这可以说是劳动法为就业领域提供的最基本的性别平等保障。劳动法还规定女职工在孕期、产假、哺乳期内的，单位不能解除劳动合同。此外，劳动法还规定了同工同酬、产假、女职工特殊保护等具体内容，并对侵害女职工劳动权益的行为进行处罚。劳动法是宪法中有关公民就业权的具体化，对妇女劳动就业具有较强的现实指导意义，成为处理劳动关系和解决劳动纠纷的主要依据。

妇女权益保障法作为一部保障妇女权利的专门法，涵盖了妇女权益的各个方面，对妇女就业权利的保障更为综合全面。妇女权益保障法自1992年开始实施，经过2005年和2018年两次修正，内容更加符合我国发展进程和时代要求。妇女权益保障法（2018修正）第一条和第二条就明确立法目的和基本理念，即"为了保障妇女的合法权益，促进男女平等，充分发挥妇女在社会主义现代化建设中的作用”“妇女在政治的、经济的、文化的、社会的和家庭的生活等各方面享有同男子平等的权利。实行男女平等是国家的基本国策。国家采取必要措施，逐步完善保障妇女权益的各项制度，消除对妇女一切形式的歧视”。这些条款奠定了各领域妇女权利保护的基石，为维护妇女权益、促进男女平等提供了制度保障。

妇女权益保障法关于妇女就业权利主要体现在“劳动和社会保障权益”一章。其中规定了“妇女享有与男子平等的劳动权利和社会保障权利”“男女同工同酬”和“生育保险制度”等妇女就业基本权益。妇女权益保障法禁止就业性别歧视的条款更加细致，规定“不得以性别为由拒绝录用妇女或者提高对妇女的录用标准”，并明确要求“劳动（聘用）合同或者服务协议中不得规定限制女职工结婚、生育的内容”“不得因结婚、怀孕、产假、哺乳等情形，降低女职工的工资，辞退女职工，单方解除劳动（聘用）合同或者服务协议”“在晋职、晋级、评定专业技术职务等方面，应当坚持男女平等的原则，不得歧视妇女”。此外，还明确提出了“四期”保护的要求，“妇女在经期、孕期、产期、哺乳期受特殊保护”。妇女权益保障法有力保障了妇女的公平就业和同工同酬权利。依据这些规定，北京、河南、陕西、浙江、江苏等地规定了痛经假，允许女职工在特殊时期休息1天或2天。2021年，妇女权益保障法修订草案进一步要求，用人单位在招录（聘）过程中，除国家另有规定的外，不得限定男性或者规定男性优先，不得询问或者调查女性求职者的婚育情况以及意愿，不得将限制婚姻、生育以及婚姻、生育状况作为录（聘）用条件。这些规定将为消除就业领域的性别歧视提供新的法律支持。

为了促进就业，促进经济发展与扩大就业相协调，促进社会和谐稳定，我国就业促进法（2015修正）也有关于妇女就业权利的规定。第三条规定："劳动者依法享有平等就业和自主择业的权利。劳动者就业，不因民族、种族、性别、宗教信仰等不同而受歧视。"第二十七条规定："国家保障妇女享有与男子平等的劳动权利。用人单位招用人员，除国家规定的不适合妇女的工种或者岗位外，不得以性别为由拒绝录用妇女或者提高对妇女的录用标准。用人单位录用女职工，不得在劳动合同中规定限制女职工结婚、生育的内容。"就业促进法将"就业歧视"写入法律是非常有意义的一次创新。第二十五条和第二十六条规定，"各级人民政府创造公平就业的环境，消除就业歧视""用人单位招用人员、职业中介机构从事职业中介活动，应当向劳动者提供平等的就业机会和公平的就业条件，不得实施就业歧视"。尽管这些规定不仅限于就业性别歧视，却明确了政府在消除就业歧视方面的责任，以及用人单位在招录过程中确保平等机会、公平待遇的要求。

此外，劳动合同法、公务员法等也有关于不得辞退"在孕期、产假、哺乳期内的"女性的规定。劳动合同法第五十二条还规定："企业职工一方与用人单位可以订立劳动安全卫生、女职工权益保护、工资调整机制等专项集体合同。"2014年实施的《工会女职工委员会工作条例》第六条也规定了工会女职工委员会应"参与平等协商、签订集体合同和女职工权益保护等专项集体合同工作，并参与监督执行"。据此而签订的女职工权益保护专项集体合同，或称女职工特殊利益专项集体合同，有利于从源头维护妇女权益。因为签订合同的不再是个体，而是女职工集体，与用人单位的协商力量更加强大，其效果也不是仅惠及个别女职工，而是全体女职工。

总体来看，宪法、劳动法、妇女权益保障法等虽然法律位阶不同，内容侧重也各不相同，但都为妇女公平就业、同工同酬、禁止婚育歧视、“四期”保护等提供了基本法律保障，也成为妇女发展政策的主要法律依据。

2. 保障和促进妇女就业的其他政策

从法律规定来看，考虑女性的生理特点和生育角色给予了特殊保护，以保障妇女劳动就业权利。为了减少和解决女职工在劳动中因生理特点造成的特殊困难，保护女职工健康，我国在1988年《女职工劳动保护规定》的基础上，于2012年制定并实施了《女职工劳动保护特别规定》，重点调整了女职工禁忌从事的劳动范围，并规范了产假假期和产假待遇。

《女职工劳动保护特别规定》对女职工产假进行了更为详细的规定，成为其他政策的主要依据。劳动法第六十二条规定：“女职工生育享受不少于九十天的产假。”《女职工劳动保护特别规定》第七条规定：“女职工生育享受98天产假，其中产前可以休假15天；难产的，应增加产假15天；生育多胞胎的，每多生育1个婴儿，可增加产假15天。女职工怀孕未满4个月流产的，享受15天产假；怀孕满4个月流产的，享受42天产假。”以上规定明晰了女职工应该享有的产假时间，减少了现实执行的难度，具有较强的现实意义。

《女职工劳动保护特别规定》还对女职工禁忌从事的劳动范围做了调整，扩大了孕期和哺乳期禁忌从事的劳动范围，缩小了经期禁忌从事的劳动范围，从现实角度减少了女职工劳动保护与妇女就业权利的冲突，更有利于妇女权益和全面发展。

此外，《女职工劳动保护特别规定》进一步明晰了责任主体及违规责任，用人单位违反女职工劳动保护的法律责任更加明确，如果违反本规定第七条，将按照受侵害女职工每人1000元以上5000元以下的标准处以罚款；如果违反本规定附录第三条、第四条，让孕期、哺乳期妇女从事禁忌劳动的，将处5万元以上30万元以下的罚款，情节严重的甚至被责令关停。

由此可见，《女职工劳动保护特别规定》的颁布实施，具有十分重要的意义，既体现了国家对妇女参加劳动就业的尊重和重视，又特别考虑到女性健康与安全，并且女性还承担着人类繁衍的重要社会责任，因此努力在尊重和保护之间寻求平衡，体现了以人为本的发展理念。不过，学界和社会上也有一些争议值得进一步思考，有一种观点认为，禁忌劳动的规定如果超过了“四期”保护范围，则有损女职工的自主选择权，因为禁忌劳动中有许多工作虽然危险或繁重，却是高薪的工作，应该给予男女两性平等的选择权。

3. 保障妇女就业权利的最新政策

近两年我国先后出台多个政策，直接关切妇女就业和全面发展问题，而且多数情况下是多部门联合发文，共同推进妇女事业，这是非常可喜的进展。

2019年，人社部、教育部等九部门印发《关于进一步规范招聘行为促进妇女就业的通知》（以下简称《通知》）进一步规范招聘行为，打击就业性别歧视，促进妇女平等就业。《通知》明确指出，妇女就业依然面临一些难题，尤其是招聘中就业性别歧视现象屡禁不止，对妇女就业带来不利影响；《通知》明确要求，“各类用人单位、人力资源服务机构在拟定招聘计划、发布招聘信息、招用人员过程中，不得限定性别（国家规定的女职工禁忌劳动范围等情况除外）或性别优先，不得以性别为由限制妇女求职就业、拒绝录用妇女，不得询问妇女婚育情况，不得将妊娠测试作为入职体检项目，不得将限制生育作为录用条件，不得差别化地提高对妇女的录用标准”。《通知》特别明确地规定了不得实施的六种就业性别歧视行为，较为直接地回应了近年来生育政策调整给妇女就业带来的困扰和现实问题，为减少就业性别歧视，保障妇女平等享有就业权提供有力支持。

《通知》还特别要求为女大学生和产后返岗女职工进行就业支持与服务，并通过完善生育保险制度、加强社会公共服务、加强侵害女职工权益的监察执法，建立信息发布审查和投诉处理机制，建立联合约谈机制，健全司法救济机制。通过这一系列的规定，明确禁止了招聘就业各环节的性别歧视做法，并健全了综合防治机制，提高了性别歧视问题的违规成本，是公共政策领域一次有益的举措。

2021年5月31日召开的中共中央政治局会议指出，进一步优化生育政策，实施一对夫妻可以生育三个子女政策及配套支持措施。随后三孩生育政策的配套政策——中共中央国务院《关于优化生育政策促进人口长期均衡发展的决定》于7月20日正式公布。

该决定明确要求：“落实好《女职工劳动保护特别规定》，

定期开展女职工生育权益保障专项督查。为因生育中断就业的女性提供再就业培训公共服务。将生育友好作为用人单位承担社会责任的重要方面，鼓励用人单位制定有利于职工平衡工作和家庭关系的措施，依法协商确定有利于照顾婴幼儿的灵活休假和弹性工作方式。”“支持有条件的地方开展父母育儿假试点，健全假期用工成本分担机制。继续做好生育保险对参保女职工生育医疗费用、生育津贴待遇等的保障。”该决定强调要保障女性就业合法权益，完善生育休假与生育保险制度，加强公共托幼养服务等，将有助于减少妇女社会劳动与生育角色冲突，尽管在生育调整政策背景下，妇女就业仍然面临诸多潜在风险，但该决定的迅速发布意味着国家重视人口和社会可持续发展，并且重视妇女在社会和家庭中的独特作用，公共政策的理念和内容日趋完善，今后对于妇女发展必将有更积极的保障和促进方案。

2021年7月19日，科技部、全国妇联、工业和信息化部、人力资源社会保障部等13个部门联合印发《关于支持女性科技人才在科技创新中发挥更大作用的若干措施》（国科发才〔2021〕172号），明确要求在“十四五”和今后相当长时期内，要坚持性别平等、机会平等，为女性科技人才成长进步、施展才华、发挥作用创造更好环境，努力造就一批具有世界影响力的顶尖女性科技人才。这一最新的政策要求，培养造就高层次女性科技人才，大力支持女性科技人才创新创业，加强女性后备科技人才培养支持，支持孕哺期女性科技人才科研工作，并且要求完善女性科技人才评价激励机制。这些都将对女性科技人才成长提供直接助力。

4. 妇女就业法律政策存在的薄弱点

尽管我国已经形成了一套比较完整的妇女就业保障体系，但随着经济社会的发展，妇女就业方面的问题也日益突出，重新审视已有的就业政策，并积极回应现实政策需求，已经成为各级政府部门的当务之急。当前，梳理我国妇女就业相关政策，可以发现一些有待完善的薄弱点。

首先，保障妇女平等就业的法律不完善。宪法、劳动法等对妇女权益的保护条款，原则性规定较多，内容比较空泛，难以执行落地。并且，现有的就业政策缺乏对“就业性别歧视”的明确界定，导致在执行过程中有些性别歧视行为无法判定和制裁。现有就业法律法规中缺乏对就业性别歧视行为的惩罚性条款，或者处罚力度较轻，使得用人单位违规成本较低，难以形成约束机制。

其次，妇女平等就业的保障机制不足，导致政策执行不力。国务院妇女儿童工作委员会作为专门负责妇女事务的国家部门，在推进妇女平等就业方面起了重要作用。但是，就业涉及的领域和部门比较多，包括全国妇联、工业和信息化部、人力资源社会保障部、卫生健康委等，这使得就业性别歧视问题的处理比较复杂和混乱。目前，尚缺乏对就业性别歧视的常态监督的机构，导致就业领域性别歧视问题难以及时发现和解决。

再次，政策制定者和执行者的理念局限，以及传统社会观念的影响，导致性别平等就业的政策不够完善，落实过程中也遭遇各种困难。社会性别平等理念在政策制定过程中尚未普及，有些政策在保护妇女的同时，也可能会产生对妇女发展的限制。比如，妇女禁忌劳动防护和“四期”保护，一方面有利于保护妇女劳动安全和特殊劳动权益；但另一方面又会强化女性的弱势和固化女性生育角色，容易形成性别角色定型和偏见，进而加重就业性别歧视。社会观念中的重男轻女、男强女弱等理念在当今社会观念中依然存在，对于女性价值观的形成、两性权利关系和角色分工等会有一定的消极影响。

综上可见，我国促进性别平等的就业政策已经基本形成体系，且随着经济社会发展的需要而不断丰富和完善，对于保障和促进妇女就业起到了法律保障和政策支持的双重作用。但是，任何政策出台都有特定的时空背景，妇女就业政策也需要不断进行评估完善，才能更好地发挥其在价值引领、社会规范等方面的作用。

二、男女不同龄退休政策的社会性别分析

退休政策是就业政策的重要内容，这里从退休政策入手，分析现行政策的得失与改进策略。随着老龄化程度的加深，我国养老金赤字日趋严重，延迟退休是必然选择，但是在延迟退休方案的讨论过程中如何更好地回应社会需求，是值得深思的问题。我国当前实施的是男女不同龄退休政策，尽管这一政策在不断地调整、细化，但是其背后反映出的问题仍然存在。这里以男女不同龄退休政策为例来分析政策变革及背后值得讨论的问题，进而提出建设性意见。

1. 男女不同龄退休政策的有关规定

我国对于法定退休年龄的规定最早体现在1951年国务院颁布

的《中华人民共和国劳动保险条例》，该条例规定男职工的退休年龄为60岁，女职工为50岁。1955年国务院颁布的《关于国家机关工作人员退休暂行办法》又规定了女干部的退休年龄为55岁。现行的退休政策主要源自1978年根据第五届全国人民代表大会常务委员会第二次会议原则批准的《国务院关于安置老弱病残干部的暂行办法》和《国务院关于工人退休、退职的暂行办法》，其中对退休年龄的规定是，“男年满60周岁，女工人年满50周岁，女干部年满55周岁”。这些规定充分考虑了当时的劳动条件、人均寿命、男女生理特点等因素，为保护女职工劳动权益发挥了重要作用。伴随着经济体制改革，劳动用工制度也随之变化，原来计划经济体制下干部和工人的身份差别早已被打破。而且，目前平均寿命上，女性要高于男性，大多数50～55周岁的妇女继续工作的能力和意愿较为强烈。在这一背景下仍然执行男女不同、女干部和女工人不同的退休年龄制度，显然不合时宜。

为了适应经济社会发展，我国逐步改变“一刀切”的退休做法，先后出台了部分人员延迟退休的具体规定。1983年，《国务院关于高级专家离休退休若干问题的暂行规定》（国发〔1983〕141号）提出：少数高级专家，确因工作需要，身体能够坚持正常工作，征得本人同意，经有关机关批准，其离休退休年龄可以适当延长。副教授、副研究员以及相当这一级职称的高级专家，最长不超过六十五周岁；教授、研究员以及相当这一级职称的高级专家，最长不超过七十周岁。同年又在《国务院关于延长部分骨干教师、医生、科技人员退休年龄的通知》（国发〔1983〕142号）中规定，教育、卫生、科学技术领域的讲师、主治医师、工程师、农艺师、助理研究员以及中、小学教师符合相应条件的，退休年龄可延长1～5年，延长后的退休年龄，女同志最长不得超过60周岁，男同志最长不得超过65周岁。可见，这一阶段的退休政策调整主要聚焦于高级专家和科教卫生领域的教师与技术人员。

1990年，人事部《关于高级专家退（离）休有关问题的通知》（人退发〔1990〕5号）规定，“女性高级专家，凡身体能坚持正常工作，本人自愿，可到60周岁退（离）休”。1992年，中共中央组织部、人事部《关于县（处）级女干部退（离）休年龄问题的通知》（组通字〔1992〕22号）规定，“党政机关、群众团体的县（处）级女干部，凡能坚持正常工作，本人自愿的，其退（离）休年龄可到六十周岁”。这样，女性高级专家和县处级女干部这两类人群“可到60周岁”退休终于有了依据，这可以说是对各方观点进行了综合考虑之后作出的一种积极应对，但因为这些规定的表述具有不确定性，“可以”并不是“必须”，虽然给了女性高级专家和女干部一定的退休选择空间，但在实际执行中难以落实，大部分省市没有执行这一政策，仍要求女性一律55岁退休，由此也引发了不少的纠纷。①2010年，全国妇联和国际劳工组织退休年龄课题组在4个省选取4500个样本所做的调查研究显示，73.7%的人所在单位执行的是“女性比男性早退休”的政策。②

2015年，中共中央组织部、人力资源社会保障部联合下发的《机关事业单位县处级女干部和高级职称女性专业技术人员退休

① 刘明辉：《中外被退休案例中的平等诉求》，《中华女子学院学报》2014年第2期。

② 退休年龄问题研究课题组：《关于退休年龄问题研究报告（上）》，《中国妇运》2011年第5期。

年龄问题的通知》（组通字〔2015〕14号）规定：党政机关、人民团体和事业单位中的正、副处级女干部和具有高级职称的女性专业技术人员，年满60周岁退休。如本人申请，可以在年满55周岁时自愿退休。相较于之前的政策，这个通知没有采取简单的“一刀切”，在60周岁退休的规定下，允许女干部和女专家在55岁自愿退休，赋予高级女性人才较为明确、充分的自决权，也使单位方减少了政策落实的复杂性。全国妇联和国际劳工组织退休年龄问题研究课题组的调查发现，女干部、女技术人员认为男女不同龄退休是“不合理”的比例最高，分别占59.6%和55.1%，但也有比例较高的女干部、女技术人员不反对男女不同龄退休。①因此，设置55岁这个自愿退休的时间点，既是对法定退休年龄的一种呼应，也是对不同女性人才退休需求的一种回应，与以往的规定相比，具有明显的进步意义。

值得肯定的是，这个通知基本排除了县处级女干部、高级职称女性技术人员群体因不同利益方对退休政策的不同理解而造成争议和政策的落实困难，是30多年来对各界争论博弈的一个有效政策回应。规定县处级女干部、高级职称女性技术人员满60周岁退休，并可在55岁自愿退休，保证了一批有职级、有能力且自愿工作的女性可以享有劳动权利和待遇，显示出我国在男女就业权利平等方面迈出了可喜的一步。从与以往的政策对比来看，通知以“年满六十周岁退休”取代了人退发〔1990〕5号文的“可到60周岁退（离）休”，将政策提升为法律规范，因而具有刚性，可以改变以往政策落实不力的状况，避免或减少争议，

① 退休年龄问题研究课题组：《关于退休年龄问题研究报告（上）》，《中国妇运》2011年第5期。

其意义不言而喻。

但是，这个退休新规与1992年的规定一样对适用范围进行了限定，只是从原来的适用于“党政机关和群众团体”，扩大到“党政机关、事业单位和人民团体”的女干部和女技术人员，但对企业并未涉及，其影响力大打折扣。并且，退休新规并未考虑55～60岁女性的选择权，从而又引发不少争议。

如今，延迟退休已经成为我国退休政策的必然趋势，如何借鉴男女不同龄退休制度改革的经验，出台更具人性化和符合男女平等基本国策的具体政策仍值得关注。

2. 现行退休政策存在的问题

我国退休政策根据经济社会发展不断进行调整完善，尤其是2015年退休新规出台以来，的确在保障县处级女干部、高级职称女性专业技术人员的劳动就业权利和养老待遇，推进性别公正的就业与退休政策，降低女性高层次人力资源浪费等方面迈进了一步。但是，现行政策仍存在性别差异和女性内部差异，依然会引发各界争议。回看政策变化历程，仍有一些问题值得进一步思考。

首先，现行“同龄退休”相关规定的效力偏低。

2015年的退休新规仅为部颁规章，属于低位阶，在司法适用时容易遇到障碍。根据《中华人民共和国立法法》有关“上位法优于下位法”的规定，一旦发生争议，法官在处理退休年龄纠纷案时优先依据国发〔1978〕104号行政法规。因为国发〔1978〕104号、国发〔1983〕141号都是国家现行的关于退休问题的有效规定。从法理上说，位阶高的法律优于位阶低的法律，使得退休新规效力受限。

其次，“同龄退休”相关政策缺乏弹性。

尽管上述通知以其刚性要求和非“一刀切”特点，满足了高级女性人才多方面的退休需求，但是只设置符合条件的女干部、女高级专家60岁、55岁两个退休时间节点，缺乏弹性，容易引起政策解读、应用上的偏差，以及政策预期与效果的不对称等结果。在实际执行中，将给县处级女干部、高级职称女性专业技术人员带来一定的选择压力和操作上的难度。例如，在55岁没有自愿申请退休的县处级女干部、高级职称女性专业技术人员，在56～59岁，因为健康状况、工作任务、家庭和社会压力等申请提前退休会遇到障碍。按照我国公务员法的规定，工作年限满三十年的，或者距国家规定的退休年龄不足五年，且工作年限满二十年的，可以提前退休。那么，仅有在党政机关和参照公务员法管理的机关（单位）中的县处级女干部，可以在56～59岁年龄段根据公务员法有关规定申请提前退休，其他事业单位相当层次女干部以及高级职称女性专业技术人员等则不适用于公务员法。由此可见，“55岁自愿退休”这一规定，可能会使步入55岁的县处级女干部、高级职称女性专业技术人员面临退休问题上的艰难抉择。

再次，现行政策形成女性就业人员内部分化。

梳理已有的退休政策，可以看到最先受关注的是高级专家，包含女性高级专家，其后是党政机关、人民团体和事业单位中的县处级以上女干部和女性高级技术人员，不能不说这部分人群在女性群体中占比较小，而且在经济和社会地位上大多处于中上层。也就是说，按照2015年退休新规的要求，一名女干部或高级技术人员可以60岁退休，而一名处于企业相似管理或技术岗位的女性则可能55岁退休，二者之间相差5年。换作与一名普通女性员工相比，则差距可能是10年。根据前文的分析，三者之间就业、晋升、工资待遇、养老保险等皆存在巨大差别，产生了新的不平等。而且，在女干部队伍中，绝大多数女干部是在县处级以下，处级干部所占比例比较小。如果只有处级女干部和具有高级职称的女性专业技术人员的退休年龄由55周岁调整到60周岁，这个覆盖面还偏狭窄。总体上，能够实现同龄退休的仅为少数女职工，因为大量女性处于职业分布的中下层，这些群体对待退休的意愿和需求与女性高级人才不同，现行退休政策给她们的养老和社会保障所带来的影响也值得深入分析。全国妇联的一项研究表明，女性中存在着不同阶层，有不同的利益需求和生存状况①，应对女性整体的平等权利和不同阶层的特殊需求均加以考量，出台“一揽子”政策。

最后，坚持男女不同龄退休，会产生对男性权益的忽视。

退休政策改革过程中，既要满足不同女性群体的退休需求，也要考虑男性的退休需求。如今延迟退休已成必然选择，那么在政策制定过程中，要考虑男性的意愿和需求，重视行业状况、岗位属性、人事身份、社会观念等方面差异对男性退休需求的影响。因此，有一种观点认为，男女不同龄退休的政策，在一定意义上也是对男性的一种间接歧视。

总之，现有的政策使得大多数女职工依然比男性早5～10年退休，这直接损害了女性退休待遇和劳动权利，也不符合宪法精神

---

① 退休年龄问题研究课题组：《关于退休年龄问题研究报告（下）》，《中国妇运》2011年第6期。

和男女平等基本国策的要求。有关“同龄退休”的规定也并未切实解决现实问题，一方面，对有能力、有愿望且岗位需要的女性人才来说，早退休实际上就是对其劳动权利的一种剥夺，最终造成了整个社会人力资源的浪费；另一方面，男女不同龄退休长期未能解决在社会上产生了不良影响，在一定程度上降低了公共政策的权威性和政府部门的公信力。

3. 退休政策的建设性思考

男女不同龄退休的规定，在一定意义上剥夺了妇女5～10年的工作机会，影响其职业发展和人生价值的充分实现，造成女性人才的资源浪费，并损害妇女平等就业权利。而且，根据我国养老保险制度，退休女性所获得的养老保险收入也因为其工作年限较低而低于男性，从而导致经济收入上的损失和养老保障方面的更高风险。所以，男女不同龄退休问题常引发人事争议和诉讼，长期受到各界关注。笔者在某搜索平台观察“男女不同龄退休”关注度，2011年约218万，2012年约328万，2021年11月约2280万。尽管这不是一个严谨的统计，但从某个角度可以反映出网民对此问题的持续关注。

关于退休制度改革，各界的呼声和建议并不一致。但是大多数观点反对“一刀切”，建议按工作岗位进行区分，也有学者提出应该分群体、分阶段、有差别地“弹性退休”。不少学者支持，在男女同龄退休的前提下，设定一定工龄，满足条件的男女职工均可自主选择提前退休。另外，还有一种观点认为，可以采取渐进方案推进延迟退休年龄改革，先女后男，先自选，后强制，分步走。2031年以后，统一实行男女65岁和累计缴费35年领取全额基础养老金政策。[①]

退休政策，作为一项重要的公共政策，关系人们的职场发展、人生定位和养老保障等重要方面，也关系着国家人才战略和可持续发展，应随着社会的进步，不断吸取过去政策不完善、落实不力等方面的教训，加强调查研究，尤其是分性别统计研究，积极回应不同性别、阶层人群的需求，不断完善现有的政策，出台与时俱进、以人为本的退休政策。男女不同龄退休的争议不宜继续下去，应将新的理念和方法纳入延迟退休方案的相关讨论和政策过程。

首先，要转变政策制定者的观念，提高社会性别主流化的能力。一方面，应加大对男女平等基本国策的宣传，拓展政策制定者的国际视野，深化公民权利、社会性别平等、可持续发展等方面的认识，将宪法、劳动法、妇女权益保障法和男女平等基本国策的核心精神落实到位，切实保障和实现男女劳动者平等就业和公平待遇的基本权利。另一方面，积极推进社会性别主流化战略，提升政府部门及相关机构人员的性别平等意识，增进社会性别敏感，加强社会性别统计，以平等和发展的理念调整劳动保护和权利限制之间的关系，最大程度地保障妇女就业权利和平等待遇。

其次，在延迟退休框架内，循序渐进地推进男女平等退休。2021年，《中华人民共和国国民经济和社会发展第十四个五年规划和2035年远景目标纲要》特别强调要实施积极应对人口老龄化

---

① 中国国际经济交流中心课题组：《“先女后男，先自选，后强制，分步走”渐进延迟全额养老金领取年龄方案设计——渐进式延迟退休年龄政策研究之三》，《经济研究参考》2015年第4期。

国家战略。特别提出要“综合考虑人均预期寿命提高、人口老龄化趋势加快、受教育年限增加、劳动力结构变化等因素，按照小步调整、弹性实施、分类推进、统筹兼顾等原则，逐步延迟法定退休年龄，促进人力资源充分利用”。这为下一阶段男女同龄退休设定了基本框架，需要进一步打破已有的单位性质或岗位类型等身份框架，拓宽现有同龄退休政策扩及更多相似人群，比如企业女性管理者和技术人员、县处级以下女干部等。要为其他有意愿、有能力的女职工选择延迟退休提供可选择方案。鉴于不同层级、区域、工作环境和状况等因素使得男女两性的退休需求异同并存，那么在政策制定过程中除了刚性规定，必须增加更为人性化的、符合实际需要的行政或司法解释，以最大程度地满足各地、各单位、各层级退休人员的需求，并充分发挥其价值。

再次，为男女平等就业提供支持性政策环境。突破性别角色陈规定型，消除性别歧视，保障妇女平等就业和同工同酬等权利；推动公共政策改革向支持家庭发展的政策转向，为男女两性共担家庭和社会责任给予政策支持；为妇女发挥在社会生活和家庭生活中的特殊作用提供必要的条件和倾斜性政策。例如2019年的《关于进一步规范招聘行为促进妇女就业的通知》和2021年的《中共中央　国务院关于优化生育政策促进人口长期均衡发展的决定》，都是根据社会发展进程出台的政策，都特别侧重在优化生育政策的背景下，进一步保障妇女生育权和就业权利的积极措施，比如有关父母育儿假试点的要求，在我国政策体系内具有创新性和现实意义。

最后，从劳动者角度来看，传统性别角色定位和期待会影响女性劳动者的自我职业规划和价值定位，家庭、用人单位和社会等方面的性别结构和性别文化也对劳动者的选择产生深刻影响，因此，要积极建设先进性别文化，消除各领域的就业性别歧视和性别刻板印象，以马克思主义妇女观指导妇女发展事业，为女性人才的成长提供良好社会和文化环境。

第四节　妇女就业的目标与路径

在全球化的背景下，性别平等与妇女发展已经成为全球共识。我国作为联合国《消歧公约》等重要公约文件的签署国，和《千年发展目标》《2030年可持续发展议程》等一系全球发展目标文件的支持者，与联合国和世界各国一道致力于推动全球妇女发展和性别平等。联合国和世界各国在推进性别平等与妇女发展方面积累的经验与成果，为我国推进男女平等，促进妇女全面发展提供了借鉴。基于我国保障妇女权利的法律政策体系所确定的原则与目标，也在不断推出落实“男女平等基本国策”“让性别平等落到实处”的政策和目标要求。我国于2021年3月通过的《中华人民共和国国民经济和社会发展第十四个五年规划和2035年远景目标纲要》明确要求，坚持男女平等基本国策，切实保障妇女的发展权利和机会。深入实施妇女发展纲要，持续改善妇女发展环境，促进妇女平等依法行使权利、参与经济社会发展、共享发展成果。国家新一轮规划和目标纲要，为经济社会发展提供了总体框架和目标，也为妇女发展确立了新的目标和基本路径。2021年9月，我国新一轮《中国妇女发展纲要（2021—2030年）》颁布，对今后十年的妇女发展提出了新的目标，要求“不断完善促进男女平等和妇女全面发展的制度机制，推动性别平等成为全社会共同遵循的行为规范和价值标准，充分发挥妇女在全面建设社会主义现代化国家中的‘半边天’作用，保障妇女平等依法行使民主权利、平等参与经济社会发展、平等享有改革发展成果，推动妇女走在时代前列”。

一、国际社会促进妇女就业的政策经验

自20世纪70年代以来，国际社会开始重视通过法律和政策保障妇女权益，将促进就业领域中的性别平等作为重要内容纳入各项国际公约和目标文件，关于妇女发展的理念逐渐成熟，措施方案也不断丰富和完善。

1. 国际妇女发展理念逐步成熟

经过半个多世纪的努力，国际妇女发展理念逐步成熟。20世纪50、60年代，国际发展理念强调解决妇女的贫困，但主要关注妇女的实际需求，例如妇幼保健、食品营养、住所和安全等基本需求，并未把妇女当作经济活动的主体来看待。70年代，为了帮助妇女摆脱贫困，国际上一系列教育、职业技术培训、保健和计划生育服务的项目发展起来，从而更为直接地改善了妇女的经济地位。此时，“要使妇女融入全球经济、政治、社会发展与变革的进程之中”成为国际主流倡导，开始强调妇女在教育、就业、

经济、政治和其他社会领域中更平等地参与，并且各国要通过立法和政策改革，让妇女更好地融入经济和社会生活之中，发挥妇女在生产技术领域的作用，提升妇女社会地位。至1980年，联合国、许多国家和机构建立了特别办公室以关注妇女参与发展问题。

同时，对于妇女参与经济发展过程中的问题也开始更多被审视。妇女参与发展确实取得了一定的显著效果，但是经济发展并未根本改变妇女的依附状态，妇女的参与仍不平等，尤其是在决策领域，妇女代表严重不足。于是更多观点聚焦不平等的经济结构和社会关系，并对现有的政策提出反思。20世纪80年代以来，伴随着社会性别理论的提出，妇女与发展的关系进一步被讨论。国际社会形成一种新的促进妇女发展的理念，即不能仅从生理性别的角度来看待妇女问题，而应该用社会性别视角——社会角色和男性与女性之间的关系，以及形成和改变这些关系的因素等角度——来看待妇女问题，寻求解决问题的根源。

此后，国际社会开始更多地采用资源倾斜、赋权增能等方法来推进妇女发展。这种发展理念对公共政策的启发是巨大的。首先，在原有的发展理念下妇女是经济参与者，需要对其提供经济支持，但对妇女其他方面的劣势存在盲视或忽视。要使女性摆脱不平等，必须有特定的资源倾斜政策，这就要求决策者重新评估政策制定的全过程，并在不同阶段给予妇女利益的特别关注和投入。其次，对于性别角色和性别关系的认识会带来权力关系和结构的改变。生理上的性别差异不再成为现实权力关系的依据，发展政策应该关注向妇女赋权增能，并改变男女两性之间的不平等关系，从而形成男女共同参与、共同决策的发展模式，进而实现平等、可持续的发展。

2. 国际社会促进妇女就业的经验

联合国和各国都以各种方式推动妇女发展，其中包括出台性别平等就业的立法，制订妇女就业计划，提供项目资助，开展教育和技术培训、信贷服务等促进妇女就业和创业。

1979年联合国颁布《消歧公约》，要求签约各国采取一切措施消除性别歧视。许多国家都在政策法规方面建立性别平等的机制，出台男女就业均等法，作为本国的基本政策，并且一些国家还建立歧视制裁与赔偿制度，从各个环节反对和禁止就业性别歧视行为。

在反对就业性别歧视方面，欧盟很早就有相关政策。在1975年欧盟通过《同工同酬指令》，将“同工同酬”定义为“对于相同的工作或者具有相同的价值的工作，禁止一切基于性别的各种薪酬条件的歧视”。[①]1976年欧盟出台针对就业领域女性权益保护的《男女平等待遇原则指令》，并在其后不断修订增补，要求在同工种报酬、就业社会保险、孕期和产假、育儿假、就业歧视举证责任等方面实现性别平等。2002年，欧洲理事会将性骚扰明确为一种性别歧视增加到《男女平等待遇原则指令》中。[②]

在这一指令影响下，欧盟国家纷纷出台本国的平等就业法，其中荷兰走在了欧盟前列。1975年，荷兰制定并实施了第一部反

---

① 贾东岚：《国外同工同酬实施概况及对我国的启示》，《中国劳动保障报》2013年9月13日第3版。

② 郝红梅：《欧盟对平等就业权的法律保障》，《云南大学学报（社会科学版）》2012年第5期，第89页。

歧视的《平等报酬法》。1983年，荷兰将平等和禁止歧视确立为《荷兰王国宪法》的基本精神，其后又出台《就业机会平等法》《平等工时待遇法》，并于1994年正式出台涵盖就业和社会其他领域的《平等待遇法》。2003年，荷兰修订《平等待遇法》，并将性骚扰和年龄歧视等纳入该法，并将举证责任转向被告方。可以说荷兰成为欧盟国家反对就业性别歧视的佼佼者。其他国家也有显著成绩，1994年，德国出台《平等权利法》，增加了妇女状况的专项条款，禁止招聘性别歧视。1972年，法国通过“男女同工同酬”的相关法律，2001年通过《男女职业平等法》，2006年通过《机会平等法》。

此外，新加坡出台《就业法案》，规定了产假制度，禁止以怀孕为由解雇女工，政府机构男女雇员就业无性别歧视，2019年，此法修订后又增加了育儿假的相关规定。1985年，日本制定《男女雇佣机会均等法》，1997年该法进行了修订，明确要求妇女在工资待遇、就业机会以及职务晋升方面享有与男子同等的权利；1991年制定日本《育儿休假法》，规定妇女在工资待遇、就业机会及职务晋升方面享有与男子同等的权利，政府向企业支付企业内托儿设施补助金。1978年，美国修订《反妊娠歧视法》，禁止因妊娠、分娩和以性别为基础的就业歧视。1989年，韩国修订《平等就业法案》，规定在招收、雇佣、提升、工作安置、培训中禁止性别歧视。①

性别平等的机制建设方面，联合国一直发挥表率作用。1946年，联合国成立经济和社会事务部提高妇女地位司；1976年，成

① 李慧英主编《社会性别与公共政策》，当代中国出版社，2002，第69—70页。

立提高妇女地位国际研究训练所和联合国妇女发展基金；1997年，成立秘书长两性平等问题和提高妇女地位问题特别顾问办公室；2011年，联合国整合已有的四个机构，成立联合国促进社会性别平等和增强妇女权能署，简称联合国妇女署。

在性别平等机制建设方面，许多国家和地区也建立了较为成熟的机构。挪威成立性别平等调查委员会，以监督执行改过的《男女平等法》；法国设立多个机构负责性别平等事务，其中包括人口与移民司、就业与职业培训总代表处、妇女权利与平等处，分别承担不同的反歧视任务。2005年，法国又成立反歧视、求平等高级公署作为独立行政机构，全面负责反歧视工作。

此外，国际上许多国家出台了性别歧视的制裁和赔偿制度，比如德国就特别强调要监督和制裁就业性别歧视，规定如果在招聘广告中设定性别要求，或者在工作中遭遇性别歧视，可以索赔3个月工资。美国于1991年颁布的综合性《民权法》，增加了对妇女和少数群体的就业平等保护，对故意歧视的雇主，最高可能被罚30万美元的惩罚性补偿费。通过这些制裁手段，有效遏制了性别歧视的发生率。

综上可见，国际社会不断探索推进性别平等的理论和实践路径，将反歧视的原则纳入法律和政策，并且设立相关机制专司性别事务，并形成性别歧视的审查和制裁制度，才能更好地纠正性别失衡状态，促进两性平等协调发展。

二、推动妇女就业的目标与路径

妇女就业，是妇女的一项基本权利，是其参与社会生活的基本方式，也是实现自身价值的一种重要途径。妇女就业的数量和质量关系半数人口的生存方式、价值实现，也在一定程度上影响经济社会的发展和社会观念走向。在我国“十四五”开局之年，也是新一轮《中国妇女发展纲要》的新起点，如何进一步推动妇女就业，维护妇女就业权利，是各界应关注的重要命题。

1. 推动妇女就业的目标依据

推进妇女就业的目标主要包括两个层面，一个是比较宏观的、原则性的、价值层面的目标，一个是比较中观和微观的、针对性较强、易于衡量的具体目标。二者相辅相成，不可偏废。

我国宪法、劳动法、就业促进法、妇女权益保障法等法律，为推动妇女就业提供持续的原则性目标，即妇女享有与男子平等的就业权利，禁止性别歧视。“男女平等基本国策”“十四五”规划等为妇女就业提出了“促进男女平等和妇女全面发展”的宏大目标。这些原则性目标是妇女发展领域的航标和主线，也是我国其他各项法律政策、规划方案制定和实施不可违背的原则和方向。

妇女就业比较具体的目标要求具有一定的阶段性、灵活性和可操作性，会随着经济社会发展而不断丰富、调整和完善。推动妇女就业的具体目标主要依据妇女权益保障法、《女职工劳动保护特别规定》和《中国妇女发展纲要》，以及各部委相关政策文件。其内容涵盖妇女就业的各个层面，既有综合描述性指标，也有具体指标。

以《中国妇女发展纲要（2021—2030年）》（以下简称新《纲要》）中有关妇女就业的目标要求为例。新《纲要》要求，妇女平等参与经济发展的权利和机会得到保障。促进平等就业，消除就业性别歧视，就业人员中的女性比例保持在45%左右，促进女大学生充分就业。优化妇女就业结构，城镇单位就业人员中的女性比例达到40%左右。促进女性人才发展，高级专业技术人员中的女性比例达到40%。保障妇女获得公平的劳动报酬，男女收入差距明显缩小，等等。根据国家统计局网站公布的相关监测统计[①]，上一轮《中国妇女发展纲要（2011—2020年）》中提出的经济目标，包括妇女在从业人员中比重、高级专业技术人员中女性比例、城镇单位女性从业人数、技能劳动者中女性比例等已经基本达成。因此，新《纲要》在妇女就业目标方面提出了更为具体的要求，比如，增加了城镇单位女性比重要求，在业人员和高级专家中的女性占比分别提升5个百分点。这显示出我国推进经济领域性别平等的力度与积极态度。

参考国际性别平等进程与经验，结合我国经济社会发展与法律政策基本要求，不断推进妇女发展与经济社会同步发展，需要进一步贯彻落实男女平等基本国策，在以下四个方面持续发力。

第一，切实保障妇女平等享有劳动权利，消除就业性别歧视。贯彻落实男女平等就业权利的法律政策，推动妇女参加社会建设。2018年、2019年，全国女性就业人员占全社会就业人员的比重分别为43.7%和43.2%，基本稳定在43%以上。[②]尽管这一数字

① 国家统计局：《2019年〈中国妇女发展纲要（2011—2020年）〉统计监测报告》，中国政府网：http://www.gov.cn/xinwen/2020-12/19/content_5571135.htm，访问日期：2020年12月18日。

② 国家统计局：《2019年〈中国妇女发展纲要（2011—2020年）〉统计监测报告》，中国政府网：http://www.gov.cn/xinwen/2020-12/19/content_5571135.htm，访问日期：2020年12月18日。

已经达到《中国妇女发展纲要（2011—2020年）》的要求，但女性比重仍然偏低，新《纲要》提出45%的目标，要求进一步采取积极举措，促进妇女就业，尤其是女大学生就业创业，并根据经济社会发展情况，调整完善招聘、晋升、退休等方面政策，保障妇女从入职到退休整个过程中的劳动权利和主体性。

第二，禁止生育歧视，健全妇女劳动权益保护机制。“十四五”规划要求，保障妇女平等享有经济权益，消除就业性别歧视，依法享有产假和生育津贴。新《纲要》要求，将女职工劳动保护纳入职业健康和安全生产监督管理范围，加强对用人单位的劳动保障监察以及劳动安全和职业健康监督。督促用人单位加强对女职工经期、孕期、哺乳期的特殊保护，落实哺乳时间和产假制度。禁止用人单位因女职工怀孕、生育、哺乳而降低工资、恶意调岗、予以辞退、解除劳动（聘用）合同，推动落实生育奖励假期间的工资待遇，定期开展女职工生育权益保障专项督查。为女性生育后回归岗位或再就业提供培训等支持。近五年来，伴随着生育政策的改革，生育角色和生育行为对妇女就业的影响已经得到重视，九部门联合发布的《关于进一步规范招聘行为促进妇女就业的通知》，明确设定6种情形的侵害妇女权益行为，这些具体的要求应尽快纳入立法，并建立惩罚机制。

第三，提升妇女就业质量，消除职业性别隔离，改善妇女就业结构，促进妇女平等参与经济社会发展。新《纲要》要求，城镇单位就业人员中的女性比例达到40%左右，高级专业技术人员中的女性比例达到40%。据统计，2017年，公有制企事业单位中女性专业技术人员所占比重为48.6%；其中女性高级专业技术人员所占比重为39.3%。[①]这说明公有制企事业单位妇女就业的质量有所提高，但仍有提升的空间。更需要关注的是，非公有制单位妇女就业分布和技术层次等具体情况更不理想，这些目标的实现还需要更多积极有效的措施，鼓励和支持女性进入传统行业之外的领域，比如新经济领域。加强职业培训，提升女性从业者竞争力，解决女大学生就业难问题，为妇女创业提供倾斜性政策等。

第四，缩小男女收入差距，落实同工同酬，保障妇女获得公平的劳动报酬，共享改革发展成果。党的十九大报告对建立更合理、更有序的收入分配格局提出了新的更高要求。改革开放以来，我国经济发展的“蛋糕”不断做大，但分配不公的问题渐渐突出，收入差距、城乡区域公共服务水平差距较大……新时代，人民期望在经济增长的同时收入同步增长，人人都能够分享改革发展带来的丰硕成果。[②]因此，缩小男女收入差距势在必行。根据妇女权益保障法第二十四条规定：实行男女同工同酬。妇女在享受福利待遇方面享有与男子平等的权利。劳动法第四十六条也明确规定：工资分配应当遵循按劳分配原则，实行同工同酬。国际社会通常采用《消歧公约》和《国际劳工第100号公约》所明确的“同等价值同等报酬”的薪酬原则。我国应在落实同工同酬的同时，综合考虑影响劳动报酬的各种因素，进一步明确劳动价值的界定，制定更为科学的劳动报酬制度，逐步实现同值同酬。

此外，推进社会性别主流化，普及性别平等意识，为妇女就

① 国家统计局：《2019年〈中国妇女发展纲要（2011—2020年）〉统计监测报告》，中国政府网：http://www.gov.cn/xinwen/2020-12/19/content_5571135.htm，访问日期：2020年12月18日。

② 全国干部培训教材编审指导委员会组织编写：《改善民生和创新社会治理》，人民出版社、党建读物出版社，2019，第2—3页。

业提供支持性环境。性别平等理念有助于女性和全社会形成正确的价值观，增强女性行使劳动权利的主动性和能动性，更好地服务经济社会发展，实现自我价值。

2. 推进妇女就业的基本路径

妇女就业是一项需要持续进行，并需要多方面努力的工程。妇女就业关系到妇女发展的方方面面，没有经济领域的性别平等，“平等依法行使权利、参与经济社会发展、共享发展成果”这三大目标就难以实现，因此，伴随我国“十四五”规划和新一轮《中国妇女发展纲要》的开启实施，妇女就业之路应该加大创新力度，拓宽行动路径，向前走得更宽更广。从具体路径来看，我国需要在以下三个方面继续推进。

第一，制度路径。完善保障妇女平等获得经济资源、参与经济建设、享有经济发展成果的法律法规政策，加大妇女就业权利的法律保障力度，建立反就业歧视的机制。制定实施支持女性科技人才的政策措施。创新制度机制，保障妇女在就业创业、职业发展、劳动报酬、职业健康与安全、职业退出、土地等方面的权益。全面落实男女同工同酬，建立健全、合理、有序的收入分配制度，推进工资集体协商制度建设。将促进就业性别平等和反就业歧视的具体政策内容纳入位阶较高的法律，如《关于进一步规范招聘行为促进妇女就业的通知》中要求的与婚育相关的就业性别歧视禁令，应该及时转化成妇女权益保障法①和劳动法内的相

① 2021年，妇女权益保障法修订草案将相关内容纳入法律，例如，不得限定男性或者规定男性优先，不得询问或者调查女性求职者的婚育情况以及意愿，不得将限制婚姻、生育以及婚姻、生育状况作为录（聘）用条件等。

关法律条款，使其更有实际效力。将反就业歧视原则纳入行政和司法机制，加强劳动监察，对涉嫌就业性别歧视的用人单位提出纠正意见，或者向相关行政部门提出处理建议。规范企业用工行为，尤其是新兴平台经济领域的企业用工行为，提高企业劳动合同签订率和女职工权益保护专项集体合同普及度。将女职工特殊劳动保护作为劳动保障监察和劳动安全监督的重要内容，加大违规处罚力度。完善就业性别歧视的诉讼机制，依法受理涉及就业性别歧视的诉讼，提供女职工性别歧视案件的公益援助，并推进举证责任倒置，由雇主承担主要举证责任，增强就业个体抗衡性别歧视的能力。建立“平等机会委员会”或专门的平等就业保障机构，承担就业性别平等的劳动监察、政策咨商、协调，性别歧视问题的质询、约谈、代诉及处罚权责，提高性别歧视处置效率与力度。保障女职工职业卫生安全，落实“四期”保护相关规定，加强女职工劳动保护，禁止安排女职工从事禁忌劳动范围的劳动。加强性别统计，对相关就业政策进行性别评估和性别审计，确保“将性别平等落到实处”“保障妇女权益必须上升为国家意志”的主流价值在经济领域真正落地。

第二，效益路径。提高生育保险社会化程度，分担企业用工成本，坚决禁止就业中的性别歧视，加大违规成本。深化生育保险改革，尤其要完善生育责任分担机制，推进生育保险进一步社会化，降低因女职工生育而增加的企业用工成本。禁止用人单位在禁忌劳动范围之外以性别为由拒绝录用女性或提高女性录用标准，不得询问女性婚育情况，不得在劳动合同中规定或以其他方式变相限制女性结婚、生育。对招聘、录用环节涉嫌性别歧视的用人单位进行联合约谈，依法惩处。督促用人单位加强就业性别歧视自查自纠。同时，将反性别歧视纳入社会征信体系，坚决禁止并严厉打击就业性别歧视，对违规用人单位和职业中介机构加大处罚力度，并影响其社会征信；反过来，对促进妇女平等就业的用人单位给予表彰和减税奖励，营造性别平等的良性循环。优化生育保险和生育公共服务，扩大生育保险覆盖面，推广父母育儿假和生育奖励，提升公共服务基础设施、服务质量和相关从业人员待遇。新的《中国妇女发展纲要》要求，党政机关、国有企事业单位在招录（聘）和职工晋职晋级、评定专业技术职称等方面发挥男女平等的示范引领作用。

第三，社会环境路径。将促进妇女全面发展目标任务纳入国家和地方经济社会发展总体规划，深入实施妇女发展纲要，持续改善妇女发展环境，促进妇女平等依法行使权利、参与经济社会发展、共享发展成果。结合新一轮《中国妇女发展纲要》与“十四五”规划，进一步拓宽妇女就业渠道，推动妇女在新兴产业和新兴行业就业，大力培育科技创新型女性劳动者，完善灵活就业政策和保障制度。加大对妇女就业创业的支持力度，健全公共就业服务体系，鼓励女大学生和生育后重返岗位的女性就业，并给予积极帮扶政策，加强就业指导、培训和服务。改善妇女就业结构，缩小男女收入差距，打破职业隔离和女性劳动价值低估的刻板定型，提升女性在经济决策和管理领域的地位和层次。保障农村妇女平等享有各项经济权益，支持妇女积极参与乡村振兴，创造更多适合农村妇女的高质量就业的机会，切实提高农村妇女经济收入，培育新型职业女农民，加强对农村妇女创业在政策、金融、技术等方面的支持，提升农村女性就业层次。

当然，女性就业问题从来不是单一问题，需要从多方面入手，实际上教育、参政、社会保障、卫生健康等都与就业领域密切相关。《中国妇女发展纲要》要求，统筹兼顾妇女在政治、经济、文化、社会和家庭各方面的发展利益，有效解决制约妇女发展的重点难点问题，统筹推进城乡、区域、群体之间妇女的均衡发展，协调推进妇女在各领域的全面发展。因此，为推动妇女全面、高质量发展，需要进一步将社会性别视角纳入各领域的决策主流化，更加系统地促进女性在教育、参政、科技等领域的平等参与和权益保障，储备和造就大量女性人才，提升女性就业质量，改进女性就业结构。要持续倡导先进平等性别文化，消除性别偏见，倡导男女平等，弘扬女性自尊、自信、自立、自强的精神，营造良好社会氛围，进一步落实男女平等基本国策，全方位构建女性人才成长的支持性环境。

第七章

妇女参政的社会性别分析

妇女参政，广义上是指妇女关注政治、参与政治活动、参与执政等，包括知政、议政、参政、执政等。广义上的妇女参政，既包括妇女直接参政，又包括间接参与国家政治生活或社会公共事务管理；既包括妇女对政治或社会公共事务管理的态度与认知，又包括妇女在政治生活中的具体实践。妇女参政，狭义上是指妇女掌握政治权力，即担任党政机关和政府各级部门、企事业单位、社会组织和社会团体的领导干部，直接参与管理和决策。

妇女参政具有重要的社会意义。首先，妇女参政权是妇女人权的重要内容，是指妇女参与国家和社会事务管理的权利，其最基本的内容是妇女的选举权和被选举权。选举权和被选举权是妇女政治权利的主要内容，是体现妇女解放水平和衡量一个国家民主政治和社会文明的重要标志。其次，妇女参政是妇女社会价值的重要体现。妇女参政不仅包括妇女参与各级党政部门管理和决策，还包括妇女关注政治事务、参与国际和国内政治议题讨论，以及在理论和实践层面上参与法律政策的制定和社会变革等社会活动。妇女参政是妇女发展和社会参与的重要途径和价值体现。再次，妇女参政是维护和发展妇女政治权益及其他权益的重要途径。妇女在参政过程中可以提升自身的政治素养和决策能力，能够对妇女权益更为敏感和关注，为维护妇女权益发声。

中国共产党历来重视妇女参政。从中央苏区开始大范围推动妇女参政，到新中国成立之初从法律上规定了男女享有平等的选举权、被选举权和管理国家事务的权利，可以说为妇女参政开辟了新的天地。改革开放40多年来，随着中国特色社会主义民主政治的不断健全与完善，妇女参与国家和社会事务管理的水平不断提升，在各领域的管理和决策中的作用日益增强。2020年10月1日，国家主席习近平在联合国大会纪念北京世界妇女大会25周年高级别会议上发表重要讲话，强调“为妇女参政提供新机遇，提高妇女参与国家和经济文化社会事务管理水平”。这对推动我国妇女参政提出了更高的要求，所以本章聚焦妇女参政领域的政策变革，分析妇女参政面临的困难与特点，进而提出政策改革完善的目标与可行路径。

第一节　妇女参政的历史与现状

纵观历史，妇女参政在不同的时代呈现出不同的特点。母系氏族时代妇女首领主持族群政治、军事和社会事务。自夏、商、周以来，父权社会排斥妇女参政，除了极小比例的女官，鲜有妇女可以光明正大参与政治。近代以来，伴随着社会变革，妇女参政呼声在民权框架下开始萌发。中国共产党成立以来，将妇女的独立和解放作为党的奋斗目标之一，运用马克思主义理论指导中国妇女运动实践，将妇女解放作为革命和建设的重要组成部分，鼓励妇女参与民族独立、民主革命和社会建设，妇女参政受到前所未有的重视。

一、中国历史上的妇女参政

1. 母系社会妇女在政治经济生活中的主导作用

母系氏族社会时期，妇女在社会上受到尊敬，处于主导地位和支配地位，享有较高的社会威望。妇女在经济活动和社会管理中占据主导地位，氏族的最高领导通常是辈分高或年长的妇女。她负责氏族经济、政治事务，调解族内和部落间的矛盾与纷争等。考古证明，女性墓葬随葬品多于男性，这说明妇女在族群中地位普遍高于男性。远古时代的女神崇拜，正是对母系社会重视和尊重妇女的性别文化的一种反映。

在距今5000年左右，随着劳动生产力的发展，产生了私有财产和阶级分化，氏族部落先后进入了父系氏族社会，男性逐渐取代女性在社会和家庭中的主导地位。经历从夏到商的积累，至周代，在宗法制度的基础上建立起一套以男性为中心的父权制度。父权制社会中，女性逐渐失去对生产资料的所有权，女性劳动不再具有社会性，女性成为男性的依附者，疏离政治决策和公共事务。

2. 父权社会中妇女政治上的无权状态

夏商时期母系遗风尚存，妇女在国家政治生活中发挥着重要的作用，商代妇女拥有土地占有权和经营权，贵族妇女可以参与军事、祭祀和政务活动。至西周，妇女的依附地位日趋明显，在"妇无公事"的观点之下，男女的空间和职事被划分开。妇女参与政务、公事都受到排斥，《尚书·牧誓》记载"牝鸡无晨。牝鸡之晨，惟家之索"[①]。将妇女参政比喻为母鸡打鸣，并以此作为国破家亡的原因，意在禁止妇女参与政事。《诗经》也认为，"赫赫宗周，褒姒灭之"。这种"红颜祸水"的论调，是反对妇女参政的一种表现，显示出父权社会对于男外女内、男主女从的一种建构和维护。在经济生活中，男女的分工也日渐固化，以国王"籍田劝农"、王后"亲蚕劝桑"的方式倡导男耕女织，男性

---

① 张馨编《尚书·牧誓》，中国文史出版社，2003，第152—155页。

在经济活动中日渐成为主导角色。

汉唐时期妇女参与政事比较活跃，汉代吕雉以太后身份临朝称制，后世效仿者中有不少贤明女主，表明部分妇女以特定的身份获得了政治参与机会。隋唐时期，宫廷妇女参政形成高潮。唐朝中期，武则天参政并冲破男性皇权至上的藩篱，建立武周政权，成为中国历史上唯一的女皇帝，这可以说是唐代妇女参政的最大成就。武则天执掌国家大权四十多年，选贤任能，扫平叛乱，社会呈现繁荣局面，也为后来的开元盛世奠定基础。汉唐时期妇女参政的热潮，表明女性主体意识的初次觉醒，但女主临朝并不代表性别利益，依旧是男性政治权力集团斗争的结果。

宋代妇女的空间被进一步推向私领域。宋代理学家宣扬“男女正位”，朱熹主张“内正则外无不正矣”。妇女被界定为“无外事”、以相夫教子为本分的角色，而男性则要“学而优则仕”，修身齐家治国平天下。明清时期，伴随着家族法规对女性的规训日趋严苛，“多言”与“失节”成为女性德行的禁区，女性的活动空间和行为规范受到更多监控。

由此可见，在父权制下确立了男性家长的绝对权威，男女之间尊卑有序，不得僭越，女性被要求遵守“三从四德”，在家庭和社会中处于依附地位。不过，在封建政权之下，也有少量女子可以通过女官制度，或以妻子、母亲的身份涉足政治领域，但其政治影响也通常处于男性主导角色的遮蔽之下。据《周礼》记载，周代后宫设有女史职；汉代设有女御长、宫长等女官；唐代女官设置仿照三省六部制，设六局二十四司，设立女官品阶制度。女官制度为古代女性提供了些许参政机会。还有一些贵族妇女以和亲、联姻等方式影响政治进程。但总体来看，在父权制度和皇权专制之下，妇女没有政治权利，妇女参政没有得到制度认可与保障，而且也被父权文化和伦理道德所不容。

3. 近代妇女参政的开启

近代前后，伴随着社会、政治、经济等领域的变革，以男女有别、男尊女卑为核心的父权文化开始受到冲击与挑战。明清启蒙思想家较早开始挑战男尊女卑的观念；太平天国运动中公开选拔女性人才，女官员总数达六千多人；戊戌维新运动中，康有为倡导“男女平等，各有独立之权”，女子之权是“天予人之权”，谁也不得剥夺。辛亥革命期间，以孙中山为代表的资产阶级政党主张男女在政治、经济和社会生活中享有平等权利，并将此观点写入《中国国民党宣言》。

但是，1912年的《中华民国临时约法》并没有承认妇女的选举权与被选举权。于是全国各地纷纷成立妇女团体，掀起妇女要求参政的热潮。1912年，妇女团体联合成为女子参政同盟会，在唐群英等人领导下冲击国会，不承认《中华民国临时约法》，发起中国第一次妇女参政运动。其后，各省成立妇女参政同盟会的分会，提倡男女平等，争取妇女参政。在南京、北京等地掀起了颇具声势的妇女参政请愿活动，并上书临时参议院，要求颁行“女子选举法”。妇女参政运动持续一年多，轰动一时。1914年，袁世凯政府颁布的《治安管理条例》规定，女子与被剥夺公民权的人、未成年人一样，“不得加入政治结社”“女子不得加入政谈集会”，妇女参政团体被解散，妇女参政运动走向沉寂，妇女参政的目标终未实现。直到1947年，国民党政府颁布的《中华民国宪法》规定“中华民国人民无分男女、宗教、种族、阶级、党派，在法律上一律平等”，并在国民大会和立法院中规定了妇女名额。至此，妇女才获得了名义上的选举权和被选举权。

二、我国妇女参政的新纪元

20世纪20年代，在新文化运动的思想浪潮和五四运动的政治洪流中，妇女爱国运动再次高涨，妇女权利的呼声也再次涌现。

1. 新民主主义革命时期的妇女参政

在中国共产党领导下，妇女运动以新的方式重新活跃起来，建立妇女组织，培养妇女干部，创办妇女刊物。1921年，成立中华女界联合会，以“拥护女子在社会上的政治的及经济的权利，反抗一切压迫”为宗旨。这是中国共产党领导的第一个革命妇女组织。1922年，中共二大后中央设立妇女部，向警予为第一任妇女部长。其后各地方党委逐步建立妇女部和妇女运动委员会，并创办上海平民女校等各类妇女学校，培养妇女干部。

苏维埃政权建立之后，十分重视妇女参政议政。1931年，《中华苏维埃共和国宪法大纲》规定：不分男女、种族、宗教，在苏维埃法律面前一律平等。在政治上，妇女和男子拥有一样的选举权和被选举权。1933年，中共中央组织部规定，各级苏维埃政府人民代表中要保证妇女代表占25%的比例；这一政策得到了较好的实施，“多数地区当选的苏维埃妇女代表达到了25%”[①]。苏区为了大力培养女干部，创办了包括正规教育、妇女夜校、冬

① 张永英：《中国共产党成立后关于妇女参政的理论认识与实践经验》，《妇女研究论丛》2001年增刊。

校、民校等各种形式的教育。至1934年，江西、福建、广东三省夜校就多达6400余所，培养了一大批妇女干部。男女平等思想在苏区得到实施，极大地解放了妇女，激发了妇女的革命热情。

抗日战争和解放战争时期，中共中央也不断发展妇女组织，培养妇女干部。1939年，在《关于开展妇女工作的决定》中要求建立健全各级妇女组织，包括妇女救国会、妇女抗敌会、妇女联合会、妇女协会等，大力提倡男女平等。1939年，中国共产党在延安创办了第一所女子大学，培养妇女干部。1946年各解放区的民主选举，80%以上的妇女参加投票，各级政府机构中都有妇女参加，妇女的政治热情和参政水平都有很大提高。1949年，中国妇女第一次全国代表大会在北平召开，正式创立了中华全国民主妇女联合会，作为中国妇女组织的最高领导机构。

2. 新中国成立初期的妇女参政

1949年，中华人民共和国成立后，妇女参政实现了历史性飞跃。中国妇女获得了史无前例的政治和法律权利。1949年，《中国人民政治协商会议共同纲领》规定，废除束缚妇女的封建制度；妇女在政治的、经济的、文化教育的、社会生活的各方面，均有与男子平等的权利。这确立了新中国妇女的法律地位，赋予妇女与男子平等的权利，为妇女广泛参与新中国的各项建设提供了法律依据和制度保障。1953年，全国人民代表大会及地方各级人民代表大会选举法规定，男女享有同等的选举权和被选举权。这是新中国第一部选举法，它意味着妇女同男子一样获得了选举权、被选举权和管理国家事务的权利。1954年，《中华人民共和国宪法》重申了《共同纲领》的上述内容，并规定“妇女有同男子平等的选举权和被选举权”，为维护妇女人权和男女平等提供了根本保障。

新中国成立之初，妇女参政出现热潮。1951年，中央一级领导女性有36人（宋庆龄、何香凝、蔡畅、李德全、史良等）；省、市一级政府中，女委员287人，占4.7%。1950年，县级人民代表中女性占10%，1952年为15%。1954年，全国人大女代表占12%。1949年，全国民主妇联创办新中国妇女职业学校，后更名为全国妇联妇女干部学校，专门培养女干部。这为妇女参政提供了源源不断的新生力量。

新中国还赋予妇女充分的社会经济权利。1950年，《中华人民共和国土地改革法》颁布实施，新法规定分配土地时不分男女，按人口统一分配。1951年，《中华人民共和国劳动保险条例》规定了男女职工劳动保险待遇相同、女职工产假制度等。1954年，《中华人民共和国宪法》规定国家保护公民合法的收入、储蓄、房屋和其他合法财产的所有权。这些法律保障了妇女的就业权、土地权、财产权，尊重妇女劳动权益，并保护妇女的特殊权益。广大妇女以前所未有的热情投身到经济建设中，涌现出一大批生产能手和劳动模范。1952年，全国女工中涌现出劳动模范1.61万人，占劳动模范总数的12%以上。郝建秀就是其中一员，她在棉纺织厂工作期间创造了“郝建秀细纱工作法”，成为家喻户晓的全国劳动模范，后调任纺织工业部部长、中央书记处书记、全国政协副主席等职。广大妇女在参与社会劳动过程中增强了经济能力和政治素养，为妇女参政奠定坚强基石。这也从实践的角度再次验证了马克思关于“经济基础决定上层建筑”的真理。妇女只有充分融入社会生活和经济生产，才能更充分地发挥自身的潜力，为参与公共事务和决策奠定基础。

3. 改革开放以来的妇女参政

1978年，党的十一届三中全会开启了以经济建设为中心、实行改革开放的社会主义事业新时期。伴随着经济社会的不断发展，我国社会主义民主政治建设逐步深入，自20世纪90年代以来，我国不断出台人才培养和选拔的政策，妇女参政的渠道得到不断拓展，妇女参政意识和政治热情迅速上升，在党政机关中的妇女比例逐步增长。

培养选拔女干部、发展女党员是党和政府一以贯之重视的工作。20世纪90年代以来，历次党代会报告都明确要求重视培养选拔女干部。党的十八大将“男女平等基本国策”纳入报告；党的十九大报告强调，要统筹做好培养选拔女干部、少数民族干部和党外干部工作。国家在2005年和2018年先后两次修订妇女权益保障法，不断推进妇女权益保障工作。2000年，国务院制定的第二轮《中国妇女发展纲要》，将其纳入我国第十个国民经济和社会发展计划。随后，在我国第十一、第十二、第十三和第十四个国民经济和社会发展规划中都单独设立章节，对妇女发展作出规划部署。《国家人权行动计划》《中国反对拐卖人口行动计划》等明确提出保障妇女权益的目标任务。此外，党和政府不断出台推进妇女参政的政策法规，持续加大对女干部和女党员的培养力度，不断提高各层级妇女参政的比例。

为完善推进男女平等的国家机制，1990年成立国务院妇女儿童工作协调委员会，1993年该委员会更名为国务院妇女儿童工作委员会，负责组织、协调、指导和督促有关部门做好保障妇女儿童权益、促进男女平等的相关工作。作为党和政府联系妇女群众桥梁纽带的妇联组织，也不遗余力地推进妇女发展，不断反映妇女利益诉求，代表妇女参与国家和社会事务的民主决策、民主管理和民主监督，引领各界妇女积极参与现代化建设，推动男女平等和妇女事业发展。

在党和政府及各界力量的共同努力之下，我国妇女参政取得了多方面的成绩。

首先，全国人大、全国政协和党代会中女性比例逐步提升。

全国人民代表大会是最高国家立法机关，也是最高国家权力机关，对于法律政策的制定起着决定性的作用。全国人大中妇女代表的数量在一定意义上可以反映妇女参政的水平。自改革开放以来，全国人大妇女代表的比例稳中有升。1978—2008年，第五届至第十一届全国人大女代表比例基本稳定，在21%～21.8%浮动，仅有2003年第十届全国人大妇女代表人数偏低，为20.2%。2013年第十二届、2018年第十三届全国人民代表大会女代表比例得到提升，分别达到23.4%和24.9%。人民政协是我国参政议政的重要组织机构，也是各界妇女参政的重要渠道。这一阶段，全国政协会议中妇女委员比例总体处于上升趋势。1987年第五届政协会议妇女委员的比例为14.7%，2013年提升到17.8%，2018年升至20.4%。尽管与全国人大妇女代表比例相比，政协妇女委员的比例还比较低，但其上升势头还是比较明显的。此外，党代会代表中的女性比例也逐步提升，党的十七大代表中的女性占比20.1%，十八大女代表占比23%，十九大女代表占比24.2%。与之相应，全国党员人数也在逐步增加。2018年，女党员占党员总数的27.2%。可见，妇女作为党政决策领域不可或缺的一支力量，参与度和影响力在逐渐上升。

其次，各级党政机关部门中妇女参政稳定发展。

参与各级党政机关部门的决策与管理，是妇女参政的重要渠道，也是妇女行使政治权利的重要平台。我国重视女干部的培养选拔工作，不断提升培养选拔女干部的目标，使妇女广泛参与国家和社会事务的管理。2000年我国发布的《中国妇女的状况》白皮书中提到，“1993年，国家机关工作人员中妇女占32.44%。自2005年以来，各级国家机关干部中女性所占比例大体稳定在23%左右，县处级以上女领导干部所占比例基本保持在16.5%左右”。党的十八大以来，我国不断加大女干部的培养选拔工作，国家机关女干部比例有所回升，2017年达到26.5%。2018年全国事业单位领导班子成员中，女性比例为22.2%，比2015年提高1.6个百分点。此外，公务员录用过程中女性的比例有了显著提升，2003年为37.7%，2013年达到47.8%，2017年升至52.4%。可见，妇女参政的渠道进一步拓宽，妇女参政热情不断高涨。

再次，基层民主管理中的妇女参与更加广泛。

居民委员会和村民委员会是基层群众性自治组织，是群众自我管理和自我服务的基层组织，也是党和政府联系群众的重要途径。城乡妇女参与两个委员会的选举，并且承担管理职务，是基层妇女参政的重要途径。我国特别重视村民委员会选举，专门出台村民委员会组织法、《村民委员会选举规程》等法律政策，推动修改村规民约，并对妇女参政的比例进行了规定，为妇女参与基层民主管理提供了制度保障。2004年，村委会女性委员占比15.1%，2017年女性占比23.1%。村委会中女性的比例逐渐上升，但这个数据并未达到《中国妇女发展纲要（2010—2020年）》中要求的“女性占比30%以上”。不过“村主任女性占比10%以上”基本实现。2008年，村委会主任中女性占比10.22%；2017年，女性比例为10.7%。居民委员会中女性的比重相对比较乐观。2004年居委会中女性占比55.8%，2017年女性占比49.7%，基本保持在较高水平。

综上可见，改革开放以来我国妇女参政的制度保障日益完善，妇女在各层级的政治参与既有法律保障又有政策支持，妇女参与国家和社会事务管理的渠道进一步扩展，妇女参政途径更加多元，各界妇女以自己的方式参政议政。尤其是党的十八大以来，妇女参政的制度保障力度加大，妇女在社会主义民主建设中的作用也日益凸显。新中国成立70多年来，中国妇女的政治地位发生了显著变化，参与国家和社会事务管理的水平大幅提升。

第二节　我国妇女参政的相关政策分析

新中国成立以来，党和国家高度重视保障妇女的政治权利，通过制定法律法规、出台积极政策等方式，努力推动妇女平等参与国家和社会事务管理。政治权利，是指公民依法享有的参与国家政治生活的权利，主要指选举权、被选举权，参加管理国家和社会事务，担任公职和享受荣誉称号，政治表达自由权和监督权等权利。正如法学家凯尔森所说，政治权利就是公民具有参与政府、国家“意志”之形成的可能性。确切地说，即意味着公民可以参与法秩序的创造。[①]我国宪法保障男女平等的政治权利，这是妇女参政的基础和前提，而妇女参政是妇女享有政治权利的主要内容和实现途径。

妇女参政权，狭义层面上是指妇女的选举权和被选举权；广义层面上是指妇女参加国家政治生活的基本政治权利。妇女参政的内容包括妇女参与选举和被选举；妇女担任公职、参与各级公共决策与管理；妇女参与政治议题和政治活动等。妇女参政的政策不仅包括尊重妇女参政权、保护妇女参政权，还要保障妇女参政权的实现。伴随着我国社会主义法治建设和国家制度的不断完善，我国颁布了一系列保障妇女政治权利的法律法规，也制定了促进妇女参政的目标要求和政策规划，妇女参政的制度保障体系和实现机制也得到不断加强与完善。

一、保障妇女政治权利的基本立法

参政权是整个人权体系的重要组成部分，因此保障妇女参政的法律法规是尊重和保障妇女人权的重要内容和体现。新中国成立以来，我国妇女政治地位得到了显著提升，党和政府在妇女人权方面构建起了系统的保障和维护机制，尤其是我国在妇女人权立法方面一直居于国际社会前列。

1. 宪法对妇女政治权利的根本保障

宪法是我国保障妇女政治权利的根本保障。1949年，具有临

① 汉斯·凯尔森：《法与国家的一般理论》，沈宗灵译，中国大百科全书出版社，1996，第98页。

时宪法性质的《中国人民政治协商会议共同纲领》在总纲中规定，“中华人民共和国人民依法有选举权和被选举权”“中华人民共和国废除束缚妇女的封建制度。妇女在政治的、经济的、文化教育的、社会的生活各方面，均有与男子平等的权利”。1954年，由第一届全国人大一次会议通过并颁布《中华人民共和国宪法》，这是我国第一部正式的宪法，其中第八十五、第八十六、第九十六条分别规定，“中华人民共和国公民在法律上一律平等”“中华人民共和国年满十八岁的公民，不分民族、种族、性别、职业、社会出身、宗教信仰、教育程度、财产状况、居住期限，都有选举权和被选举权。但是有精神病的人和依照法律被剥夺选举权和被选举权的人除外”“中华人民共和国妇女在政治的、经济的、文化的、社会的和家庭的生活各方面享有同男子平等的权利”。《中华人民共和国宪法》（2018修正）第三十四条规定：“中华人民共和国年满十八周岁的公民，不分民族、种族、性别、职业、家庭出身、宗教信仰、教育程度、财产状况、居住期限，都有选举权和被选举权。但是依照法律被剥夺政治权利的人除外。”由此可见，宪法作为我国根本大法，一直坚定确认并保护妇女的法律和政治权利，这是妇女参政权的最根本保障。

2. 选举法对妇女政治权利的保障

选举法明确规定妇女享有同男子平等的选举权和被选举权。在临时宪法《共同纲领》的基础上，1953年通过的全国人民代表大会及地方各级人民代表大会选举法再次明确规定，“中华人民共和国年满十八周岁的公民，不分民族、种族、性别、职业、社会出身、宗教信仰、教育程度、财产状况、居住期限，均有选举权和被选举权。妇女有与男子同等的选举权和被选举权”。1995年修订的选举法在总则第六条增加规定，“全国人民代表大会和地方各级人民代表大会的代表中，应当有适当数量的妇女代表，并逐步提高妇女代表的比例”。2018年选举法修订时，这一专门规定继续保留。可见，选举法充分认可并明确赋予妇女同男子平等的选举权和被选举权，这奠定了妇女作为公民参与政治事务的重要基础，并确立了妇女参政的主要途径。

3. 妇女权益保障法对妇女政治权利的保护

妇女权益保障法对妇女政治权利，尤其是参政权作出更为全面细致的保护。1992年，第一部关于妇女权益的基本法《中华人民共和国妇女权益保障法》颁布实施，使妇女各项权益得到专门的法律保障，也标志着妇女权益保障迈入法制化的新阶段。在妇女权益保障法中，有关妇女的政治权利位于各项权益之首，在该法第二条、第九条、第十条、第十一条、第十二条分别明确规定，“妇女在政治的、经济的、文化的、社会的和家庭的生活等方面享有与男子平等的权利”“国家保障妇女享有与男子平等的政治权利”“妇女有权通过各种途径和形式，管理国家事务，管理经济和文化事业，管理社会事务”“妇女享有与男子平等的选举权和被选举权。全国人民代表大会和地方各级人民代表大会的代表中，应当有适当数量的妇女代表。国家采取措施，逐步提高全国人民代表大会和地方各级人民代表大会的妇女代表的比例”“国家积极培养和选拔女干部。国家机关、社会团体、企业事业单位培养、选拔和任用干部时必须坚持男女平等的原则，并有适当数量的妇女担任领导成员。国家重视培养和选拔少数民族女干部”。2005年妇女权益保障法修订时，将“实行男女平等是国家的基本国策”加入总则部分，强调了保障妇女权益的国家原则和责任。妇女政治权利的规定依然处于该法的重要位置，以上内容继续保留，并增加了细致的条款，例如“制定法律、法规、规章和公共政策，对涉及妇女权益的重大问题，应当听取妇女联合会的意见。妇女和妇女组织有权向各级国家机关提出妇女权益保障方面的意见和建议”“国家采取措施，逐步提高全国人民代表大会和地方各级人民代表大会的妇女代表的比例。居民委员会、村民委员会成员中，妇女应当有适当的名额”。这些修正和补充，体现了国家保障妇女政治权利的具体化和可操作化，尤其突出了国家责任和妇女组织的作用。2018年该法修订时基本延续了2005年版本的规定。

妇女权益保障法作为一部专门以保护妇女权益、实现男女平等为宗旨的法律，一直将妇女政治权利放在各项权利之首，这显示出，政治权利是妇女其他权利的基础，是妇女权利保障的首要内容。在法律修订过程中，国家在保障妇女参政权利方面所承担的主体角色也更加明确，增加了妇女参政更为具体的政策和比例要求，使得妇女参政更具操作性。

二、保护和促进妇女参政的其他政策法规

宪法、选举法、妇女权益保障法为妇女参政奠定了法制基础，也为相关政策的出台提供了目标和依据。但是鉴于历史和现实原因，我国妇女参政比例偏低、参政意愿不足、参政层次和结构等状况也有待改善。为了切实保障妇女参政权的实现，党和国

家在民主建设过程中不断出台促进妇女参政的政策和具体措施。

1. 党的章程和政策法规重视女干部的培养选拔

重视培养女干部、发展女党员是党的一贯政策。《中国共产党章程》（2017修改）第三十五条明确规定，党重视培养、选拔女干部和少数民族干部。作为最高权威的党内法规的党章，为其他党内政策法规奠定了基准和方向。为推动妇女参政工作，1988年，中组部和全国妇联联合下发《关于在改革开放中加强培养选拔女干部工作的意见》，对县、乡两级女干部的比例提出了具体要求；1999年，中共中央办公厅关于转发《中共中央组织部关于加强农村基层干部队伍建设的意见》要求，重视农村年轻妇女和少数民族干部的培养和使用。2001年，中组部出台《关于进一步做好培养选拔女干部、发展女党员工作的意见》，对各级党政部门妇女参政比例提出了更为细致的要求，并且提出培养和选拔女干部、发展女党员的具体措施。2009年，中共中央办公厅、国务院办公厅印发《关于加强和改进村民委员会选举工作的通知》，推动村民委员会选举中增加妇女当选的比例。2010年，中共中央、国务院关于印发《国家中长期人才发展规划纲要（2010—2020年）》的通知要求，加强女干部、少数民族干部、非中共党员干部培养选拔和教育培训工作。2012年，党的十八大要求，加大培养选拔优秀年轻干部力度，重视培养选拔女干部和少数民族干部。2017年，党的十九大报告再次强调，统筹做好培养选拔女干部、少数民族干部和党外干部工作。2019年，中共中央印发《党政领导干部选拔任用工作条例》，将这一条纳入条款。中共中央办公厅印发《2019—2023年全国党政领导班子建设规划纲要》明确要求，大力发现培养选拔优秀年轻干部，合理配备女干部、少数民族干部和党外干部。2019年，中共中央印发《中国共产党农村基层组织工作条例》，要求重视发现培养选拔优秀年轻干部、女干部和少数民族干部，注意吸收妇女入党。

由此可见，中国共产党一直重视妇女参政工作，并根据时代要求不断出台相关政策，大力推动女干部的培养、选拔和任用，注意培养、发展女党员。这对于提升妇女参政数量和质量都起到了至关重要的作用。

2. 行政法规和方针政策等对妇女参政的重视

2015年，习近平主席在全球妇女峰会上发表《促进妇女全面发展 共建共享美好世界》的重要讲话，提出了“要增强妇女参与政治经济活动能力，提高妇女参与决策管理水平，使妇女成为政界、商界、学界的领军人物”。[①]2018年，习近平总书记在同全国妇联新一届领导班子成员集体谈话时强调，各级党委要加大重视、关心、支持、保障力度，重视培养妇女干部。2020年，习近平主席在联合国大会纪念北京世界妇女大会25周年高级别会议上的讲话中指出，“保障妇女权益必须上升为国家意志。要以疫后恢复为契机，为妇女参政提供新机遇，提高妇女参与国家和经济文化社会事务管理水平”。这些讲话精神体现了我国对妇女参政的重视，同时也为进一步提升妇女参政水平提出了目标任务和发展方向。

《中国妇女发展纲要》作为我国妇女发展的指导性文件，对

---

① 习近平：《促进妇女全面发展 共建共享美好世界——在全球妇女峰会上的讲话》，《人民日报》2015年9月28日第3版。

妇女参政的目标和策略进行总体规划。1995年以来，国务院已颁布四个周期的《中国妇女发展纲要》，根据时代背景和妇女参政状况，制定了各阶段妇女参政的主要目标和策略措施。《中国妇女发展纲要（2021—2030年）》继续将“妇女参与决策和管理”作为优先发展领域之一，对妇女参政层次和比例提出了十项具体目标要求，如保障妇女参与社会主义民主政治建设和社会治理，提升参与水平。中国共产党女党员保持合理比例。中国共产党各级党员代表大会中女党员代表比例一般不低于本地区党员总数中女性比例。女性在各级人大代表和常委会委员、各级政协委员和常委、县级以上地方政府领导班子，以及国家机关部委和县级以上地方政府部门领导班子中的女干部比例逐步提高。各级各类事业单位领导班子成员，企业董事会、监事会成员及管理层中的女性比例逐步提高。村党组织成员、村党组织书记中女性比例逐步提高。村委会成员中女性比例达到30%以上，村委会主任中女性比例逐步提高等。《中国妇女发展纲要（2021—2030年）》提出的妇女参与决策和管理的目标要求更为全面，包含党政机关、政府部门和企事业单位与社会组织。这说明我国对妇女参政问题的认识逐步深化，应对策略更加细致完善。

妇女政治权利还被写入我国其他重要政策文件，自2001年以来，我国将保障妇女政治权利写入国民经济和社会发展规划，2021年的“十四五”规划明确规定，“保障妇女平等享有政治权利，推动妇女广泛参与社会事务和民主管理”，使男女平等基本国策的落实有了强有力的保证。自2009年以来，我国已经发布四期《国家人权行动计划》，其中设立专门的章节来保障“公民权利和政治权利”与妇女权益。2016年，国务院新闻办公室发布

《国家人权行动计划（2016—2020年）》，其中单独一节专门规定了妇女权利，明确要求：继续促进妇女平等参与管理国家和社会事务。逐步提高女性在各级人大代表、政协委员中的比例，以及在各级人大、政府、政协领导成员中的比例。到2020年，村民委员会成员中女性比例达30%以上，村民委员会主任中女性比例达10%以上，居民委员会成员中女性比例保持在50%左右。2021年9月又发布了《国家人权行动计划（2021—2025年）》，标志着妇女权利保障进入新时代。国家规划性政策文件中对妇女权益的重视，为我国系统推进妇女参政提供了目标任务和方向。

妇女参政的有关内容也纳入多数国家机关和政府部门的政策文件之中，在各领域发挥了切实保障和促进妇女参政的作用。最高人民法院和最高人民检察院，作为我国最高审判和监察机关，自20世纪90年代以来一直强调妇女干部的培养和任用。多数政府部门也在不同层次上将培养和选拔女干部纳入政策或规划当中。1998年，最高人民法院《关于全面推进人民法院的各项工作为改革、发展稳定提供有力的司法保障》要求，在领导班子中要有一定比例的妇女干部，在少数民族地区要注意培养选拔少数民族同志进入领导班子。2013年，最高人民法院《关于新形势下进一步加强人民法院队伍建设的若干意见》（法发〔2013〕10号）要求，注重妇女干部、少数民族干部培养选拔工作和党外干部配备。最高人民检察院1994年关于印发《人民检察院政治工作纲要》的通知（高检发〔1994〕32号）、1996年关于印发《检察工作“九五”计划和2010年远景目标纲要》的通知（高检发〔1996〕25号）、2004年关于印发《2004—2008年全国检察人才队伍建设规划》的通知（高检发〔2004〕19号）都明确要求，重视和加强女干部和少数民族干部的培养、选拔和任用。政府部门也将妇女干部的选拔、培养和任用写入部门政策法规。

其他国家机关部门也将女干部的培养和任用纳入部门法规政策中。1999年，司法部印发《关于进一步加强司法行政系统干警队伍建设的意见》的通知（司发通〔1999〕137号）要求，注意培养选拔女干部和少数民族干部，充实各级司法行政机关领导班子。2005年，原国家林业局《关于加强林业人才工作的意见》（林人发〔2005〕1号）要求，大力培养选拔优秀年轻干部，重视培养选拔女干部、少数民族干部和党外干部。2006年，国家环境保护总局《关于加强年轻干部培养锻炼工作的意见》（环党组〔2006〕20号）要求，要重视培养锻炼优秀年轻女干部、党外干部和少数民族干部，使总局干部队伍形成合理的年龄、性别和知识、专业结构。2008年，民政部《关于进一步加强新形势下妇女参加村民委员会工作的意见》要求，要广泛开展"双培双带"活动，把女能人培养成妇女干部，把妇女干部培养成女能人，鼓励她们带头致富，带领妇女群众共同致富、共同发展。2013年，中共教育部党组《关于进一步加强直属高等学校领导班子建设的若干意见》（教党〔2013〕39号）要求，要重视培养选拔党外干部、女干部和45岁以下年轻干部。《中国工会章程》（2018年修正）也要求"各级工会组织根据有关规定管理工会干部，重视发现培养和选拔优秀年轻干部、女干部、少数民族干部，成为培养干部的重要基地"。

按照妇女权益保障法的要求，各级妇女联合会及其团体会员，可以向国家机关、社会团体、企业事业单位推荐女干部。这一要求已经纳入《中华全国妇女联合会章程》（2018年修改）

中，第三十七条规定，“各级妇女联合会应成为培养和输送女干部的重要基地。应加强干部的培养，重视培训工作，加强培训基地建设。妇女联合会干部应合理流动。妇女联合会应经常向各方面推荐输送优秀女干部，特别要注意培养推荐输送少数民族和年轻女干部”。此外，全国妇联与中组部联合发布《在改革开放中加强培养选拔女干部工作的意见》（1988）、召开第一次专题研究培养选拔女干部工作座谈会（1990）及多次妇女参政主题座谈会，民政部联合下发《关于进一步加强新形势下妇女参加村民委员会工作的意见》（2008）。全国妇联的持续关注对于促进妇女参政工作起了重要作用，也取得了显著成绩。

由此可见，培养和选拔女干部已经得到国家机关、政府部门和社会团体的普遍重视。这些政策和相应的举措增加了妇女参政的机会，提升了妇女参政的空间，促进了公共决策部门的民主和公正。

三、妇女参政的特殊政策——配额制

配额，从广义上说是对有限资源的一种管理和分配，是对供需不等或者各方不同利益的平衡。现在配额制广泛运用于经济、政治和社会生活的各个方面，成为国家、政府或市场利益调节的一种机制和手段。妇女参政中的配额制是指通过规定妇女参政比例的方式提高妇女参政水平，切实保障妇女普遍享有政治参与权，特别是参与决策和管理的权利，简称配额制。配额制的做法，主要是基于政治参与实践中性别不均衡的状况而开展的对女性的政策倾斜，它有助于改变政治领域的性别不平等格局，使妇女的政治权利得到保障，以实现社会民主和政治公正，促进两性平等协调发展。

世界各国的经验证明，配额制是一种能快速提高妇女参政程度的有效工具。迄今为止，全球有120多个国家采用配额制方法推动妇女参政。[①]我国对于妇女参政的推进，很早就开始使用妇女比例的做法，我国政策中对妇女的政策倾斜做法有些是比较弹性的规定，有些也具有刚性，但社会上对性别配额的认识和政策落实力度仍有待提升。

1. 新中国成立前后妇女参政比例的规定

中国共产党从建党之初，妇女参政比例就开始受到重视。1930年，闽西根据地要求全区第二次代表大会选举时，“在全体工农兵代表中，妇女要占30%”，这是中国共产党第一次提出妇女参政比例的具体要求。1933年，为召开苏维埃代表会议举行第一次大规模选举运动，中央局要求妇女代表必须达到25%；1939年，《陕甘宁边区第一届参议会通过提高妇女政治经济文化地位案》中规定，“鼓励妇女参政，各级参议会应有25%的女参议员，各机关应大量吸收妇女工作”。[②]妇女参政比例的要求增强了妇女政治参与的热情，使得一大批妇女走上了参政道路，在决策领域性别严重失衡的背景下，具有显著的现实意义。

新中国成立后继续沿用配额制促进妇女参政。20世纪50年代，党和政府曾提出“社社有女社长，村村有女村长”等妇女参政目标。1956年，全国人大通过的《高级农业生产合作社示范

① 和建花：《国际妇女参政趋势观察》，《中国妇女报》2018年11月7日第7版。

② 沙棘：《中国共产党推动妇女参政的历史经验》，《中国妇运》2011年第8期。

章程》规定，在合作社的领导人员和工作人员里面，女社员要有一定的名额，在合作社主任、副主任里面，至少要有妇女一人；1956年，毛泽东曾提出，现在“全国人民代表大会中，女同志占17%；在北京、上海、天津三个中央直辖市的人民代表大会中女同志占20%；将来女同志的比例至少要和男同志一样，各占50%；如果女同志的比例超过了男同志，也没有坏处”。[①]这是人类历史上，国家领导人明确提出妇女参政应占50%的破冰性论述，可见当时我国对妇女参政尤为重视。

2. 改革开放以来，我国对妇女参政比例的日趋重视

改革开放以来，妇女参政的比例更加受到各界关注，配额制的原则越来越多地纳入国家重要的法律政策。1992年的妇女权益保障法规定，“全国人民代表大会和地方各级人民代表大会的代表中，应当有适当数量的妇女代表，并逐步提高妇女代表的比例”。这标志着我国开始在法律层面提出妇女参政比例的目标任务和原则。1995年修订的选举法在总则第六条增加规定，“全国人民代表大会和地方各级人民代表大会的代表中，应当有适当数量的妇女代表，并逐步提高妇女代表的比例”。

但是，我国对于妇女参政比例的规定大多是原则性的。《中华人民共和国全国人民代表大会和地方各级人民代表大会选举法》（2020修正）依然没有规定明确的妇女参政比例。《中华人民共和国妇女权益保障法》（2018年修正）中规定，逐步提高全国人民代表大会和地方各级人民代表大会的妇女代表的比例；居

① 丁娟：《妇女参政需要配额制的护航保障》，《中国妇女报》2016年1月18日第3版。

民委员会、村民委员会成员中，妇女应当有适当的名额。诚然，这些规定对于扭转现实中妇女参政比例不高的情况有着指导意义，但“适当数量”“逐步提高”等政策表述具有太大的弹性，不能成为硬性指标，也缺乏相应的评估、监督和奖惩措施。

3. 妇女参政比例日趋细化和完善

当然，为了避免这些指导原则被忽视或误用，我国也有一些政策法规直接明确了某些层级妇女参政的比例，其中比较典型的是人大选举有关规定、村民委员会选举有关规定和各层级领导岗位上女干部数量的有关规定。

首先，全国人大关于选举的补充规定中较早提出了妇女比例的要求。1992年，《第七届全国人民代表大会第五次会议关于第八届全国人民代表大会代表名额和选举问题的决定》要求，全国人民代表大会代表中，妇女代表的比例不低于第七届的比例。2007年，《第十届全国人民代表大会第五次会议关于第十一届全国人民代表大会代表名额和选举问题的决定》明确提出，第十一届全国人民代表大会代表中，妇女代表的比例不低于22%。这是我国首次对全国人大代表中女代表比例作出的明确规定。对妇女代表的比例要求，落实了选举法中“应当有适当数量的妇女代表”这一原则，将妇女代表的数量进行了量化，设定了下限，保证了国家最高权力机关中妇女代表的席位，有利于保障妇女行使最高政治权利，切实提升妇女参政的层次和政治影响力。

其次，村民委员会选举相关规定也特别重视妇女的具体比例。1988年开始实施的《中华人民共和国村民委员会组织法（试行）》，对妇女参政仅有一条规定，“村民委员会成员中，妇女应当有适当的名额”。1998年修订时继续保留此条，没有增加更具体的规定。这样弹性的规定在执行过程中有太多可能性，使得妇女参政的机会依然不易保证。为此，1999年，民政部《关于努力保证农村妇女在村委会成员中有适当名额的意见》对妇女比例提出了具体要求，“凡村委会班子中没有女成员的，当届期内村委会成员出现缺额时，应首先补选女委员，或建议党委部门在村党支部内配备一名女干部”。2002年，全国妇女联合会《关于进一步做好村民委员会换届中妇女参选参政工作的通知》（妇字〔2002〕22号）在“村民委员会成员中，妇女应当有适当的名额”的规定基础上，增加了一项具体要求，即“做到每一个村民委员会至少有一名女性”。2013年，民政部《关于印发〈村民委员会选举规程〉的通知》要求，“候选人中应当有适当的妇女名额，没有产生妇女候选人的，以得票最多的妇女为候选人。村民委员会主任、副主任的当选人中没有妇女，但委员的候选人中有妇女获得过半数选票的，应当首先确定得票最多的妇女当选委员，其他当选人按照得票多少的顺序确定；如果委员的候选人中没有妇女获得过半数选票的，应当从应选名额中确定一个名额另行选举妇女委员，直到选出为止，其他当选人按照得票多少的顺序确定。补选时，村民委员会没有妇女成员的，应当至少补选一名妇女成员”。以上两个通知直接回应了实际工作中存在的妇女参政难问题，为村民委员会的选举提供了准确的指导意见，有利于基层民主建设的顺利进行。至2010年此法再次修订时，依然保留了“村民委员会成员中，妇女应当有适当的名额”的表述，但是对村民民主参与的村民代表会议提出了具体规定，“村民代表会议由村民委员会成员和村民代表组成，村民代表应当占村民代表会议组成人员的五分之四以上，妇女村民代表应当占村民代表会议组成人员的三分之一以上”。2018年修订时继续保留了这一款。以上配额制的规定，拓展了妇女参政的渠道，使得妇女既有机会入选村民委员会，还有更多的机会以村民代表的身份参与村庄具体管理，有利于调动妇女参加村民自治的积极性，也使妇女参政的意识和能力得到提升。

再次，各层级领导岗位上女干部数量的有关规定。2000年，中组部颁布《党政领导班子后备干部工作暂行规定》，规定“省、市、县三级党政领导班子后备干部队伍中的女干部，应分别不少于10%、15%和20%。中央、国家机关各部门领导班子后备干部队伍中，也要有一定数量的女干部”。2001年，中组部出台《关于进一步做好培养选拔女干部、发展女党员工作的意见》，进一步明确要求，市级以上党委、人大、政府、政协领导班子要各配1名以上女干部。县级党委、政府领导班子要各配1名以上女干部。市级以上党委、政府工作部门要有一半以上的领导班子配备女干部。这是我国首次对各级领导班子中的女性人数作出的具体要求，成为干部选拔任命中的一项基本准则，有力保证了妇女的政治权利，提升了妇女参政的水平。

当然，妇女参政配额制的落实并非一帆风顺，它伴随我国民主建设的发展及对妇女参政认识的深化而逐渐纳入主流决策，并且需要根据现实的变化不断进行调整和完善。以《中国妇女发展纲要》和《国家人权行动计划》为例，我国颁布实施的第一个《中国妇女发展纲要（1995—2000年）》要求“积极实现各级政府领导班子成员中都有女性，政府部门负责人中女性比例有较大提高”。《中国妇女发展纲要（2001—2010年）》提出了较为具体的要求，“实现省（自治区、直辖市）、地（市、州、盟）和县（市、区、旗）领导班子中女干部配备目标；逐步提高女性较集中的部门、行业管理层中的女性比例，教育、科技、文化、卫生、体育、计划生育、民政、司法、劳动和社会保障等部门领导班子中要首先配备女干部；各级领导班子后备干部队伍中应有一定数量的女干部”。《中国妇女发展纲要（2011—2020年）》进一步提出，“县级以上地方政府领导班子中有1名以上女干部，并逐步增加；村委会成员中女性比例达到30%以上。村委会主任中女性比例达到10%以上。居委会成员中女性比例保持在50%左右”。《中国妇女发展纲要（2021—2030年）》虽然并未设定妇女参政的具体指标，但增加了对妇女参政覆盖面的要求，更加强调要逐步提高妇女在权力与行政机关、基层管理、企事业单位和社会组织中的比例。以上这些重要规划中目标措施的变化，既反映了现实生活中妇女参政的变化，也显示出决策者对各个层次的妇女参政的认识逐渐深化，尤其是对基层妇女参政日趋重视。

2009年，我国制定的第一份以人权为主题的国家规划——《国家人权行动计划（2009—2010年）》对妇女参政提出了相对具体的要求，各级人大、政协和人民政府领导成员中都要有1名以上的女性。50%以上的国家机关部（委）和省（自治区、直辖市）、市（地、州、盟）政府工作部门要有女性领导成员；在省、市、县级后备干部队伍中女性不少于20%。提高女性在各级各类国家机关公务员中的比例，在女性比较集中的部门、行业管理层中女性的数量要与女职工比例相适应。在村民委员会、居民委员会成员中要有一定比例的女性成员。2012年颁布的《国家人权行动计划（2012—2015年）》，再次强调了妇女参政要达到已有的比例目标，并将妇女参政领域进行了扩展，规定“逐步提高县（处）级以上各级地方政府和工作部门领导班子中女性担任正职的比例。逐步提高企业董事会、监事会成员及管理层中女性比例。逐步提高职工代表大会、教职工代表大会中女代表比例”。《国家人权行动计划（2016—2020年）》中关于妇女参政比例的要求与《中国妇女发展纲要（2011—2020年）》一致，“到2020年，村民委员会成员中女性比例达30%以上，村民委员会主任中女性比例达10%以上，居民委员会成员中女性比例保持在50%左右”。2021年颁布的《国家人权行动计划（2021—2025年）》明确提出：“促进妇女平等参与管理国家和社会事务。保障妇女平等享有政治权利，推动妇女广泛参与社会事务和民主管理。逐步提高女性在各级人大代表、政协委员中的比例。培养选拔更多女干部。村（居）民委员会成员中女性比例稳步提高。大力推动基层妇女广泛参与协商议事。”可见，妇女参政权作为最重要的一项妇女人权，在我国整体的人权行动计划中逐步细化、具体化，妇女参政比例已经成为衡量妇女参政和我国人权发展事业的重要目标。

妇女参政比例的要求，是配额制原则逐渐纳入我国政策法规体系当中的重要体现，对于促进妇女参与决策和社会管理起到了非常重要的作用。近百年的实践证明，通过政策倾斜的方式来调整政治资源上的性别不均衡，在较快的时间内提升弱势一方的参政水平，从而促进男女共同行使政治权利，这是中国特色社会主义民主制度的内在要求和必然趋势。

4. 妇女参政的政策盲区与短板

尽管我国将男女平等作为一项基本国策，并出台一系列政策促进妇女参政，可是从现实数据来看，妇女参政水平依然不高。尽管这一状况与妇女的参政态度和社会环境等因素也存在直接关联，但不能否认，从公共政策本身来看，还存在许多盲区和短板，需要进一步发展完善。

首先，我国选举法、妇女权益保障法等法律政策，对妇女参政的规定比较原则性，尚未有具体的配额制要求，“适当比例”“适当名额”等规定，缺乏可操作性，难以落实。另外，关于“至少一名”“一名以上”等有关规定在实际执行中也往往走样，甚至被消极地理解成“只能一名”，这样会对后备干部中具备资格的女性产生挤压。

其次，在与干部培养和任用比较相关的法律政策中，公务员法及《公务员录用规定》等缺少有关培养和选拔女干部的相关规定。公务员法是一部规范公务员行为准则的法律，2006年开始施行，是新中国成立50多年来我国第一部干部人事管理的综合性法律，其内容包括公务员的条件、录用、考核、职务、培训等，但对于妇女公务员的选拔、录用没有相关表述。根据此法制定的《公务员录用规定》也同样没有提及妇女的录用。诚然，公务员考试注重公平，不能按照配额制原则给妇女特殊政策倾斜，但也可以在同等条件下优先考虑录用妇女，对于参照公务员招聘的部门或事业单位，可以适当拟定妇女录用比例，尤其像妇女联合会这类直接为妇女事业工作的组织部门，更应扩大妇女录用比例。这样的考虑符合宪法、妇女权益保障法的精神和男女平等基本国策的要求，也可以抵消一部分阻碍妇女参政的现实因素。

此外，我国有关干部提拔、任命的规定在年龄、任职年限和任职条件上没有充分考虑两性的生理层面和社会层面的差异，使女干部在选拔、任用过程中处于不利地位。2002年实施的《党政领导干部选拔任用工作条例》规定，“提任县处级领导职务的，应当具有五年以上工龄和两年以上基层工作经历”。该条例经过几次修订，依旧保留了此条款。基于这样的规定，各地也出台了相应的干部选拔任用细则。例如，2014年，甘肃省委组织部印发《关于干部“逢提必下”的实施方案》，明确了干部“逢提必下”的对象范围和程序办法，要求符合条件的人员提拔前后都要到基层实践一线挂职锻炼一年。即使有的地方没有专门的规定，也会把“逢提必下”作为一个不成文的规定和干部选拔的必要程序。但是通常这一点对于男女干部来说具有不同的影响，导致最后女性更容易在干部选拔过程中失去资格或晋升受阻。

通过梳理我国妇女参政历史和相关政策，可以看到，我国在保障妇女的参政权利方面做了大量的工作，国家承担了推进妇女参政、培养和选拔妇女干部的主体责任，并且鉴于男女两性在参政比例、参政结构等方面的性别差距，通过出台倾斜性的政策来加快实现妇女参政水平的提升，确保妇女参政权的实现。但是，我国有关政策的落实并非彻底到位，并且有许多与参政相关的政策尚存在性别盲区，没有切实回应现实生活中妇女参政的困境。这使得我国妇女参政依然困难重重，妇女参政水平在国际上的排名也不尽如人意。

第三节　我国妇女参政的困境与原因

妇女参政之路并非一帆风顺，与国际妇女参政相比，我国的情况并不理想，主要表现在妇女参政人数占比小、妇女参政层次低、妇女参政结构不合理等问题。尤其是在国际社会推进妇女参政的力度日趋加大的背景下，我国的妇女参政进展相对缓慢，国际排名时有退步。因此，要深入分析妇女参政的困境，探索其内外原因，尤其要检视我国妇女参政相关政策和社会政治文化环境等方面存在的问题，进而提出新的目标和策略，切实保障妇女参政权的实现。

一、妇女参政存在的问题

关于妇女参政面临的问题，研究者已比较有共识，但实践层面的改变却比较缓慢。尽管我国妇女参政已经取得了不少成绩，但是“三低”现象比较明显，即妇女参政比例低、参政层次低、参政意愿低，妇女在公共决策和管理中依然处于弱势地位，导致妇女的全面发展被掣肘，妇女权益保障依然存在亟待进一步突破的瓶颈。

1. 妇女参政比例偏低

妇女参政比例偏低表现在：一方面，妇女参政比例整体偏低；另一方面，妇女高层参政比例较低。例如，全国人民代表大会女代表和政协女委员的比例偏低，而且提升缓慢。如前文所述，中央苏区曾经要求苏维埃代表会议中妇女代表占25%，并且得到基本落实。新中国成立后，1954年第一届全国人大女代表的比例为12%，1975年第四届时达到22.6%，其后几届低于这个比例，但基本稳定在21%以上。2007年，我国首次明确规定，全国人大女代表占比不低于22%。2008年第十一届全国人大女代表仅占21.3%，未达到预期要求。直到2013年第十二届才再次超过第四届的比例，女代表比例回升到23.4%，2018年第十三届提升到24.9%，可以说我国全国人大女代表的数量有明显提升。全国政协女委员的比例从第五届以来逐步上升，第十三届时达到20.4%（见图3）。此外，中国共产党全国代表大会中的妇女代表比例也得到显著提高，2017年党的十九大女代表比例达到24.2%，比1956年党的十八大提高14.9个百分点。[①]由此可见，我国妇女的高层民主参与已有显著改进。但是，随着国际社会对妇女参政的普遍关注，许多国家将配额制纳入立法或政策，使得整体上妇女参政的水平得到较快的提升，相比之下，我国就显得滞后了。

① 中华人民共和国国务院新闻办公室编《平等 发展 共享：新中国70年妇女事业的发展与进步》，人民出版社，2019，第23页。

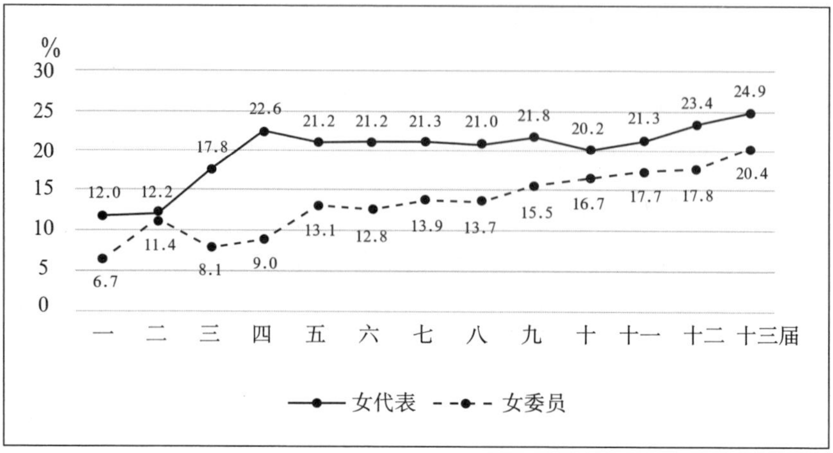

图3　历届全国人大女代表、政协女委员所占比重①

我国全国人大女代表的比例与世界各国女议员比例相比，还有显著差距，而且我国在这方面的排名还有下降的趋势。1998年，我国全国人大女代表的占比位列第15名，2008年下降至第52名，2020年再次下降至第79名。值得注意的是，2020年全国人大女代表的比例首次低于世界各国女议员比例的平均值，相较于我国近几届全国人大女代表比例逐步上升的事实，说明我国推进妇女高层参政的进展已经显得滞后（见表3）。而且，我国妇女参政水平与联合国所要求各国“至少30%”的目标还有很大差距，这也凸显了当今我国妇女参政任务之重。

① 国家统计局：《2019年〈中国妇女发展纲要（2011—2020年）〉统计监测报告》，中国政府网：http://www.gov.cn/xinwen/2020-12/19/content_5571135.htm，访问日期：2020年12月18日。

表3 世界各国议会女议员比例与中国全国人大女代表比例比较[①]

时间	世界最高(%)	世界平均(%)	中国比例(%)	中国排名(位次)
1998.03.20	40.4	12.7	21.8	15
2003.10.30	48.8	15.3	20.2	38
2008.09.30	56.3	18.4	21.3	52
2013.10.01	63.8	21.8	23.4	55
2020.08.01	61.3	25.2	24.9	79

2. 妇女参政层次较低

首先，在国家党政高层领导干部中的女性比例比较低。女干部比例在整个权力体系中呈现金字塔结构，越往高层，妇女干部的比例越低。从现有数据来看，我国省部级妇女干部非常少。2018年有12名女性担任省级正职领导，全国31个省（区、市）共选出副省级以上女性领导干部106名，占813名省级人大、政府、政协领导班子成员的13.0%。[②]我国没有针对妇女高层参政的指标规定，也影响女性跻身最高领导职位。

其次，妇女参政结构不合理。大多数女干部沉在中下层。2017年，全国党政机关女干部人数为190.6万人，仅占干部总数的26.5%。同样，在事业单位担任领导职务的女性比重也不高，2018年全国事业单位领导班子成员中，女性比例为22.2%。女性在机关和事业单位担任领导的比例虽然有所提升，但总体比例还是偏低，而且大多沉在基层。调查显示，2000年，我国省部级以

① 刘伯红、范思贤：《妇女参政助推科学民主决策和社会治理——近五年中国妇女参政状况简要评估》，《山东女子学院学报》2020年第6期。

② 贺燕蓉、林丹燕、张婧文：《中国妇女参政新气象：新一届省级地方女性领导干部状况分析》，《中国妇运》2018年第3期。

上、地厅级、县处级女干部分别占比7.8%、11.0%和15.8%；到2009年，对应的比例为11.0%、13.7%和16.4%[①]，分别增长3.2、2.7和0.6个百分点，可见经过近十年的努力，女干部比例有所上升，但变化不是特别大，在所处的层级占比较低。如前所述，2018年，副省级以上领导干部占比仅为13.0%，情况依然没有太大改变。这充分说明大多数女干部处于县处级以下。

于是，社会上普遍存在“高层少，基层多；正职少，副职多；实职少，虚职多；边缘部门多，主流部门少”等现象，并且女干部所主管的工作也常被限定在教育、医疗卫生、社会服务或者环境等相关领域，党政核心岗位的女性政治角色较为少见。因此，考察妇女参政除了要以数量为依据，还要考虑参政质量。尽管妇女参政的比例普遍有提升的趋势，但是进度慢，而且仅有的参政女性也未能承担党政领导正职，妇女民主参与的现实效果就打了折扣，从长远来看，这对我国民主建设也会产生不利的影响。

此外，后备女干部储备不足。在换届选举过程中，经常会出现断档，导致政策规定的“一名以上”女领导比例目标也难以实现。这种情况的出现与女干部后备力量薄弱有直接的关系。大量女干部沉在科级以下，而且整体上女干部处于副职的比较多，较难提拔为更高级别的干部或后备干部。尽管近年来新入职的女公务员和新发展的女党员的比例都有明显增加，但从总体量来看依然处于少数。以党员中女性占比为例，2019年中国共产党党员中

① 柯倩婷主编《中国妇女发展20年：性别公正视角下的政策研究》，社会科学文献出版社，2015，第143页。

女党员有2559.9万人，占比27.9%。[①]

3. 妇女参政意愿较低

妇女参政意愿低、政治热情相对较低是当前妇女参政面临的主要难题之一。如前文所述，中国历史上长期将妇女置于政治之外，并对妇女直接或间接影响政治的行为进行口诛笔伐，使得传统观念中对妇女参与政治一直持否定态度。这种历史的遗留对后世妇女社会参与产生了多方面的影响，影响妇女对政治活动的关注和参与热情。长期以来男性主导政治领域所形成的刻板印象，也让女性望而却步。此外，城乡环境、职业类型、受教育水平、政治面貌等因素也使得妇女参政意愿存在显著差异。一般情况下，城市妇女政治参与意愿和可行性远高于农村妇女。农村妇女受传统妇女观、习俗惯例、生活方式、性别角色分工、婚居模式和两性权力关系等因素的影响，在乡村处于政治上的弱势地位，对于男性家庭成员的依赖较为明显，在村庄事务中发挥的作用比较有限，这极大地限制了妇女参政的热情。2019年《中国妇女发展纲要（2011—2020年）》统计监测报告显示，村民委员会中的女性比例为23.8%，距“达到30%以上”的目标有较大差距，农村妇女参政水平有待提高。[②]这与基层妇女参政意愿低以及村民对妇女参政持消极态度等都有直接的关联。2020年第四期中国妇女社会地位调查显示，仅有31.1%的女性表示将来愿意参加村/居委

---

① 中共中央组织部：《2019年中国共产党党内统计公报》，http://dangjian.people.com.cn/n1/2020/0630/c117092-31765452.html。

② 国家统计局：《2019年〈中国妇女发展纲要（2011—2020年）〉统计监测报告》，中国政府网：http://www.gov.cn/xinwen/2020-12/19/content_5571135.htm，访问日期：2020年12月18日。

会成员竞选，[①]要实现《中国妇女发展纲要（2021—2030年）》中“村委会成员中女性比例达到30%以上”“社区居委会成员中女性比例保持在50%左右”的目标，显然还需要不断增强妇女基层参政的主动性。

妇女参政意愿直接影响妇女参政的数量与质量。虽然国家不断出台相关规定，要求保证妇女参政的一定比例，但是如果按规定选举或选拔出来的妇女干部自身政治意愿不强烈，政治素养也不高，很容易变成没有实际效果的参政“点缀”，不能充分参与政治决策，更难以切实代表妇女发声，促进男女平等基本国策的落实。因此，要实现妇女参政的现实意义，使妇女具备参政意识与能力，必须将妇女政治参与作为一个长期过程来考察，深挖影响妇女参政意愿的内外因素，加强妇女参政能力的教育培训，激发妇女参政的潜能，提升妇女参政的信心，并不断优化家庭和社会环境，为妇女参政构建支持性的氛围。

综上可见，我国妇女参政尽管取得了明显进步，但是在参政数量和质量上都存在不足，与国际标准也有一定的差距。妇女充分行使政治权利，男女平等基本国策的全面落实，还有很长一段路要走。

二、妇女参政困难的原因

我国妇女参政比例小、层次低，导致这一现象的原因很多。首先，从公共政策角度来看，政策制定、政策实施、政策过程都

---

① 第四期中国妇女社会地位调查领导小组办公室：《第四期中国妇女社会地位调查主要数据情况》，《中国妇女报》2021年12月27日第4版。

是重要的探究方面。其次，从利益相关者角度来看，政策目标人群的观念、能力及其生产生活环境等也是不可忽视的因素。因此，要从内外因素来分析和解决这一问题。

1. 公共政策层面

我国妇女参政的法律和政策规定已经构建起较为完整的支持系统，为妇女行使政治权利提供了基础和保障。但是，从实际层面来看，我国妇女参政明显低于国际社会所倡导的水平。这就需要审视公共政策全过程，评估政策过程的各个环节，针对性地改进政策制定和实施等环节和各要素，以达到预期效果。

首先，从政策制定环节来看，我国妇女参政的相关政策仍存在具体指标不高、标准不明晰、缺少量化指标、比较粗线条等问题。从现有的参政政策来看，我国重视妇女参政的比例，但是现有的妇女参政指标比较空泛，操作性不足，且滞后于国际标准，并且我国一直没有设置妇女高层参政的比例。此外，尚未充分考虑各层级妇女参政的不同效果，对参政结构没有具体要求，在这样的情况下，如果妇女参政在各层级分布不均衡，那么妇女的参政数量和质量就不一定存在正相关的关系。换言之，即便是妇女参政比例达到了政策要求，也可能是因为妇女在低层级管理岗位的比例过多造成这样的结果。

妇女参政层次低的情况，也与现行的女干部退休政策相对滞后有关。我国退休政策中存在男女不同龄退休的规定，大部分女公务员55岁退休，而男性60岁退休，这就意味着女干部职业规划比男性要早5年终止，一些有能力的女干部不能达到更高的职位，甚至还有一些决策者以此为由不愿任用或重用50岁以上女干部，更加重了女干部的职业瓶颈。2015年，中组部曾发布通知要求处级以上和高级职称的女性可以60岁退休①，但该通知同时允许符合条件的女性可以在55岁自愿申请退休，所以这一规定对消除女干部的晋升瓶颈影响有限。

其次，妇女参政政策目标的实现缺少硬性时间表和奖惩措施，使得相关单位没有落实政策的压力和动力，实际成效就难以保证。联合国消除对妇女歧视委员会在审查中国政府履行《消歧公约》报告时多次指出："委员会鼓励缔约国采取持续的措施，包括暂行特别措施，例如制订足够的数字目标、指标和时间表，从地方至国家一级在一切公共生活领域争取人数相同的妇女正式参与民选机构和委任机构的工作，以及在政府各部门包括外交部任职。"②显然，我国妇女参政距离这一目标还很遥远，相关措施的制定和实施力度也有待加强。

再次，配额制的做法尚未全面确立，而且配套政策的缺乏使得"最低比例"成为双刃剑，它既有提升妇女参政的明显作用，又可能引发一些新的问题。

不可否认，配额制的确是促进妇女参政的有效措施，它可以在短时间内提升妇女参政的数量。但是，在具体执行过程中也有许多问题，例如，我国在选举中，要求必须保证党派、妇女和少数民族的代表比例，于是一些地方在选举时就硬性要求选举妇女代表，还有一些地方将配额要求的这几类群体合并到一个代表身

---

① 中组部：《关于机关事业单位县处级女干部和具有高级职称的女性专业技术人员退休年龄问题的通知》（组通字〔2015〕14号）。

② 刘伯红、范思贤：《妇女参政助推科学民主决策和社会治理——近五年中国妇女参政状况简要评估》，《山东女子学院学报》2020年第6期。

上，这导致有能力的女干部不一定被选用，被选用的女干部不一定参政意愿高或更符合条件，这也不利于真正发挥妇女民主参与的作用。

同时，从具体实施来看，最低比例的规定也并不一定能保证女代表数量的增加。2007年，第十届全国人大第五次会议明确要求，第十一届全国人民代表大会代表中，妇女代表的比例不低于22%。但是这一目标并未实现。原因是保障妇女代表的最低比例的要求主要应用在确定候选人的阶段，不是最终投票阶段。这样全国人大代表的结果就受到各级人大选举结果的直接影响。在提名全国人大代表候选人的阶段，可能还可以保证妇女候选人的比例符合要求，但是真正当选全国人大代表的妇女人数就很难保证了。因此，选举法修改时，应充分考虑选举程序和规则，在规定最低全国人大女代表比例的同时，还应明确各级人大代表候选人中的女性比例，从而切实提高妇女代表比例，保证妇女高层政治参与。

最后，从政策落实执行方面来看，也存在许多消极因素。政策执行者缺乏责任意识和性别平等观念，将会使得政策目标难以实现。政策执行者如果存在性别刻板印象，或者缺乏对国际和国家的性别主流化政策的足够认知，就可能对妇女参政存在消极或淡漠态度，在执行政策的过程中就会出现对女干部不信任或者有意无意地忽视和轻视的现象，导致妇女参政相关法律政策不能切实执行，更难以从现实出发提出更有前瞻性的政策方案与建议。

2. 社会环境层面

妇女参政状况与社会环境密切关联。从现有研究来看，历史文化、习俗观念、媒体等方面都存在一些不利于女性参政的因素，另外，妇女参政的家庭和社会支持系统也明显不足。

首先，传统性别分工模式限制了妇女参政。延续三千多年以父权制为核心的社会制度和思想文化，使得“男女有别”“男外女内”等性别分工模式长期束缚着社会性别角色观念，以至于当代受过高等教育的女性依然会被与家庭和私人领域联系在一起。这种传统的性别分工模式使女性在公领域，尤其是政治领域的参与受到限制，这是女性难以在政治领域发挥作用的一个重要原因。女性与家庭的关联被过度强化，容易延伸出女性家庭责任影响工作投入、不适合做领导等错误判断，从而抑制女性晋升的空间和机会，使女性在参政道路上遭遇“玻璃天花板”，长期徘徊在中低层次，难以进入权力核心层，从而导致女干部在各层级分布极不均衡现象。研究者曾在干部培训过程中做过一次小型实验，请参与者为一男一女两位干部安排领导职务和主管工作，结果80%的人选择将工青妇和计划生育的领导职务安排给女干部，而把人事组织的领导职务安排给男干部；80%的人选择把县委“一把手”安排给男干部，而把政协主席安排给女干部，理由是女性适合当副手，男性适合做决策；女性适合搞计划生育，抓妇女工作，男性适合负责全面工作和有挑战性的工作。[①]这个实验在一定意义上说明了妇女传统性别角色已经不限于家庭，而是扩展到公共领域，参政领域的职务性别化实际上是传统性别分工的一种真实再现。

其次，政治领域依然充满男性主导的色彩。一方面，跻身政

① 李慧英：《我国妇女参政要不要确定1/3比例制？》，《山西师大学报（社会科学版）》2014年第2期。

界的女性常被另眼相看，得不到足够的重视和尊重，有的甚至被“污名化”；另一方面，干部选拔和任用等重要环节也经常默认男性为参政主体，忽视社会性别差异。比如，干部竞聘上岗制度，本意是以公开公平的原则“择优”选拔干部，但实际操作过程中倾向于只考虑干部公职身份的履历及表现，忽视了干部的社会性别角色及其影响。有学者指出，“干部选拔方案中，下放挂职的历练方式，没有充分考虑现行中国社会的两性分工、女性的生理生育特点和成长规律、公共服务所能提供的家庭照料条件，致使女干部难以胜任这种挂职锻炼”。[①]在这种情况下，貌似一视同仁的规定，在现有的性别文化土壤中会对男女干部产生不同的影响。

再次，妇女参政缺少传媒和社会支持。从参政环境来看，媒体中存在的性别角色定型对于妇女参政也极为不利。性别角色定型，是人们受社会影响而对男女持稳定不变的看法，主要包括对男女在性格、形象、智力、社会分工、家庭角色等方面的定型化印象。刻板印象属于社会认知的一部分，它一方面使人们能够利用刻板印象对某个人作出角色的判断，但另一方面它也使人们产生心理定式和单一化的判断，忽视个体差异，也存在滞后性。刻板印象具有较高的稳定性，一旦形成就很难随着现实的变化而变化。1995年，第四次世界妇女大会《行动纲领》中对此进行了特别明确的判断，“大多数国家的印刷和电子媒介没有以均衡的方

① 刘伯红、范思贤：《妇女参政助推科学民主决策和社会治理——近五年中国妇女参政状况简要评估》，《山东女子学院学报》2020年第6期。

式描绘妇女在不断变化的世界中不同的生活和对社会的贡献”。[①]研究表明，互联网、电影、电视节目、书籍、广告、报纸、杂志、电视剧、流行音乐等电子和印刷媒体中，都存在严重的性别角色定型，甚至是性别歧视现象，对于妇女全面发展极为不利。

伴随着信息时代的到来，传媒已经渗透到生活的方方面面，传媒领域中不均衡的性别角色呈现就显得更为棘手。媒体的消费化、娱乐化倾向更加重了对女性的消费角色和依附性的宣扬，“干得好不如嫁得好”“女为悦己者容”“男人负责挣钱养家、女人负责貌美如花”等观点弥漫在各种传播媒介中，潜移默化地引导和建构社会性别角色定位和价值取向。媒体中呈现出的女性容易被定型为从属于男性的依附者、装饰品和性对象，比如围绕着厨房、客厅的主妇形象和照料者，活跃在商场和消费场所的消费者，以及带有家庭角色延伸的秘书、护士等传统职业形象；而相应的男性角色却通常是与科技和政治、经济生活密切相关的职业角色，比如科学家、医生、领导者等。男女的活动空间也存在显著差异，女性角色经常出现在私领域或者与家庭照顾密切相关的医院、幼儿园、超市、餐厅等；而男性的活动空间经常是与政治、经济、科技、医药、计算机、机械、化工等为主的公领域。传媒对男女性别角色的刻板定型依然严重，女性角色单一固化，活跃在各行各业的女性角色呈现机会较少，特别是在政治、经济和科学技术等领域，现代媒体再现的女性参政角色更是凤毛麟角。

这种情况会加重社会中的“男主女从”“男强女弱”“男主外、女主内”等性别角色刻板定型程度，限制了女性人才自身角

---

① 第四次世界妇女大会《行动纲领》，参见http://www.nwccw.gov.cn/2017-05/23/content_157555.htm，访问日期：2020年12月1日。

色定位和价值追求，也不利于女性人才的培养和女干部的选拔任用，更不利于营造尊重女性参政、支持女性发展的社会环境。2010年第三期中国妇女社会地位调查关于“领导岗位上女性比例较低”的原因显示，分别有68.8%、67.8%和61.2%的受访者选择了“对女性培养选拔不力”“女性家务负担重”“社会对女性有偏见”这三项。[①]可见，社会文化滞后、社会支持不足等成为妇女参政难的重要原因，这已经成为社会的基本共识。

3. 政策对象层面

妇女参政的政策能否落地并取得预期效果，除了与政策的设计、制定和执行有关，还与政策对象自身的实际状况有关。一方面，如果妇女的参政意愿和参政信心不足，那么妇女参政比例偏低的现象就难以改变；另一方面，缺少家庭的支持或者女性家庭负担过重，也是影响妇女参政的重要因素。

家庭是影响妇女参政的重要因素，家庭对妇女参政的支持不足或者家庭责任过重都会影响妇女的参政意愿。2010年第三期中国妇女社会地位调查显示，27.9%的受访者认为“家人不支持女性当领导”。另外，对于“男主外、女主内”的传统性别分工，63.4%的参政女性和43.6%的普通女性不认同，说明参政女性比普通女性更加不认同传统性别分工，但是二者平均为53.5%，说明还有半数的受访者并不反对传统性别分工；而相应的男性的数据就更低，平均仅为41.3%的人反对这一观点，而且反对这一观点

---

① 张永英：《为谁参政？——参政妇女的社会性别意识分析》，《中华女子学院学报》2014年第4期。

的比例普遍比2000年的数据低。[①]这说明，妇女摆脱传统性别角色定型的意愿和社会支持度都有所降低。鉴于此时期女性接受高等教育的水平已经跟男性基本没有差距的事实，对女性传统家庭角色的支持比例的回升是值得警惕的。2020年第四期中国妇女社会地位调查显示，反对“男人应该以社会为主，女人应该以家庭为主”的男女比例比2010年有所上升，分别为50.9%、58.3%，合计为54.5%。[②]据此可以推算，不反对传统性别分工的被访者约占45.5%，女性传统家庭角色期待依然较重。

女性家庭负担过重也与经济领域的变革有着一定的关联。改革开放以来，伴随着经济体制改革的进程，原来由国家和企业负担的部分照料责任逐渐转移到家庭中，原有的公办托幼、养老、食堂等公共服务机构也逐渐被市场经济瓦解，家庭照料的负担随之加重。在传统性别分工裹挟之下，这种责任又经常被推向女性，于是职业女性不得不承受着兼顾工作与家庭的“双重负担”。因此在这种情况下，女性参与政治、经济生活就会更加艰难，甚至经常面临家庭和工作“鱼和熊掌不可兼得”的困境。当面临个人发展的机遇时，女性通常比男性更被期待首先考虑家庭，为了兼顾家庭不愿意承担重要岗位，甚至为了家庭不惜放弃重要岗位或晋升机会。据2019年《中国纪检监察报》报道，某地两名考察成绩位列前茅的女干部因拒绝了“拟被提拔”的工作安排，进而受到党纪处分，其拒绝的理由是个人家庭和身体原因。[③]

---

① 张永英：《为谁参政？——参政妇女的社会性别意识分析》，《中华女子学院学报》2014年第4期。

② 第四期中国妇女社会地位调查领导小组办公室：《第四期中国妇女社会地位调查主要数据情况》，《中国妇女报》2021年12月27日第4版。

③ 朱鹏、钰轩：《工作安排不容挑肥拣瘦》，《中国纪检监察报》2019年7月19日第4版。

此事引发了社会对女干部工作和家庭冲突的广泛讨论，女干部家庭责任过重的特殊困境也逐渐受到各界关注。

妇女参政状况与自身的自我认知有直接关系。自我认知是指个体对自己的观察和自我评价，包括对自己的意识、思维、期望、行为及人格特征等方面的判断与评估。社会心理学认为，个体的自我认知，与其社会环境和社会定位是密切相关的。女性的自我认知必然受到社会观念和社会性别身份的影响。如前文所述，现代传媒和社会环境中存在滞后的性别文化观念，社会调查中对女性传统家庭角色的期待依然占比较高，这些都会影响女性的自我认知，让女性不能充分认识到社会参与的重要性和必要性，并且削弱了社会参与的热情、信心和动力。在这种情况下，妇女参政的动机和意愿不足就在所难免，在面临参政机会的时候，女性容易产生自卑心理，甚至怀有恐惧和反感等负面情绪，宁可主动放弃或逃避，也不愿意或不敢当“出头鸟”，这也是导致妇女参政比例难以提升的原因之一。

此外，参政领域女性比例偏低、高层参政性别失衡、女干部岗位角色刻板定型、女干部“一把手”偏少等现实性别差距，使得女干部的晋升空间和实际权力都受到限制，难以进入权力的核心层，更难在政治领域发挥实质作用。这些都可能影响妇女的参政信心，使妇女对自身参政前景比较消极，甚至使许多女干部安于现状，驻足不前，不再努力争取。这种情况对于发挥妇女自身潜力是极大的阻碍，也是妇女参政水平不高的重要原因。当然，一些女干部的领导力也有待提高，还有一些女干部自身缺乏性别平等意识，甚至存在性别偏见，不愿意在参政过程中关注和代表妇女利益，不能与广大妇女建立密切联系，并代表她们发出声音，更难以将社会性别议题纳入决策主流。这样的妇女参政角色不容易获得广大妇女的支持与信赖。

综上可见，尽管我国从法律和政策角度不断推动妇女参政水平，但妇女在政治领域代表性仍然不足，妇女参政的层次整体偏低，尚未形成妇女广泛参政的格局。究其原因，一方面，政策内容、政策执行和政策环境等存在诸多问题；另一方面，社会环境对于妇女参政的支持不足，性别偏见依旧是阻碍妇女人才成长的重要原因。此外，家庭及个人等方面也存在不利于女性政治参与的性别角色分工与角色冲突等问题，其深层次的原因依然与传统性别文化密切关联。可以说，落实男女平等基本国策，最亟待解决的任务是真正确立社会性别主流化原则，纠正法律政策和社会文化观念中的性别偏见，建立先进性别文化，营造有利于性别平等的制度和社会环境。

第四节　妇女参政的目标与路径

妇女参政，其实质就是政治民主化，是我国社会主义民主建设的一个重要组成部分。妇女参政，不仅可以让妇女在政治决策中发声，妇女的利益得到国家决策的考虑，其各方面权利得到政策保障，而且是我国真正意义上的民主参与、民主管理和民主监督的体现，妇女参政是民主建设的题中应有之义。2021年3月发布的《中华人民共和国国民经济和社会发展第十四个五年规划和

2035年远景目标纲要》要求，保障妇女平等享有政治权利，推动妇女广泛参与社会事务和民主管理。2021年9月发布的《国家人权行动计划（2021—2025年）》也再次强调“促进妇女平等参与管理国家和社会事务。保障妇女平等享有政治权利，推动妇女广泛参与社会事务和民主管理”。因此，本节参考国内外妇女参政的经验，尝试提出推动妇女参政的政策目标与路径。

事实证明，妇女参政和妇女发展的目标不会自然而然地实现，需要党和国家坚持不懈地落实男女平等基本国策，将性别平等意识纳入决策主流，为妇女参政提供更加系统、全面的制度保障与社会支持，消除阻碍妇女参政的各种因素，使我国的民主参与和民主管理水平得到更快的提升。

一、妇女参政的国际经验与目标趋势

国际社会对妇女参政的重视为我国提供了重要目标参照。女性政党与国家领袖不断涌现在各国和联合国政治舞台上，女性担任各类高级管理人员、决策人员、外交代表的情况更是普遍存在，妇女组织和妇女团体活跃在世界各种重大活动和决策进程中。北欧国家妇女的参政比例和参政层次长期居于领先位置。近年来，非洲一些国家通过妇女参政配额制等策略，成为北欧之外名列前茅的后起之秀。梳理国际社会推进妇女参政的历程与经验，可以看到国际领域妇女参政的规律与特点，更重要的是可以用“他山之石”来助力我国妇女参政领域的攻坚之旅。

1. 国际社会促进妇女参政的经验

历年来的国际公约和国际文书充分体现了国际社会对妇女参政问题的重视。从《联合国宪章》《世界人权宣言》到《妇女政治权利公约》《消歧公约》，再到《行动纲领》《千年发展目标》《2030年可持续发展议程》，妇女参政持续受到国际关注，并在认知和行动层面取得越来越多的国际共识。

联合国一直将妇女政治权利作为一项重要人权。1945年通过并生效的《联合国宪章》序言部分明确宣告，“重申基本人权，人格尊严与价值，以及男女与大小各国平等权利之信念”，同时在第三章第八条规定“联合国对于男女均得在其主要及辅助机关在平等条件之下，充任任何职务，不得加以限制”。这表明联合国自成立之初就将男女平等参政作为一项基本制度。1948年，联合国大会通过的《世界人权宣言》，作为第一个人权问题的国际文件，为国际人权领域确立了基本原则——“人人生而自由，在尊严和权利上一律平等”。并明确规定，“人人有资格享有本宣言所载的一切权利和自由，不分种族、肤色、性别、语言、宗教、政治或其他见解、国籍或社会出身、财产、出生或其他身份等任何区别”。这两个国际文书为后来妇女权利的正式提出奠定了基础。其后，联合国一直将推动全球妇女参政作为一项重要内容，不断通过公约、宣言和行动计划等国际公约与文书，并开放给各国签署，从而促进了各国政府的国际政治承诺和国内实践。

国际社会首次明确在法律上承认妇女享有平等的政治权利的文件，是1952年联合国通过的一项专门的妇女权利公约，即《妇女政治权利公约》（1954年生效）。该公约主要内容包括妇女有权参加一切选举，与男子平等，不得有任何歧视。妇女有权担任公职和执行一切公务。该公约对推动各国尊重和保护妇女政治权利、促进妇女民主参与等方面发挥了重要作用。1966年，联合国在《世界人权宣言》的基础上通过了《公民权利和政治权利国际公约》，将公民权利和政治权利进行了更为具体的规定，并在第一部分第3条明确规定，“本盟约缔约国承允确保本盟约所载一切公民及政治权利之享受，男女权利，一律平等”，进一步推动各国妇女参政的进程。

20世纪70年代，国际社会对妇女参政的认识取得更多的共识，国际妇女运动也有了突飞猛进的发展。1975年，联合国第一次世界妇女大会在墨西哥召开，并开启了以“平等、发展与和平”为目标的“联合国妇女十年（1976—1985年）”国际活动。会议通过了《关于妇女的平等地位和她们对发展与和平的贡献的墨西哥宣言》和《为实现妇女千年目标而制定的世界行动计划》（简称《世界行动计划》）。宣言对男女平等进行了定义，即男女作为人的尊严和价值的平等以及男女权利、机会和责任的平等。并指出，一个国家要得到充分和完全的发展，全世界的福利与和平事业的发展都要求妇女最大限度地平等地和男子一起参与各项事务。[①]《世界行动计划》是一整套提高妇女地位的十年综合性计划，该计划提出，到1980年联合国妇女十年中期时应实现的最低目标，其中妇女参政相关目标包括制定保证妇女参与政治的法律、要求各国政府设立专门处理妇女事务的国家机构等。[②]

---

① 李斐南：《国际法与妇女的地位》，《中山大学学报（哲学社会科学版）》1986年第1期。

② 和建花：《国际妇女参政趋势观察》，《中国妇女报》2018年11月7日第7版。

1979年，《消除对妇女一切形式歧视公约》（简称《消歧公约》）在第34届联合国大会通过，意味着国际妇女运动拥有了一项最重要的、最有约束力的国际法律文书和纲领性文件。《消歧公约》的内容和要求比《妇女政治权利公约》更为全面和明确，是第一个把性别平等和非歧视要求法律化的联合国公约，被公认为“国际妇女人权宣言”或“妇女权利宪章”。

《消歧公约》将“对妇女的歧视”定义为，基于性别而作的任何区别、排斥或限制，其影响或其目的均足以妨碍或否认妇女不论已婚未婚在男女平等的基础上认识、享有或行使在政治、经济、社会、文化、公民或任何其他方面的人权和基本自由。政治权利自然是其重要的组成部分。《消歧公约》要求缔约各国采取一切适当措施，消除在本国政治和公众事务中对妇女的歧视，特别应保证妇女在与男子平等的条件下：在一切选举和公民投票中有选举权，并在一切民选机构有被选举权；参加政府政策的制定及其执行，并担任各级政府公职，执行一切公务；参加有关本国公众和政治事务的非政府组织和协会。《消歧公约》要求缔约各国对妇女享有平等权利承担不可推卸的责任，并要求政府通过法律、政策和方案措施，消除对妇女的歧视。《消歧公约》提供了“实质性平等”“非歧视”和“特别措施”等非常有力的分析框架，又提供了监督缔约国推动性别平等的法律机制，可以说是妇女运动和国际社会数十年努力保护与促进妇女权利的重要成果。

1985年，第三次世界妇女大会审查和评估了联合国妇女十年成就，通过了《到2000年提高妇女地位内罗毕前瞻性战略》（简称《内罗毕战略》），其中明确要求政府和政党应该加强努力，促进并确保妇女平等地参加国家和地方的立法机构，在任命、选举和提升妇女担任行政、立法和司法等部门的高级职务方面取得平等。要求国家的规划机构雇用更多的妇女；要求各国政府重视吸收更多妇女从事政府外交工作并参加决策；首次提出要在1995年实现妇女在决策职务中占30%的目标。《内罗毕战略》为全球推进性别平等的行动提供了长期的、实际有效的指导，是妇女运动史上的一项重要成果。

1995年，第四次世界妇女大会在北京召开，通过《北京宣言》和《行动纲领》，列出12个关切领域，其中包括“妇女参与权力与决策”与“提高妇女地位的机制”两大领域，突出强调妇女政治权利是重大“战略目标”或“优先关切”。《行动纲领》重申并强调了妇女参政达30%的最低代表比例要求，而且提出两项促进妇女参与政治和决策的战略目标：第一，采取措施确保妇女平等进入并充分参加权力结构和决策，要求政府、政党、企业、工会、学术研究机构、非政府组织和国际组织等采取行动；第二，提高妇女参加决策和领导的能力，要求通过教育培训、制定标准与机制、社会与家庭支持、锻炼培养等多种方式，增强妇女参政能力。[①]《行动纲领》对妇女参政进程提出了更高的要求和更为具体的目标方案。

进入新世纪，对妇女参政的要求继续受到国际社会的重视。2000年，联合国千年首脑会议上，世界各国商定将消除贫穷、饥饿、疾病、文盲、环境恶化和对妇女的歧视纳入全球核心议程，并制定了一套目标和指标，统称为《千年发展目标》。《千年发

① 刘伯红、范思贤：《妇女参政助推科学民主决策和社会治理——近五年中国妇女参政状况简要评估》，《山东女子学院学报》2020年第6期。

展目标》将“促进两性平等并赋予妇女权力”位列八大目标的第三位，将“支持妇女成为政府及其他决策机构的高级官员”作为落实该目标的前进战略，并为此设定了“国家议会中妇女所占席位比例”作为监测指标。[①]2015年联合国通过的《2030年可持续发展议程》制定了十七项可持续发展目标，“实现性别平等，增强所有妇女和女童的权能”位列第五，并将“确保妇女全面有效参与各级政治、经济和公共生活的决策，并享有进入以上各级决策领导层的平等机会”作为该目标的具体目标。由此可见，妇女参政是当今社会可持续发展的重要内容，在国际社会已达成共识。

综上可见，促进性别平等已经成为国际社会发展的核心议程，妇女参政是衡量世界各国性别平等进程的重要领域。《消歧公约》中对国家责任的要求，《行动纲领》提出的妇女参政比例达30%的目标任务，《2030年可持续发展议程》对实现性别平等的目标要求，将继续引领和督促各国将国际承诺变成实践，切实推进妇女在政治、经济和社会领域中的全面有效参与。

在国际社会的推动下，各国政府在推进妇女参政方面不断出台举措，一些国家将男女平等权利写入宪法，一些国家还颁行了专门的男女平等法律。尤其是1995年第四次世界妇女大会通过《行动纲领》之后，世界各国都加大了对妇女权利的立法保障和政策支持，配额制开始在许多国家确立起来，国际视野下妇女在参政领域的数量和质量都得到显著提升。据统计，女总统和女总理的数量从20世纪70年代后稳步增长，女议长和女部长的数量从

① 联合国千年目标全球行动，参见https://www.un.org/chinese/millenniumgoals/unsystem/indicator12.htm，访问日期：2020年10月22日。

20世纪50年代后成倍增长，21世纪初期达到了顶峰。[①]如今妇女参政成就较为突出的是北欧五国和非洲各国。

2. 北欧国家的妇女参政实践

北欧国家（挪威、丹麦、冰岛、瑞典、芬兰）性别平等国际排名一直处于领先位置，在促进妇女参政方面走在前列。北欧五国的历史背景、政治制度和社会文化都十分相近。在妇女参政方面，五国一直是欧洲乃至世界的“领头雁”，形成了妇女社会参与程度较高的“北欧模式”。1906年，芬兰妇女在世界上率先拥有选举权和被选举权，1907年就选出芬兰首批19位女议员。其后挪威于1913年获得妇女选举权，丹麦和冰岛于1915年获得妇女选举权，瑞典于1921年获得妇女选举权。丹麦和芬兰最早接受妇女入阁，1924年，丹麦内阁第一次出现女大臣。1926年，芬兰首次出现女部长。可以说，北欧妇女参政有着良好的开端，与英国和法国的妇女选举权运动相比，北欧国家的妇女选举权运动起步晚、比较温和，但成功较早且历时短。

其后北欧妇女参政蓬勃发展，创下了许多世界第一，成为国际妇女参政的典范。尤其是1995年以来，北欧国家妇女参政比例始终保持在全世界的前10名[②]，可谓成绩斐然。一方面，妇女领袖不断涌现。1980年，维格迪丝·芬博阿多蒂尔成为冰岛乃至北欧第一位女总统，也是世界上首位民选产生的女性国家元首，她

① 关瑾蓉：《世界女政治家参政趋势与性别平等影响力》，《中国妇女报》2018年12月4日第6版。

② 冯媛：《全球妇女参政水平参差 配额制亟待持续推进》，《中国妇女报》2015年3月17日第B1版。

连任四届，执政15年。1981年，布伦特兰夫人成为挪威380年历史上第一位女首相。1986年，她再度出任首相，并在1990年、1993年两度连任首相，成为世界上享有盛名的领导人。2000年，塔里娅·哈洛宁成为芬兰首位女总统，并连任至2012年。总理、部长等重要政府部门领导中女性的比例也持续上升。1986年以来，挪威内阁中的女性比例一直高于40%。2007年，挪威内阁改组，使挪威内阁女性成员比例首次高于男性。1990年，芬兰国防部长首次由女性担任。1999年，芬兰内阁成员中有8位妇女，占比44.4%。瑞典前首相英瓦尔·卡尔松的内阁中妇女曾占50%，外交大臣、司法大臣、交通大臣等较为重要的职位均由女性担任。另一方面，女性议员比例持续保持高位。1985年，挪威议会女性议员达54名，占议员总数的34%，成为举世瞩目的政治新气象。统计显示，2015年，北欧国家女议员平均占到41.1%。[①]以芬兰为例，1946年，芬兰女议员的比例达到12%；1999年，芬兰议会200名议员中有74位女性，占比37%；2015年占比41.5%；2019年，芬兰议会当选女议员人数和比例都达到历史新高（93位，占比46.5%）。

北欧妇女参政之所以取得如此成就，究其原因主要有以下三个方面。

第一，政策支持。北欧各国民主化程度高，并且实行高福利政策，实行配额制，并给予个体和家庭发展较为系统的政策支持，为妇女参政提供了广阔的空间和可能性。1980年，芬兰实现了第一个政府性别平等计划；1987年，芬兰《男女平等法》正式生效；1988年，挪威修订《男女平等法》，明确规定了政府和市

① 李亚妮：《欧盟国家妇女参政配额制实践与成效研究》，《山东女子学院学报》2015年第6期。

政委任委员会的性别比例，并设置了专门的监察机构。在这种政策环境中，北欧女性可以通过基层竞选崭露头角，然后进入政党，其后以政党候选人身份进入政治决策层面，参与政治。

第二，妇女运动和妇女组织的支持。北欧妇女组织历史悠久，其中比较有名的包括1871年建立的“丹麦妇女联合会”、1873年瑞典成立的“已婚妇女财产权力协会”、1884年成立的芬兰妇女协会及挪威妇女运动协会、1894年成立的冰岛妇女协会等。妇女运动不仅推动了政党和政府内部对性别平等的重视，还使性别平等得以普及，北欧妇女参政意识比较强烈，而且社会认可与支持度较高。挪威前首相布伦特夫人和冰岛前总统芬博阿多蒂尔出身普通家庭，但参政意愿和能力非常突出，并且她们在竞选中胜出也得益于大部分女选民的支持。

第三，北欧的社会文化观念也是实现妇女参政水平较高的重要因素。北欧社会中性别平等意识深入人心，对传统性别角色的反思比较彻底，对妇女社会参与的社会支持度较高，所以女性的自我意识和自我价值观较为强烈。在这种背景下，北欧妇女的教育水平和就业率方面都保持良好势头，妇女在各行业领域的管理和决策中也发挥着重要作用。

北欧妇女的参政成就表明，女性参政需要高位立法的保障、系统政策的支持和社会观念的变革，妇女参政也是社会文明进步的象征，必将对促进本国发展及其提升国际地位产生积极影响。

3. 非洲国家的妇女参政实践

20世纪中期，非洲国家的妇女参政水平很低，女议员的比例更是处于世界排名低谷，非洲传统社会文化中性别观念对妇女参政非常不利。但在近二三十年里，非洲地区妇女政治参与发展迅速，一些国家实现快速飞跃，成为妇女参政的后起之秀，其发展速度和水平都领先于大多数国家。

与北欧有着较为长期的妇女参政热潮不同，非洲国家则是短期内迅速提升了妇女参政水平。2015年，全球在下议院中女议员比例达到联合国《行动纲领》要求的30%目标的国家有43个，其中非洲14个，占世界总数的32.6%；全世界达到40%的国家有15个，其中非洲6个，占世界总数的40%。而且卢旺达（63.8%）、塞舌尔（43.8%）、塞内加尔（42.7%）和南非（41.5%）位列全世界前十；其中卢旺达的妇女参政尤其值得关注。作为饱受内战折磨、被联合国评为最不发达国家之一的卢旺达，1995年女议员仅仅占比4.4%，而在采取了配额制等措施之后，妇女参政水平迅速提升；2003年女议员比例达到48.8%；2008年女议员人数更是超过了男议员，成为世界上首个议会中女性多于男性的国家；2015年达到63.8%；2018年选举后女议员占比61.25%，卢旺达性别平等指数依然排名世界第一。①

非洲国家在妇女参政方面实现跨越性突破，主要策略是将配额制正式引入本国政治领域，有的国家进而将配额制纳入法律，比如卢旺达、塞内加尔和南非都将参政的性别比例要求纳入法律来实施，其效果自然更为突出。2003年，卢旺达在妇女组织和女议员等多方推动下成功实现了宪法修订，将《行动纲领》中规定的“女性比例占30%”目标要求纳入本国宪法，要求妇女在决策层

---

① 数据来自各国议会联盟网站https://www.ipu.org/parliament，部分内容转引自和建花、丁娟：《非洲妇女参政配额制实施状况的研究与思考》，《山东女子学院学报》2015年第6期。

面和参议院中的占比都不能少于30%。这一强制性要求，对提升妇女参与权力和决策有着显著效果。

配额制在非洲各国的实施，首先，得益于20世纪末非洲各国民主化浪潮，非洲的民主化运动使得普选得以确立，也为妇女政治参与提供了民众基础和契机。其次，还要归功于国内和国际妇女运动的推动，尤其是第四次世界妇女大会的召开，使得妇女参政配额制的呼声更加高涨。作为后起力量，非洲国家的妇女组织积极推动政党和政府采纳配额制的国际经验，并通过妇女运动的开展促进社会观念的转变，国际妇女组织也给予非洲国家妇女能力建设、各类援助计划等。如今，非洲妇女在教育水平、就业质量等方面都有显著提高，也有一大批女性投身政治领域，政府高层也不乏女性的身影。

综上可见，国际社会的不断推动，各国结合本土政治和文化环境不断努力推进妇女参政，已经取得了可喜的进步，一百多个国家都已经采取了配额制的方法来纠正政治参与中的性别失衡，促进妇女在权力、决策和社会生活中的参与水平。“至少30%”的比例要求也开始在许多国家得以落实，甚至有一些国家提出男女均衡参与的“50%”新目标。除了配额制，各国还出台了相应的配套政策，消除文化观念中的性别歧视与偏见，支持妇女的教育、就业和社会参与，从而促使更多女性步入政坛，参与公共决策与社会治理。

二、我国妇女参政的目标依据与推进策略

如前文所述，配额制在大多数国家已经成为常规惯例，而且

有效推进了各国妇女参政，这对我国妇女参政目标的制定和实施都有参考意义。但是，同时也要看到配额制不一定是推动妇女参政的唯一方案，而且配额制的实施也有不同的进度和策略。世界各国需要从本国国情出发，探究本国妇女参政的困境及原因，进而提出合理的解决办法。作为国际妇女运动的一部分，我国妇女运动和妇女工作的不断推进，也是对国际社会妇女发展的一种回应和担当。

1. 我国妇女参政的目标依据

国际妇女参政的潮流与经验为我国妇女参政的推进提供了重要参照与启发，让我们看到差距和短板，并结合我国特定的政治和文化基础，在法律、机制、政策、计划方案等层面上不断加大对妇女参政的保障与支持，切实推动妇女参政的进步。结合国际趋势和我国国情来探讨妇女参政的目标，首先要考虑以下三个方面的内容。

第一，妇女参政目标要与我国政治经济与社会发展相契合。

马克思主义妇女理论充分肯定妇女在社会变革中的作用，并以妇女的社会地位作为社会进步的重要尺度，而且主张妇女参加社会劳动是妇女解放的一个重要先决条件。这种对妇女的社会价值和妇女参与社会的重要性的科学判断，一直是我国主流意识形态中的一部分。妇女社会价值的体现，必须以妇女参与社会为前提，尤其是社会劳动，包括妇女就业、参政等社会活动。而参政也是妇女解放的必要条件，妇女自由且广泛地参与政治才能够真正实现自身的全面解放。马克思主义妇女理论为我国妇女参政提供了指导思想和根本遵循。

在马克思主义理论指导下，中国共产党在革命、建设、改革各个历史时期始终坚持把实现妇女解放和妇女发展、实现男女平等写在自己奋斗·的旗帜上。从宪法到选举法、妇女权益保障法等，从男女平等基本国策到《中国妇女发展纲要》，我国对妇女政治权利给予了充分法律认可与保护，党和政府通过政策支持将促进妇女参政作为一项重要发展任务和目标。进入新时代，党的十八大报告明确要求“重视培养选拔女干部”；党的十九大报告再次强调要统筹做好培养选拔女干部的工作，而且这一要求也正式写入《中国共产党章程》；2015年，习近平主席在全球妇女峰会上的讲话，特别强调了“要增强妇女参与政治经济活动能力，提高妇女参与决策管理水平，使妇女成为政界、商界、学界的领军人物”。[①]宪法等法律政策、党和国家的重要报告、国家元首在国际政坛上的讲话，都凸显了我国对妇女参政的重视。

新冠肺炎疫情暴发以来，妇女社会参与的价值和意义更加重要。2020年，习近平主席在联合国大会纪念北京世界妇女大会25周年高级别会议上再次强调“妇女是人类文明的开创者、社会进步的推动者，在各行各业书写着不平凡的成就”。要“让性别平等落到实处。保障妇女权益必须上升为国家意志。要以疫后恢复为契机，为妇女参政提供新机遇，提高妇女参与国家和经济文化社会事务管理水平。要消除针对妇女的偏见、歧视、暴力，让性别平等真正成为全社会共同遵循的行为规范和价值标

① 习近平：《促进妇女全面发展　共建共享美好世界——在全球妇女峰会上的讲话》，《人民日报》2015年9月28日第3版。

准”“推动妇女走在时代前列”。[①]这再次对我国妇女参政提出了更高的要求。

2021年，《中华人民共和国国民经济和社会发展第十四个五年规划和2035年远景目标纲要》明确强调“保障妇女、未成年人和残疾人基本权益”；要“坚持男女平等基本国策……切实保障妇女、未成年人、残疾人等群体发展权利和机会”“促进男女平等和妇女全面发展”；具体措施层面明确要求“深入实施妇女发展纲要，持续改善妇女发展环境，促进妇女平等依法行使权利、参与经济社会发展、共享发展成果”；妇女的政治权利是“十四五”规划的重要内容，要求“保障妇女平等享有政治权利，推动妇女广泛参与社会事务和民主管理，落实法规政策性别平等评估机制，完善分性别统计制度”。[②]

由此可见，妇女参政符合马克思主义妇女理论的要求，是贯彻宪法精神、坚持男女平等基本国策，促进男女平等和妇女全面发展中至关重要的一环。促进妇女参政是党和国家一贯重视的工作，新时代国家领导人的政治承诺、基于我国国情的“十四五”规划等，对进一步推动妇女参政工作提出了更高的要求。作为拥有14亿以上人口（占世界人口总数的20%左右）的发展中国家，提升妇女参政水平的困难是北欧等国家所无法比拟的，但是这不意味着我国妇女参政的步伐停滞不前，而是要求我国把政治期望

① 《习近平在联合国大会纪念北京世界妇女大会25周年高级别会议上发表重要讲话》，http://www.gov.cn/xinwen/2020-10/01/content_5548947.htm，访问日期：2020年10月6日。

② 《中华人民共和国国民经济和社会发展第十四个五年规划和2035年远景目标纲要》，http://www.gov.cn/xinwen/2021-03/13/content_5592681.htm，访问日期：2021年3月15日。

变成可操作的、可评估的妇女参政具体目标和方案，纳入国家政治、经济和社会发展规划之中。

第二，妇女参政目标要符合国家的国际承诺并与国际接轨。

我国妇女参政尽管已经取得了毋庸置疑的进步，但伴随着国际社会妇女参政水平的迅速提升，我国妇女参政水平的提升相对缓慢，国际排名并不理想。妇女参政的比例偏低的状况也与我国政府的国际承诺不太相称。我国是最早签署《消歧公约》的国家之一，也是承诺履行《行动纲领》《2030年可持续发展议程》的世界大国，我国妇女参政的水平不仅体现着我国社会发展进步的程度，也影响着全球妇女参政水平的整体情况。从前文的论述可以看到，我国妇女参政水平的提升比较缓慢，在国际妇女参政领域的迅速变革的对比下显得滞后。

1995年《行动纲领》要求各级妇女参政的指标到2000年达到30%，其原因主要是国际社会已形成一项共识，即某个群体的代表不低于30%，才能真正代表该群体在政治上发出声音并不易被主流忽略。实际上，我国采用妇女参政配额的做法早于大多数国家，但未能伴随着经济社会发展逐步提升妇女参政水平，2018年我国全国人大女代表仅占24.9%，与国际要求相差较大，在国际议会联盟公布的妇女参政排名也在呈下降趋势，从1998年的第15位，降到2020年的第79位，与世界妇女参政最高水平的差距越来越大。①

国际妇女参政进展的一个重要原因是配额制被广为接受，已有一百多个国家将妇女参政比例写入法律或纳入政策方案，比

① 刘伯红、范思贤：《妇女参政助推科学民主决策和社会治理——近五年中国妇女参政状况简要评估》，《山东女子学院学报》2020年第6期。

如，前文所述的非洲国家，按照《行动纲领》的要求，将配额制引入本国政治领域，迅速提升了妇女高层决策参与的比例，有的国家甚至一跃成为国际妇女参政水平的领军者，比如卢旺达。

诚然，在全球化的时代，各国妇女参政目标和方案的制定，必然会考虑国际指标和潮流所向，我国也不例外。为了履行我国的政治承诺，缩小我国妇女参政与国际水平的差距，提升性别平等指数的国际排名，首先，要审视已有的目标策略，分析妇女参政水平低的各方面原因，比如，配额的规定是否合理、是否可操作、是否可评估、是否有机制保障等；其次，要结合国际经验，制定我国切实可行的目标方案，比如提升配额制的应用层级和具体要求，强化配额制的执行与监测评估，制定和完善女干部培养与晋升的相关配套措施等。

第三，妇女参政目标和策略要考虑我国特定的社会文化。

妇女参政水平是衡量妇女政治地位的最重要指标，也是衡量我国政治文明程度和社会进步的重要指标。我国妇女参政受到社会文化观念的影响，因此在制定目标时要辩证地对待社会文化和习俗惯例等。因此，如果单纯从政策角度来促进妇女参政，而不对社会文化观念进行改变，必然会使政策效果大打折扣，达不到政策的预期目标。因此，要提升妇女参政水平，必须反思和消除我国传统“以男性为中心”的文化观念，将性别平等内化为社会行为规范，营造妇女参政的良性环境；运用政策的价值引导和社会规范等作用，打破传统性别文化定式，弘扬妇女主体意识，表彰妇女社会价值与贡献。另外，考虑我国特定的文化观念，才能摒弃过于激进或过于消极的极端思想，客观、全面地衡量我国妇女参政问题，进而确定科学、合理、可行的政策目标任务。

2. 我国妇女参政的推进策略

妇女参政是一项需要持续进行，并需要多方面努力的工程。为了落实宪法精神、男女平等基本国策，达到党和国家对妇女全面发展的要求，也为了履行我国的国际承诺和大国责任担当，我国应以“十四五”规划启动和《中国妇女发展纲要（2021—2030年）》《国家人权行动计划（2021—2025年）》等重要文件的发布为契机，在以下几个方面做出努力。

第一，推进社会性别主流化的进程，逐步提升妇女参政比例，改善妇女参政层级和结构。自1995年《行动纲领》明确要求将社会性别主流化作为提高两性平等的一项全球性策略以来，我国在这方面已取得许多成绩，但在促进妇女参政领域仍有很大可以提升的空间。

从政策内容角度来看，我国需要将社会性别平等进一步纳入政策制定和实施过程，制定更加科学、全面的妇女参政目标和具体指标，以缩小与国际妇女参政水平的差距。

从具体执行层面来看，一方面，妇女参政的指标要明确、可操作、可评估，而且要对党政各层次的妇女参政作出较为明确的规定，以确保妇女参政分布均衡，避免产生参政领域的性别鸿沟；另一方面，要充分考虑政策过程中各种因素的影响，完善配套政策，系统提升妇女参政水平，以保证妇女参政权的实现。

此外，还要加强法律政策评估，对妇女参政进行性别统计和性别评估，以确保政策措施的有效落实。这方面江苏省妇联作出了示范，在2011年首创“政策法规性别平等咨询评估机制”，省妇联和省政府联合成立了江苏省政策法规性别平等咨询评估委员会，组织各界评估专家对省级法律政策进行评估并提供政策咨询报告。2015年，江苏省率先将性别平等评估写入《江苏省制定和批准地方性法规条例》（2016修正），实现了“将性别平等咨询评估从政策倡导上升为法律意志”的重大立法突破[①]，为其他省份提供了成功范例。2018年年底，全国已有30个省（区、市）建立了法规政策性别平等评估机制，将男女平等价值理念引入法规政策的制定、实施和监督各环节，加强政策法规制定前研判、决策中贯彻、实施后评估的制度化建设。[②]2020年，国务院妇儿工委印发了《关于建立健全法规政策性别平等评估机制的意见》（国妇儿工委字〔2020〕1号），标志着法规政策性别平等评估机制在国家层面开始建立起来，这是性别主流化的一项重大成果，也为从源头上保障妇女权利开启了新的路径方式。

第二，全面落实男女平等基本国策的要求，制定和完善社会性别敏感的配套措施以保障和促进妇女政治权利的实现。妇女参政与教育、就业和家庭等密切关联，因此要从人才培养的全过程来制定政策，采取有力措施保证女性人才的培养和任用；要出台家庭友好的社会政策，大力发展公共服务，减轻女性家务劳动和角色冲突；增加妇女参政能力培训的支持力度，切实提高女性政治素养，增强女性参政意识。

在这方面我国已经有了不少积极举措，2015年，中组部和人力资源社会保障部联合发布《关于机关事业单位县处级女干部和

① 江苏省妇女联合会：《江苏省法规政策性别平等评估机制的探索与实践》，江苏人民出版社，2017，第102—103页。

② 中华人民共和国国务院新闻办公室编：《平等 发展 共享：新中国70年妇女事业的发展与进步》，人民出版社，2019，第14页。

具有高级职称的女性专业技术人员退休年龄问题的通知》（组通字〔2015〕14号），以解决现实中女干部职业瓶颈等问题；2019年，人力资源和社会保障部发布《关于进一步规范招聘行为促进妇女就业的通知》、国务院办公厅《关于促进3岁以下婴幼儿照护服务发展的指导意见》，对于就业性别歧视、家庭与事业冲突等问题进行了积极回应。这些政策对于推进性别平等起了非常重要的作用，也对今后的政策措施出台与落实提供了经验和路径参考。

第三，建设先进的性别文化，禁止性别歧视，消除政治、经济、传媒、教育等领域性别歧视现象，营造性别平等和谐发展的社会环境。加强马克思主义妇女理论与现实性别问题的研究，传播性别平等的理论观点和价值理念；提升妇女社会参与意识，树立“自尊、自信、自立、自强”的新时代女性精神；倡导男性和女性一同反思和改变传统性别分工的束缚，为促进性别平等作出积极努力，从而实现男性与女性携手共进，平等和谐，全面发展。尤其是在农村，妇女的参政状况更加不容乐观，更需要营造良好的社会氛围，并给予支持性的措施。为了更大程度地发掘妇女参政的能动性和主体性，需要在村民中大力宣传妇女参政的必要性和重要性，注重培养女性人才和后备干部，使她们在基层民主建设和乡村振兴中发挥更大作用。以河南省登封市大冶镇周山村所经历的变革为例。周山村是全国第一个制定体现性别平等的村规民约的村庄。周山村妇女通过加入手工艺协会开发传统手工艺品，参与村规民约的修订，参与村委会选举和村庄事务决策等，既改变了自身的处境，也突破了传统性别角色的限制，促进了当地婚居模式、家庭关系、性别分工等方面的改进，在一定程度上撼动了“男尊女卑”的传统文化，极大地促进了基层民主建设，提升了农村社区的文明程度，成为我国农村妇女赋权的成功范例。[①]后来，周山村的经验在黑龙江、安徽、江苏、江西等省推广，极大地推动了试点村庄的妇女参政进程。

此外，要进一步鼓励和支持妇女在社会各行各业管理决策中的民主参与，从宽泛的意义上说，这也是妇女参与权力与决策的一个重要组成部分，《中国妇女发展纲要（2021—2030年）》特别要求，在企事业单位及社会组织的管理层中的女性比例要逐步提高。而且，要充分发挥妇女组织的作用，尤其是妇联组织作为党和政府与广大妇女群众之间的沟通桥梁，在促进女性参政中的作用是独一无二的。

总之，妇女参政，不仅是保障妇女政治权利的需要，更是中国特色社会主义民主建设的必然要求。在推动妇女政治权利从法律上的男女平等原则转化为实践中的男女平等结果的过程中，我国公共政策还不够刚性有力，其引导性和前瞻性的价值发挥不足，迫切需要参考国际经验和目标任务，结合中国政治、经济和社会情况，开拓出有中国特色的妇女参政路径。要进一步将妇女参政目标任务紧扣新时代发展的主题，融入党和国家的方针、政策、规划当中，以实现妇女参政和全面发展的长远目标。

---

① 王晓莉、杜芳琴、李慧英：《中国农村妇女参与社区治理的有效路径探讨——河南登封市周村个案研究》，《中国非营利评论》2014年第2期。

后　记

公共政策社会性别分析，是社会性别意识纳入主流的一种重要方式和有效路径，同时也是促进我国妇女事业与经济社会同步发展，实现政府治理现代化的有效策略。

首先，社会性别是一个有效的分析工具，公共政策的社会性别分析可以使现实性别问题与需求进入政策议程，也可以评估现有法律政策和机制对男女两性的不同影响，检视公共政策存在的问题，进而推动具有性别平等意识的法律政策出台与落实，是全面贯彻落实我国男女平等基本国策、将保护妇女权益上升为国家意志、将性别平等落到实处等价值理念与目标要求落实的重要策略。

其次，公共政策社会性别分析可以增进公共决策者的性别敏感，促使决策者对国家性别平等原则、立场、目标、任务的更充分理解与认同，将对性别敏感的公共政策制定和实施发挥直接的积极作用。决策者的性别敏感与执行能力，可以体现我国政府在国际性别平等进程中的大国风范和责任担当，更为重要的是有助于推进男女平等基本国策的全面贯彻落实，切实提升我国政府社会治理的水平，推进社会发展进步，增进人民福祉。

再次，公共政策社会性别分析，既呈现性别平等的政策探索历程和经验，又强调国际趋势与现实问题对公共政策带来的机遇与挑战，有助于妇女研究和实务工作过程中将社会性别视角纳入妇女发展议题的研究与实践，提升对妇女发展问题的敏锐洞察能力、对国家法律和政策的解读与应用能力，以及在妇女发展相关讨论和决策议程中的博弈能力等。

最后，公共政策社会性别分析有助于拓展公民参与决策的范围与程度。性别敏感的公共政策，通常来自本土的社会实践和公众的诉求表达。因此，公共政策社会性别分析特别强调政策对象的主体性，强调妇女赋权增能，积极参与政策过程，这必将提升公众的诉求在整个政策系统中的重要性，进而有助于实现政府职能转变、创新社会治理体制、实现公共利益最大化等“良法善治”的目标。

新时代，我国公共政策的社会性别分析应进一步围绕中国特色社会主义妇女发展道路的目标任务，用社会性别视角分析法律政策的性别价值导向，深刻探讨法律政策制定、实施和评估等环节存在的问题，综合考虑政策主体、客体和政策环境等因素，使公共政策更能体现我国男女平等的价值立场，更好地服务于经济社会发展和妇女全面发展的目标，为妇女建功新时代，实现人生理想进行积极引领与保驾护航。

参考文献

[1] 全国干部培训教材编审指导委员会. 改善民生和创新社会治理[M]. 北京：人民出版社，党建读物出版社，2019.

[2] 理安·艾斯勒. 圣杯与剑：我们的历史，我们的未来[M]. 程志民，译. 北京：社会科学文献出版社，2009.

[3] 汉斯·凯尔森. 法与国家的一般理论[M]. 沈宗灵，译. 北京：中国大百科全书出版社，1996.

[4] 马克思. 摩尔根《古代社会》一书摘要[M]. 中国科学院历史研究所翻译组，译. 北京：人民出版社，1965.

[5] 马克思，恩格斯. 马克思恩格斯选集[M]. 第4卷，中央编译局，编译. 北京：人民出版社，1995.

[6] 颜庆祥. 教科书政治意识形态分析：两岸国（初）中历史教科书比较[M]. 台北：五南图书出版社，1997.

[7] 谢明. 公共政策导论[M]. 第4版，北京：中国人民大学出版社，2015.

[8] 西蒙娜·德·波伏娃. 第二性[M]. 陶铁柱，译. 北京：中国书籍出版社，1998.

[9] 柯倩婷. 中国妇女发展20年：性别公正视角下的政策研究[M]. 北京：社会科学文献出版社，2015.

[10] 国家统计局. 中国统计年鉴（1981）[M]. 北京：中国统计出版社，1982.

[11] 刘伯红. 社会性别主流化读本[M]. 北京：中国妇女出版社，2009.

[12] 李慧英. 社会性别与公共政策[M]. 北京：当代中国出版社，2002.

[13] 李慧英，刘澄. 社会性别与公共政策（之二）[M]. 北京：中国社会科学出版社，2014.

[14] 李国正. 公共政策分析[M]. 北京：首都师范大学出版社，2019.

[15] 金一虹. 妇女与经济[M]//柯倩婷. 中国妇女发展20年：性别公正视角下的政策研究. 北京：社会科学文献出版社，2015.

[16] 江苏省妇女联合会. 江苏省法规政策性别平等评估机制的探索与实践：构建具有中国特色的性别影响评估模式[M]. 南京：江苏人民出版社，2018.

[17] 国家统计局社会科技和文化产业统计司. 中国妇女儿童状况统计资料（2018）[M]. 北京：中国统计出版社，2019.

[18] 陈振明. 公共政策分析导论[M]. 北京：中国人民大学出版社，2015.

[19] 张李玺，陈方. 家庭政策与妇女发展[M]. 北京：中国社会科学出版社，2016.

[20] 陈方，魏开琼. 性别与公共政策[M]. 北京：对外经贸大学出版社，2013.

[21] 林志斌. 性别与发展教程[M]. 北京：中国农业大学出版社，

2001.

[22] 彭珮云. 中国特色社会主义妇女理论与实践[M]. 北京：人民出版社，2013.

[23] 谭琳，姜秀花. 社会性别平等与法律研究和对策[M]. 北京：社会科学文献出版社，2007.

[24] 中华人民共和国国务院新闻办公室. 平等 发展 共享：新中国70年妇女事业的发展与进步[M]. 北京：人民出版社，2019.

[25] 中共中央马克思恩格斯列宁斯大林著作编译局. 马克思恩格斯选集（第4卷）[M]. 北京：人民出版社，1972.

[26] 张馨. 尚书·牧誓[M]. 北京：中国文史出版社，2003.

[27] 国务院新闻办公室. 中国性别平等与妇女发展[M]. 北京：人民出版社，2015.

[28] 韦钰. 中国妇女教育[M]. 杭州：浙江教育出版社，1995.

[29] 毛泽东. 发动妇女投入生产，解决了劳动力不足的困难（1955年9月）[M]//全国妇联. 毛泽东周恩来刘少奇朱德论妇女解放. 北京：人民出版社，1988.

[30] 琼·W. 斯科特. 性别：历史分析中的一个有效范畴 [M] //李银河. 妇女：最漫长的革命. 北京：生活·读书·新知三联书店，1997.

[31] 中国国际经济交流中心课题组，姜春力."先女后男，先自选，后强制，分步走"渐进延迟全额养老金领取年龄方案设计——渐进式延迟退休年龄政策研究之三[J]. 经济研究参考，2015（04）:40-43.

[32] 郑永福. 中国近代产业女工的历史考察[J]. 郑州大学学报（哲学社会科学版），1992（04）:7-15.

[33] 赵琬. 小学教师社会性别意识研究[D]. 陕西师范大学，2019.

[34] 张永英. 中国共产党成立后关于妇女参政的理论认识与实践经验[J]. 妇女研究论丛，2001（S1）:43-50.

[35] 张永英. 为谁参政？——参政妇女的社会性别意识分析[J]. 中华女子学院学报，2014，26（04）:40-45.

[36] 张琪. 社会性别视角下城乡家庭对义务教育阶段子女的教育投入分析[J]. 基础教育研究，2018（21）:29-33+38.

[37] 杨慧. 大学生招聘性别歧视及其社会影响研究[J]. 妇女研究论丛，2015（04）:97-103.

[38] 夏吟兰.《民法典·婚姻家庭编》男女平等原则之发展与思考[J]. 中华女子学院学报，2020，32（04）:31-36.

[39] 习近平. 促进妇女全面发展 共建共享美好世界[N]. 人民日报，2015-09-28（003）.

[40] 武晓伟，林清凤. 我国现行教育法律政策对性别平等的影响[J]. 中华女子学院学报，2020，32（03）:31-37.

[41] 王爽. 全球职场女性的“玻璃天花板”，破除进行时！[J]. 中外管理，2020（Z1）:232-234.

[42] 退休年龄问题研究课题组，刘伯红，郭砾，郝蕊. 关于退休年龄问题研究报告（上）[J]. 中国妇运，2011（05）:31-34.

[43] 退休年龄问题研究课题组，刘伯红，郭砾，郝蕊. 关于退休年龄问题研究报告（下）[J]. 中国妇运，2011（06）:41-44.

[44] 佟新. 社会变迁与中国妇女就业的历史与趋势[J]. 妇女研究论丛，1999（01）:38-41+3.

[45] 沙棘. 中国共产党推动妇女参政的历史经验[J]. 中国妇运，2011（08）:35-37.

[46] 马蔡琛，王思. 社会性别预算：制度含义、基本特征与行动策略[J]. 中国行政管理，2010（10）:117-120.

[47] 刘明辉. 中外被退休案例中的平等诉求[J]. 中华女子学院学报，2014，26（02）:58-64.

[48] 贾东岚. 国外同工同酬实施概况及对我国的启示[J]. 中国劳动保障报，2013年9月13日第3版.

[49] 郝红梅. 欧盟对平等就业权的法律保障[J]. 云南大学学报（社会科学版），2012，11（05）:88-93+112.

[50] 刘伯红，范思贤. 妇女参政助推科学民主决策和社会治理——近五年中国妇女参政状况简要评估[J]. 山东女子学院学报，2020（06）:14-28+2+101.

[51] 林丹燕. 新中国70年中国妇女教育的进步与成就[J]. 中国妇运，2019（09）:42-45.

[52] 李亚妮. 欧盟国家妇女参政配额制实践与成效研究[J]. 山东女子学院学报，2015（06）:29-35.

[53] 李慧英. 我国妇女参政要不要确定1/3比例制？[J]. 山西师大学报（社会科学版），2014，41（02）:120-124.

[54] 李斐南. 国际法与妇女的地位[J]. 中山大学学报（哲学社会科学版），1986（01）:19-26.

[55] 金窗爱. 中国当代女性就业问题研究[D]. 东北师范大学，2012.

[56] 妇女政治权利公约[J]. 人大研究，1994（12）:29.

[57] 黄晓薇. 高举习近平新时代中国特色社会主义思想伟大旗帜团结动员各族各界妇女为决胜全面建成小康社会 实现中华民族伟大复兴的中国梦而不懈奋斗——在中国妇女第十二次全国代表大会上的报告[J]. 中国妇运，2018（11）:23-34.

[58] 黄桂霞. 中国共产党妇女就业保障思想与实践的发展[J]. 妇女研究论丛，2011（04）:49-58.

[59] 和建花. 国际妇女参政趋势观察[N]. 中国妇女报，2018-11-07（007）.

[60] 郭丛斌，曾满超，丁小浩. 中国高校理工类学生教育及就业状况的性别差异[J]. 高等教育研究，2007（11）:89-101.

[61] 关瑾蓉. 世界女政治家参政趋势与性别平等影响力[N]. 中国妇女报，2018-12-04（006）.

[62] 甘开鹏. 平等与隔离：关于女性高等教育的现状分析[J]. 辽宁教育研究，2006（09）:19-22.

[63] 冯媛. 全球妇女参政水平参差 配额制亟待持续推进[N]. 中国妇女报，2015-03-17（B01）.

[64] 丁娟. 妇女参政需要配额制的护航保障[N]. 中国妇女报，2016-01-18（A03）.

[65] 第三期中国妇女社会地位调查课题组. 第三期中国妇女社会地位抽样调查主要数据报告[J]. 妇女研究论丛，2011（06）:5-15.

[66] 第二期中国妇女社会地位调查课题组. 第二期中国妇女社会地位抽样调查主要数据报告[J]. 妇女研究论丛，2001（05）:4-12.

[67] 陈应心. 社会性别理论及其对我国教育改革的启示[J]. 当代教育科学，2008（09）:10-12.

[68] 陈霞. 教师性别意识现状调查分析[J]. 黑龙江教育学院学报，2007（09）:54-56.

[69] 曾一帆，刘筱红. 论社会性别统计的概念与名称[J]. 统计研究，2007（09）:94-96.

[70] 曾天山. 论教材文化中的性别偏见[J]. 西北师大学报（社会科学版），1995（04）:34-39.

[71] 王晓莉，杜芳琴，李慧英. 中国农村妇女参与社区治理的有效路径探讨——河南登封市周村个案研究[J]. 中国非营利评论，2014，14（02）:114-134.

[72] 王向梅. 浅论性别统计在公共政策和公共管理中的作用[M]//陈

方．性别与公共政策．北京：对外经贸大学出版社，2012.

[73] 王显勇．疏堵结合防治就业性别歧视[J]．反歧视评论，2018（00）:143-149.

[74] 谷正艳.论中国近代产业女工（1872—1937）[D]．郑州大学，2002.

[75] 盖尔·鲁宾．女人交易——性的“政治经济学”初探[M]//王政，杜芳琴．社会性别研究选译．北京：生活·读书·新知三联书店，1998.

[76] 朱鹏，钰轩．工作安排不容挑肥拣瘦[N]．中国纪检监察报，2019-07-19.

[77] 和建花，丁娟．非洲妇女参政配额制实施状况的研究与思考[J]．山东女子学院学报，2015（06）:36-44.

[78] 彭希哲．社会性别主流化与公共政策[C]//北京论坛．北京论坛（2004）文明的和谐与共同繁荣：“社会发展与文明对话”社会学分论坛论文或摘要集．北京大学北京论坛办公室，2004:8.

[79] 刘云杉．女性进入精英集体：有代价的进步[M]．北京师范大学首届教育社会学论坛（2007）．北京师范大学首届教育社会学论坛论文集（下册）[C]．北京，2007.

[80] 易红郡，陈瑶．芬兰教师教育中的性别平等：举措、经验及反思[J]．河北师范大学学报（教育科学版），2020，22（05）:70-75.

[81] 昂迪·莫，王蕾．性别平等教育在挪威[J]．幼儿教育．教育科学版，2010（9）:37-40.

[82] 管健．数字经济按下女性独立加速键[J]．人民论坛，2019（31）:68-69.

[83] 中国妇女参政新气象：新一届省级地方女性领导干部状况分析[J]．中国妇运，2018（03）:13-14.

[84] 国务院妇儿工委. 贯彻男女平等基本国策　全面推进新时代中小学性别平等教育工作[N]. 中国妇女报，2019-01-15（004）.

[85] 康雁冰. 女大学生就业歧视现象、成因及对策研究[J]. 宜春学院学报，2020，42（05）:25-28+97.

[86] 巾帼心向党 奋进新时代——以习近平同志为核心的党中央关心重视妇女事业和妇联工作纪实[N]. 人民日报，2018-10-30（001）.

[87] 中共中央组织部《关于机关事业单位县处级女干部和具有高级职称的女性专业技术人员退休年龄问题的通知》（组通字〔2015〕14号）.

[88] 《习近平在联合国大会纪念北京世界妇女大会25周年高级别会议上发表重要讲话》，http://www.gov.cn/xinwen/2020-10/01/content_5548947.htm，访问日期：2020年10月6日.

[89] 中共中央组织部《2019年中国共产党党内统计公报》，http://dangjian.people.com.cn/n1/2020/0630/c117092-31765452.html，访问日期：2020年12月1日.

[90] 中共中央办公厅、国务院办公厅印发《关于加强中国特色新型智库建设的意见》，http://www.gov.cn/zhengce/2015-01/20/content_2807126.htm，访问日期：2020年12月2日.

[91] 习近平在中央全面深化改革领导小组第六次会议的重要讲话，http://politics.people.com.cn/n/2014/1028/c1024-25918747.html，发布日期：2014-10-28，访问日期：2020年6月1日.

[92] 国家统计局. 2019年《中国妇女发展纲要（2011—2020年）》统计监测报告，http://www.stats.gov.cn/tjsj/zxfb/202012/t20201218_1810126.html，访问日期：2020年12月18日.

[93] 中华人民共和国国民经济和社会发展第十四个五年规划和2035年远景目标纲要，http://www.gov.cn/xinwen/2021-03/13/content_5592681.

htm，访问日期：2021年3月15日.

[94] 联合国千年目标行动，参见https://www.un.org/chinese/millenniumgoals/unsystem/indicator12.htm，访问日期：2020年10月22日.

[95] 科技部等十三部门印发《关于支持女性科技人才在科技创新中发挥更大作用的若干措施》的通知（国科发才〔2021〕172号），http://www.most.gov.cn/xxgk/xinxifenlei/fdzdgknr/fgzc/gfxwj/gfxwj2021/202107/t20210719_175960.html，访问日期：2021年7月20日.

[96] 第四次世界妇女大会行动纲领. 引自http://www.nwccw.gov.cn/2017-05/23/content_157555.htm，访问日期：2020年12月1日.

[97] 消除对妇女一切形式歧视公约，参见https://www. un.org/zh/documents/treaty/files/A-RES-34-180.shtml，访问日期：2020年10月20日.

[98] 世界人权宣言，参见https://www.un.org/zh/universal-declaration-human-rights/index.html，访问日期：2020年10月20日.

[99] 联合国宪章，参见https://www.un.org/zh/sections/un-charter/chapter-iii/index.html，访问日期：2020年10月20日.

[100] 公民权利及政治权利国际公约，参见https://www.un.org/zh/documents/treaty/files/A-RES-2200-XXI-2.shtml，访问日期：2020年10月20日.

[101] 变革我们的世界：2030年可持续发展议程，参见https://www.un. org/sustainabledevelopment/zh/gender-equality/，访问日期：2020年10月22日.